독자의 1초를 아껴주는 정성!

세상이 아무리 바빠

첫

오래

길벗이지톡은 독자가 눈앞의 수더를 받는다고 할 때 가장 행복합니다.
나를 아껴주는 어학도서, 길벗이지톡의 책을 만나보십시오.

독자의 1초를 아껴주는 정성을 만나보십시오.

―――――

미리 책을 읽고 따라해본 2만 베타테스터 여러분과
무따기 체험단, 길벗스쿨 엄마 2% 기획단,
시나공 평가단, 토익 배틀, 대학생 기자단까지!
믿을 수 있는 책을 함께 만들어주신 독자 여러분께 감사드립니다.

홈페이지의 '독자광장'에 오시면 책을 함께 만들 수 있습니다.
(주)도서출판길벗 www.gilbut.co.kr
길벗이지톡 www.gilbut.co.kr
길벗스쿨 www.gilbutschool.co.kr

---

mp3 파일 다운로드 안내

길벗이지톡(www.gilbut.co.kr) 회원(무료 가입)이 되시면 오디오 파일을 비롯하여 다양한 자료를 이용할 수 있습니다.

1단계	로그인 후 홈페이지 가운데 화면에 있는 SEARCH ⬚⬚⬚ 검색 에서 찾고자 하는 책이름을 입력하세요.
2단계	검색한 도서에 대한 자료를 다운로드 받으세요.

열정적인 토이커들을 위한 특별한 지원!

"시나공 토익 카페"에서 확인하세요

시나공 토익 카페에 무료로 회원 가입하고, 구매한 시나공 토익책을 등록하세요.
다양한 무료 콘텐츠 제공은 물론, 모르는 문제에 친절히 답해 드립니다.

시나공 도서관

시나공 토익책과 관련된 MP3 및 학습자료를
무료로 다운받을 수 있습니다.

묻고 답하기

모르는 부분이 있으면 자유롭게 질문해 주세요.
저자가 직접 친절하게 답해 드립니다.

토익 만점 공부방

토익 모의 실전 문제와 필수 단어, 시험장 정보,
학습법 등 시험에 필요한 유익한 자료가 가득합니다.

커뮤니티

시나공 토이커들의 자유로운 대화 공간입니다.
재미있는 설문조사, 푸짐한 이벤트에도 참여해보세요.

자세한 내용은 시나공 토익 카페에서 확인하세요. https://sinagong.gilbut.co.kr/toeic

시험에 나오는 것만 공부한다!

시나공
토익

3초 안에

✓ 답이
보이는

PART 5·6

시나공 토익연구소 · 김병기 · 이관우 지음

（ 시나공 토익 ） 3초 안에 답이 보이는 PART 5&6

초판 1쇄 발행 · 2020년 7월 13일

지은이 · 시나공 토익연구소, 김병기, 이관우
발행인 · 이종원
발행처 · (주)도서출판 길벗
브랜드 · 길벗이지톡
출판사 등록일 · 1990년 12월 24일
주소 · 서울시 마포구 월드컵로 10길 56(서교동)
대표전화 · 02)332-0931 | **팩스** · 02)322-6766
홈페이지 · www.gilbut.co.kr | **이메일** · eztok@gilbut.co.kr

기획 및 책임편집 · 유현우(yhw5719@gilbut.co.kr) | **디자인** · 최주연 | **제작** · 이준호, 손일순, 이진혁
영업마케팅 · 김학흥, 장봉석 | **웹마케팅** · 이수미, 최소영 | **영업관리** · 심선숙 | **독자지원** · 송혜란, 정은주
전산편집 · 기본기획 | **CTP 출력 및 인쇄** · 예림인쇄 | **제본** · 예림바인딩

ISBN 979-11-6521-204-9   03740 (길벗 도서번호 301060)
정가 14,000원

이 도서의 국립중앙도서관 출판예정도서목록(CIP)은 서지정보유통지원시스템 홈페이지(http://seoji.nl.go.kr)와
국가자료공동목록시스템(http://www.nl.go.kr/kolisnet)에서 이용하실 수 있습니다. (CIP제어번호: CIP2020024902)

독자의 1초를 아껴주는 정성 길벗출판사

(주)도서출판 길벗 | IT실용, IT/일반 수험서, 경제경영, 취미실용, 인문교양(더퀘스트) **www.gilbut.co.kr**
길벗이지톡 | 어학단행본, 어학수험서 **www.eztok.co.kr**
길벗스쿨 | 국어학습, 수학학습, 어린이교양, 주니어 어학학습, 교과서 **www.gilbutschool.co.kr**

독자 서비스 이메일 · service@gilbut.co.kr | 페이스북 · www.facebook.com/hontoeic

토익 PART 5&6의 모든 요령을 딱 한 권으로 정리한 전략서!

지난 2년여 간 저희 시나공 토익연구소에서는 주요 필진과 함께 토익 공부를 효율적으로 단기간에 끝낼 수 있도록 도움이 될 만한 콘텐츠를 연구해 왔고, 드디어 〈3초 안에 답이 보이는 PART 5&6〉를 통해 그 결실을 맺게 되었습니다. 〈3초 안에 답이 보이는 PART 5&6〉는 다음과 같은 특징을 지니고 있습니다.

1 | 부담 없는 책 크기!

토익 수험서라면 으레 아주 두꺼운 기본서를 떠올립니다. 수험생들의 애로점 중 하나가 무겁고 큰 책을 항상 지니고 다니면서 공부해야 한다는 점이었죠. 궁여지책으로 분책하기도 하지만 왠지 책을 훼손했다는 자책감을 갖는 분들도 있습니다. 따라서 이러한 애로점을 고려하여 책 크기를 확 줄여 언제 어디서나 들고 다니면서 공부하실 수 있습니다.

2 | 토익을 가볍게 끝낼 수 있도록 최적화된 구성!

자격증도 따야 하고, 아르바이트도 해야 하는 바쁜 수험생들이 따로 짬을 내어 토익 공부를 하는 일은 생각보다 쉽지 않습니다. 이 책은 그토록 바쁜 수험생들을 위해 기획된 책입니다. 그저 가볍게 들고 다니면서 친구를 기다리거나 지하철을 기다릴 때, 혹은 식사를 하면서 하루에 조금씩 진도를 나가보세요. 언제 끝난 지도 모르게 PART 5&6 공부가 완성되어 있을 것입니다.

3 | 문법이나 어휘를 잘 몰라도 PART 5&6 고득점이 가능한 모든 핵심 요령 집합소!

PART 5&6는 토익에서 가장 점수가 잘 나오는 PART이지만 공부할 내용이 가장 많은 PART이기도 합니다. 문법도 알아야 하고, 어휘도 많이 암기해야 합니다. 하지만 수년 간의 출제 내용을 면밀히 분석하여 단골 공식들을 발견하게 되었습니다. 그 결과, 굳이 모든 범위를 두루 공부하지 않아도 PART 5&6를 고득점할 수 있도록 구성하였습니다.

아무쪼록 이 책을 통해 수험생들이 하루라도 빨리 토익에서 해방될 수 있도록 저희 연구소 직원들 모두 수험생 여러분들을 응원하겠습니다.

2020년 5월 **시나공 토익연구소 직원 일동**

PART 5&6! 이 책만으로도 충분합니다!

〈3초 안에 답이 보이는 PART 5&6〉를 미리 공부하며 느낀 점은 정답 공식이 매우 명쾌하다는 점이었습니다. 그 많은 문법 공부를 어떻게 해야 하나 막막했는데, 이 책에서 제시한 내용들만 잘 습득하면 더 이상 PART 5&6 때문에 고민할 일은 없을 것 같아요.

이라희 (대학생)

정답 공식이 아주 인상적이었어요!

〈3초 안에 답이 보이는 PART 5&6〉 독자 체험단 활동 경험이 토익시험 N수생인 저에게 큰 도움을 주었어요. 특히 교재 속에 녹아 있는 주제별 정답 공식, 공략 포인트와 연결된 예제와 연습문제가 적절히 구성되어 문법 문제에 바로바로 적용하기에 수월했어요.

노세란 (대학생)

토익에 등장하는 문법은 이 책에 다 정리되어 있어요!

〈3초 안에 답이 보이는 PART 5&6〉는 토익책 답지 않은(?) 귀여운 크기 속에 알고 있지만 놓치기 쉬운 문법부터 문제 푸는 속도를 향상시켜주는 꿀팁까지 다 들어 있어요. 또한 토익 단골 표현들이 유형별로 정리되어 있어 암기하기 그만이에요.

김수경 (직장인)

토익의 기본기를 다지는데 탁월한 책이에요!

평소 PART 5가 다소 약한 편이었는데, 이 책을 보면서 자주 틀리던 내용들을 체계적으로 정리할 수 있었습니다. 또한 어휘 문제는 그저 막연히 어휘를 많이 암기해야만 한다고 생각했는데, 정답 공식이 있다는 걸 이 책을 통해 처음 알게 되었어요.

전아영 (대학생)

이제 두꺼운 문법 교재를 더 이상 볼 일이 없네요!

평소 문법이 약하다고 느끼던 중 우연히 이 책의 독자 체험단에 참여하게 되었어요. 그런데 한눈에 알아보기 쉽게 문법을 비롯한 정답 공식이 잘 정리되어 있어서 제겐 안성맞춤이었죠. 게다가 고득점을 떠나 두꺼운 문법 교재에서 해방되었다는 사실만으로도 너무 기쁩니다.

이정화 (대학생)

문제를 빨리 풀 수 있는 요령이 생겼어요!

이 책을 공부하면서 느낀 점은 더 이상 학원에 의지할 필요가 없겠다는 것입니다. 토익 문제들에 활용할 수 있는 요령과 방법들이 다 들어 있기 때문입니다. 또한 예제를 통해 그 공식들을 빠르게 이해할 수 있었습니다. 아무튼 모든 토이커들에게 적극 추천합니다.

박상배 (대학생)

PART 5&6의 전반적인 공략법을 두루 익힐 수 있었어요!

이 책을 통해 PART 5&6의 난해한 문제들을 어떻게 풀어야 하는지 감을 확실하게 잡을 수 있게 되었습니다. 정답 공식대로만 적용하면 앞으로 두 배 이상 빨리 문제를 풀 수 있게 될 거 같아요. 헷갈리는 빈출 어휘들도 잘 정리되어 있어서 공부하기 편했습니다.

이민경 (대학생)

문법 때문에 고민하는 수험생들에게 적극 추천합니다!

평소에 PART 5&6의 점수가 늘 일정하지 않아 고민이었습니다. 그런데 〈3초 안에 답이 보이는 PART 5&6〉의 정답 공식을 확실하게 익히면서 그 고민이 말끔히 해결되었습니다. 저와 같은 처지의 수험생들이라면 무조건 이 책을 보세요.

이주희 (직장인)

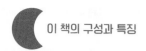

3초 안에 문제가 풀리는 방법이 듬뿍 담긴 책!

〈3초 안에 답이 보이는 PART 5&6〉는 크게 4개의 장으로 이루어져 있습니다. 먼저 PART 5&6의 특징 및 유형 소개를 한 후 크게 문법과 어휘 분야로 나누어 해당 분야에서 공통적으로 알아야 할 정답 공식들과 예제들을 정리하였습니다. 그리고 마지막으로 실전 모의고사를 통해 배운 내용을 점검할 수 있도록 구성하였습니다.

1 ㅣ PART 5&6의 특징 및 유형 소개

✓ 이 책에서는 먼저 PART 5&6의 특징 및 문제 유형들을 제시하였습니다. 적을 알고 나를 알아야 백전백승하듯이 먼저 문제가 어떤 유형으로 출제되는지 익히는 작업은 어떤 시험을 대비하더라도 가장 우선적인 부분입니다.

2 ㅣ 문제 유형별 정답 공식과 예제

✓ 문법 분야를 크게 20개로 나누어 PART 5&6에서 공통적으로 적용할 수 있는 정답 공식과 예제들을 제시하였습니다. 한눈에 알아보기 쉽게 구성되어 있으므로 이 정답 공식들만 숙지하고 문제를 풀어도 큰 도움을 받을 수 있습니다.

3 | 문제 유형별 Check Up Test

✓ 문법 내용을 정답 공식 위주로 모두 익히고 난 후에는 각 문제 유형별로 Check Up Test를 수록하여 앞서 배운 내용을 가볍게 테스트해볼 수 있도록 하였습니다. 한 문제라도 틀렸다면 반드시 복습한 후 다음 강으로 넘어가세요.

4 | 실전 모의고사로 마무리

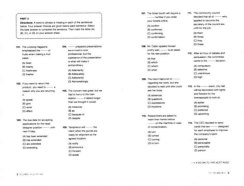

✓ 책의 본문 내용을 모두 학습하였다면 이번에는 실제로 본인의 실력을 테스트해보아야 합니다. 시나공토익 홈페이지에서 무료로 제공하는 모의고사 1세트를 다운로드하여 학습 후 실력 점검을 할 수 있도록 하였습니다.

5 | 명쾌하고 자세한 해설집

✓ 교재 뒷 부분에는 시나공 토익이 가장 자랑스럽게 내세워 왔던 자세한 해설을 수록하였습니다. 그리하여 맞힌 문제는 본인이 생각한 의도대로 푼 것인지, 틀린 문제는 어떤 점이 원인이었는지를 자세하게 참조할 수 있도록 하였습니다.

 토익이란?

TOEIC은 Test Of English for International Communication의 약자로 영어가 모국어가 아닌 사람들을 대상으로 언어의 주기능인 '커뮤니케이션' 능력을 중심으로 업무나 일상 생활에 필요한 실용 영어 능력을 평가하는 시험입니다. 비즈니스와 일상 생활에서 쓰이는 실용적인 주제들을 주로 다루고 있습니다.

시험의 출제 분야 및 특징

전문적인 비즈니스	연구, 제품 개발, 계약, 인수, 보증, 사업 계획, 이메일, 이사회, 노사 문제, 회의
제조	제품 조립, 공장 경영, 품질 관리
금융과 예산	투자, 세금, 회계, 청구
엔터테인먼트	영화, 음악, 예술, 전시, 대중 매체
사무실	임원회의, 위원회의, 편지, 메모, 전화, 팩스, E-mail, 사무 장비와 가구
연회	식사 예약, 장소 문의
인사	구인, 채용, 퇴직, 급여, 승진, 취업 지원과 자기소개
주택 / 기업 부동산	건축, 설계서, 구입과 임대, 전기와 가스 서비스
여행	기차, 비행기, 택시, 버스, 배, 유람선, 티켓, 일정, 역과 공항 안내, 자동차, 렌트, 호텔, 예약, 연기와 취소

시험의 구성

구성	Part	내용			문항 수	시간	점수
Listening Comprehension	1	사진 묘사(사진 보고 올바른 설명 고르기)			6	45분	495점
	2	질의 응답(질문에 알맞은 답변 고르기)			25		
	3	짧은 대화(대화를 듣고 질문에 답변하기)			39		
	4	설명문(담화문을 듣고 질문에 답변하기)			30	100	
Reading Comprehension	5	단문 공란 채우기(문장 안의 빈칸에 알맞은 말 고르기			30	75분	495점
	6	장문 공란 채우기(지문에 있는 빈칸에 알맞은 말 고르기			16		
	7	독해	단일 지문(1개의 지문을 읽고 질문에 답변하기)		29	100	
			이중 지문(2개의 지문을 읽고 질문에 답변하기)		10		
			삼중 지문(3개의 지문을 읽고 질문에 답변하기)		15		
Total		7 Parts			200	120분	990점

시험 시간 안내

오전 시간	오후 시간	내용
9:30 ~ 9:45	2:30 ~ 2:45	답안지 배부 및 작성 Orientation
9:45 ~ 9:50	2:45 ~ 2:50	휴식 시간
9:50 ~ 10:05	2:50 ~ 3:05	1차 신분증 검사
10:05 ~ 10:10	3:05 ~ 3:10	문제지 배부 및 파본 확인
10:10 ~ 10:55	3:10 ~ 3:55	LC 시험 진행
10:55 ~ 12:10	3:55 ~ 5:10	RC 시험 진행 (2차 신분 확인)

토익 접수 방법

• **접수 기간 및 접수처 확인** : 인터넷 접수 기간을 한국 토익위원회 사이트(www.toeic.co.kr)에서 확인
합니다.

• **접수 절차** : 사이트에서 인터넷 접수를 선택하고 시험일, 고사장, 개인 정보 등을 입력한 후 응시료를
지불합니다. 접수 시 필요한 사진은 최근 6개월 이내 촬영한 사진이어야 하며, JPG 형식
으로 준비합니다.

• **특별 추가 접수** : 특별 접수 기간 내에 인터넷 접수로만 가능하며 응시료는 48,900원입니다.

시험 준비물

• 규정 신분증 주민등록증, 운전면허증, 공무원증, 기간 만료 전 여권, 초·중·고생의 경우는 TOEIC 정기
시험 신분확인증명서, 학생증, 청소년증을 인정합니다. 신분증이 없으면 절대 시험을 볼 수 없습니다.
꼭 챙기세요! (대학생 학생증은 인정되지 않습니다.)

• 필기 도구 컴퓨터용 연필(굵게 만들어 놓으면 편합니다. 일반 연필이나 샤프도 가능하지만 사인펜은 사용
불가능합니다), 지우개 필수적으로 가져가세요.

입실 전 유의 사항

• 시험시간이 오전일 경우에는 9시 20분까지, 오후일 경우에는 오후 2시 20분까지 입실을 완료합니다.

• 오전 시험은 9시 50분, 오후 시험은 2시 50분 이후로는 절대로 입실을 할 수가 없으니 꼭 시간을 지
켜야 합니다.

성적 확인 및 성적표 수령

• 성적은 정해진 성적 발표일 오전 6시부터 토익위원회 홈페이지(www.toeic.co.kr)와 ARS 060-800-
0515를 통해 조회할 수 있습니다. (단, ARS 성적 확인에 동의한 수험자는 ARS로 성적 확인이 가능합니다.)

• 성적표 수령은 온라인 출력이나 우편 수령 중에서 선택할 수 있습니다.

• 온라인 출력 시 성적 유효기간 내에 홈페이지를 통해 출력 가능합니다.

• 우편 수령 시 성적 발표 후 접수 시 기입한 주소로 발송됩니다. (약 7~10일 소요)

• 온라인 출력과 우편 수령은 모두 1회 발급만 무료이며, 그 이후에는 유료입니다.

Contents

✱ 이 책에서 제공하는 각종 학습 자료는 시나공토익 홈페이지(www.eztok.co.kr)에서 무료로 다운로드하실 수 있습니다.

학습 계획표

이 책을 소개할 때 책상에 앉아 작심하고 공부하는 것보다 하루 중 잠시 짬이 나는 자투리 시간을 최대한 활용하는 방법을 설명했지만 그래도 학습 계획을 잡고 공부하면 좀 더 효과적이겠죠? 4주 완성으로 잡은 아래와 같은 학습 계획을 따라서 꾸준히 진도를 나가 보세요!

	DAY 1	DAY 2	DAY 3	DAY 4	DAY 5
1주차	1장	2장 1강 ~ 2강	2장 3강 ~ 4강	2장 5강 ~ 6강	2장 7강 ~ 8강
	DAY 6	DAY 7	DAY 8	DAY 9	DAY 10
2주차	2장 9강 ~ 10강	2장 11강 ~ 12강	2장 13강 ~ 14강	2장 15강 ~ 16강	2장 17강 ~ 18강
	DAY 11	DAY 12	DAY 13	DAY 14	DAY 15
3주차	2장 19강 ~ 20강	3장 1강	3장 2강	4장 1강	4장 2강
	DAY 16	DAY 17	DAY 18	DAY 19	DAY 20
4주차	4장 3강	실전모의고사 파트 5 문제 풀이	실전모의고사 파트 5 복습	실전모의고사 파트 6 문제 풀이	실전모의고사 파트 6 복습

1장

PART 5&6의
특징 및
유형 소개

PART 5의 특징 및 유형 소개

토익에서 PART 5는 2016년 5월 신유형으로 개정된 이후 종전 40문제에서 30문제로 10문제가 축소되었다. 대신 PART 6에서 빈칸 추론 유형이 4문제가 추가되어 PART 5&6의 전체 문항 수는 종전 52문제에서 46문제로 6문제가 축소된 셈이다. 일단 PART 5에 출제되는 30문제를 유형별로 살펴보면 크게 어형 문제, 문법 문제, 그리고 어휘 문제로 나뉠 수 있는데, 각 문제 유형의 용례를 먼저 살펴보도록 하자.

1. 어형 문제

어형 문제는 빈칸을 두고 그 빈칸에 가장 적합한 품사가 무엇인지를 고르는 유형으로, 선지에는 어느 한 단어의 다양한 품사들이 제시된다. 이러한 유형은 별도의 해석이 필요 없으며, 빈칸의 자리만 보고 어떤 품사가 정답인지를 직관적으로 골라내야 한다. 시간이 부족한 RC 시험에서 상대적으로 시간을 최대한 절약할 수 있는 가장 가성비 높은 문제 유형이라 할 수 있다.

> **EX 1** The ------- of smoke from a fire resulting from chemicals will damage the lungs of any breathing creature.
>
> (A) inhale
> (B) inhalation
> (C) inhaling
> (D) inhaled

어휘 inhalation 흡입, 흡수 chemicals 화학 물질

해석 화학 물질로 인한 화재로 연기를 흡입하면 호흡하는 생물의 폐가 손상된다.

해설 빈칸은 정관사 The와 of smoke라는 전치사구 사이에 나와 있으므로 명사인 (B)가 적합하다.

정답 (B)

2. 문법 문제

빈칸에 가장 적합한 어구가 무엇인지를 묻는 유형으로, 일단 문제를 대하자마자 무슨 문법 사항을 묻는지를 파악할 수 있어야 한다. 그리고 빈칸에 가장 어울리는 선지를 골라야 하는데, 해당 항목에 대한 문법적 지식이 수반되어야 하므로 각 항목에 대한 주요 문법 사항들을 필히 익혀놓아야 한다.

EX 2 The newest app from Drezen Tech allows a person to control any kind of electronic device ------- it is registered on the app's database.

(A) in order that
(B) even so
(C) as long as
(D) moreover

어휘 allow A to do A가 ~하는 것을 가능하게 하다 electronic device 전자기기 as long as ~하기만 하면 even so 그럼에도 moreover 게다가

해석 드레젠 테크에서 나온 최신 앱은 어떤 종류의 전자기기이든 그 앱의 데이터베이스에 등록되어 있기만 하면 조정하는 것을 가능하게 해준다.

해설 빈칸은 절과 절을 이어주고 있고, 선지에 다양한 접속사와 접속부사가 제시되어 있으므로 올바른 접속사나 접속부사를 묻는 문제임을 알 수 있다. 그런데 접속부사는 부사이므로 절과 절을 연결하는 역할을 할 수가 없다. 따라서 접속부사인 (B)와 (D)는 정답이 될 수 없다. 그런데 (A)는 목적, (C)는 조건의 의미를 나타내고 있으므로 문맥상 빈칸 이하가 전자기기 조정을 가능하게 하는 조건에 해당하므로 (C)가 적합하다.

정답 (C)

---

3. 어휘 문제

문맥상 빈칸에 가장 적합한 어휘를 골라내는 유형이다. 따라서 기본적인 어휘 실력이 반드시 수반되어야 풀 수 있는 영역이다. 때로는 문장 구조나 다양한 짝 표현 등으로 유추해서 풀 수 있는 유형도 등장하지만 어찌 됐건 이 경우에도 어느 정도의 어휘 실력이 있어야 하는 전제 조건이 뒤따른다.

EX 3 The archaeologist tried to ------- the map to the hidden city of Elenthor, but she had no clue where to start.

(A) interpret
(B) disregard
(C) contract
(D) convince

어휘 archaeologist 고고학자 interpret 해석하다, 통역하다 **have no clue** 전혀 이해하지 못하다 disregard 무시하다 contract 계약; 계약하다 convince 확신시키다

해석 그 고고학자는 숨겨진 도시 엘렌토르의 지도를 해석하려고 애썼지만 어디서부터 시작해야 할지 전혀 감을 잡지 못했다.

해설 빈칸은 '지도(map)'를 목적어로 하는 타동사가 적합하므로 '지도를 해석하다'의 의미가 가장 적합하다. 따라서 정답은 (A)이다. (D) convince는 바로 뒤에 '~에게'에 해당하는 사람 목적어가 먼저 나와야 하므로 별도의 해석 없이 문장 구조만으로 오답임을 파악할 수 있다.

정답 (A)

이상 PART 5에는 이렇게 크게 세 가지 유형의 문제들이 등장한다. 어형 : 문법 : 어휘의 출제 비율은 전체 30문제에 대비하여 대략 32 : 35 : 33 정도를 나타내고 있다.

PART 6의 특징 및 유형 소개

PART 6은 위에서도 언급했듯이 종전 12문제에서 문장 삽입 4문제가 추가되어 총 16문제가 출제된다. PART 6은 문장의 빈칸에 알맞은 단어를 채우는 유형은 PART 5와 동일하나, 지문 속에서 문제가 제시된다는 특징이 있다. 또한 새로 추가된 문장 삽입 4문제는 지문의 어느 공간에 빈칸을 두고 알맞은 문장을 고르게 하는 유형으로, PART 6만의 독특한 문제 유형으로 출제가 되고 있으며, 문맥의 흐름을 정확히 파악해야만 정답을 고를 수 있는 유형이므로 상대적으로 시간이 만만치 않게 걸린다. 따라서 PART 5&6에서의 시간 안배에 가장 걸림돌이 되는 유형이기도 하다.

PART 6의 출제 유형은 다음과 같다.

Questions 131-134 refer to the following article.

California (June 26) – A special exhibition featuring life-sized ------- **131.** of more than 1,000 sea creatures will take place at the Marine Animals Museum. The exhibition will start this coming Friday and will end ------- **132.** August 23. Visitors will be able to witness what being under the sea really feels like. Tickets for the exhibit will be available online at www.mam.org. -------. **133.** For more information, please ------- **134.** the Web site or call (778) 293-4720.

131. (A) traditions
(B) replicas
(C) remembrances
(D) conditions

132. (A) on
(B) for
(C) in
(D) during

133. (A) There will also be tickets available at the door from Monday through Friday.
(B) We have decided to make the museum accessible to the disabled.
(C) The museum announced plans to relocate its collection to Canada.
(D) Visitors will have the opportunity to taste various types of seafood.

134. (A) request
(B) consult
(C) seem
(D) bring

어휘 special exhibition 특별 전시회 take place 열리다, 개최되다 feature 특징으로 하다, 포함하다 life-sized 실물 크기의 replica 모형, 복제품 sea creature 해양 생물 witness 보다, 목격하다 available 이용할 수 있는, 구할 수 있는 consult 찾아보다, 참고하다

해석 문제 131-134번은 다음의 기사를 참조하시오.

캘리포니아 (6월 26일) – 해양동물 박물관에서 1,000여 종의 해양 생물들의 실물 크기 모형을 선보이는 특별 전시회가 열릴 예정이다. 전시회는 이번 금요일에 시작해 8월 23일에 마감된다. 방문객들은 바닷속이 어떤 느낌인지를 생생하게 체험할 수 있다. 전시회 티켓은 www.mam.org에서 온라인으로 예매할 수 있다. 월요일부터 금요일은 입구에서 티켓을 구입할 수도 있다. 보다 상세한 정보는 웹사이트를 참조하거나 (778) 293-4720번으로 전화하면 된다.

131. 어휘 – 명사

해설 명사 어휘 문제로, 빈칸은 앞의 life-sized의 수식을 받고, 뒤의 전치사구 of more than 1,000 sea creatures의 수식을 받고 있다. 따라서 선지 중 life-sized(실물 크기)와 가장 자연스럽게 연결될 수 있는 것은 '모형'이란 뜻을 지닌 (B)이다.

정답 (B)

132. 문법 – 전치사의 자리

해설 빈칸 뒤에 특정 날짜가 나와 있으므로 날짜 앞에 쓰이는 전치사를 찾으면 된다. 날짜 앞에 쓰이는 전치사는 on이므로 (A)가 정답이다. (A)는 시간/날짜 앞, (B)는 '수사 + 기간 명사' 앞, (C)는 '월/연도/수사 + 기간 명사' 앞, (D)는 특정 기간 명사 앞에 쓰인다.

정답 (A)

133. 문장 삽입

해석 (A) 월요일부터 금요일은 입구에서 티켓을 구입할 수도 있다.
(B) 우리는 장애인들의 박물관 이용을 가능하게 하자는 결정을 내렸다.
(C) 박물관은 소장품을 캐나다로 옮길 계획을 발표했다.
(D) 방문객들은 다양한 해산물을 맛볼 수 있는 기회를 가질 것이다.

해설 문장 삽입 유형은 그 문장이 들어갈 자리의 앞과 뒤에 위치한 문장의 논리적 흐름을 파악하는 것이 문제 해결의 관건이다. 바로 앞 문장에서 온라인으로 티켓을 예매할 수 있다고 했으므로 이어지는 문장도 티켓에 관한 내용이 나오는 것이 자연스럽다. 티켓 구입에 관한 추가 정보에 대해 언급하고 있는 (A)가 정답이다.

정답 (A)

134. 어휘 – 동사

해설 문맥상 웹사이트를 참조하라라는 의미를 이루는 것이 가장 적절하다. 따라서 '(정보를 얻기 위해) ~을 찾아보다'라는 뜻을 지닌 (B)가 정답이다.

정답 (B)

그럼 이제 각 문제 유형별로 살펴보면서 해당 유형의 문제 풀이의 원리를 하나하나 파헤쳐 보도록 하자.

2장

PART 5&6
문법 문제
정답 공식

01강

출제 빈도 매회 평균 **4.92**개

명사의 자리

✔ 출제 경향

명사의 자리를 고르는 문제는 거의 매회 출제되는 정형화된 문제 유형으로 매회 평균 5문제 정도 출제가 되고 있으므로 출제 빈도가 상당히 높은 편이라 할 수 있다. 몇 개의 공식만 알고 있으면 해석을 하지 않고도 쉽게 정답을 찾아낼 수 있는 대표적인 유형이다.

📮 정답 공식 ①

> **선지에 명사가 있고, 문제에 '소유격 대명사 + -------'의 구조가 등장하면 빈칸은 명사의 자리이다!**

▶ 소유격 대명사인 my, your, his, her, its, our, their, 명사's는 누구의 소유 상태인지를 표현하는 대명사이며, 이는 소유하고 있는 대상을 의미하는 명사와 함께 쓰인다. 또한 궁극적으로 명사의 범위를 제한하는 한정사의 역할을 한다. 따라서 소유격 대명사 뒤 빈칸에는 소유하고 있는 대상을 나타내는 명사가 와야 한다.

EX 1 The latest commercial for the new Windy motorcycles particularly emphasizes their -------.

(A) rely

(B) relies

(C) reliability

(D) reliable

✸ 이렇게 해결해요!

빈칸이 소유격 대명사인 their 뒤에 나와 있으므로 빈칸에는 소유격 대명사의 수식을 받을 수 있는 명사가 와야 한다.

> **어휘** commercial 광고 particularly 특히 emphasize 강조하다 reliability 신뢰성, 믿음 reliable 믿을 만한

> **해석** 새로운 Windy 모터사이클 제품에 대한 최신 광고는 해당 제품의 신뢰성을 특별히 강조하고 있다.

> **정답** (C)

EX 2 Keeping our customers satisfied requires that our ------- be of high quality.

(A) products
(B) producing
(C) productive
(D) producer

✸ 이렇게 해결해요!

빈칸이 소유격 대명사인 our 뒤에 나와 있으므로 빈칸에는 소유격 대명사의 수식을 받는 명사가 와야 한다. 따라서 정답은 (A)나 (D)로 범위를 좁힐 수 있다. 그런데 문맥상 사람은 어색하므로 정답은 (A)이다.

> **어휘** customer 고객, 손님 require 요구하다, 요청하다 product 제품, 상품 producing 생산하는 productive 생산성 있는, 생산적인

> **해석** 고객 만족을 유지하려면 우리 제품의 품질이 우수해야 한다.

> **정답** (A)

🚩 정답 공식 ❷

선지에 명사가 있고, 문제에 '형용사/분사 + -------'의 구조가 등장 하면 빈칸은 명사의 자리이다!

▶ 형용사는 '어떤'이란 의미를 지니고 명사 전후에서 명사를 수식하므로 형용사 뒤에 빈칸이 나오면 빈칸에는 형용사의 수식을 받는 명사가 와야 한다. 또한 이때 형용사 라고 함은 일반 형용사뿐만 아니라 비교급&최상급 형용사를 비롯하여 형용사 역할 을 하는 현재분사와 과거분사를 모두 포함한다.

EX 3 Bella Tech is widely known as a company that manufactures precise ------- for the aviation industry.

(A) equip
(B) equipped
(C) equipment
(D) equipping

☀ 이렇게 해결해요!

빈칸이 '정밀한'이란 뜻을 지닌 형용사 precise 뒤에 나왔으므로 빈칸에는 형용사 precise의 수식을 받는 명사인 equipment가 와야 한다.

어휘   be known as ~로서 알려지다   manufacture 제조하다   precise 정밀한, 간결한
equip ~의 장비를 갖추다   equipment 장비, 기기

해석   Bella Tech 사는 항공산업에 필요한 정밀 기기를 제조하는 회사로 널리 알려져 있다.

정답   (C)

EX 4 Please go over the details of the enclosed ------- and return it to our head office as soon as possible.

(A) contract

(B) contracts

(C) contracted

(D) contracting

☀ 이렇게 해결해요!

빈칸이 '동봉된'이란 뜻을 지닌 과거분사 형태의 형용사인 enclosed 뒤에 나와 있으므로 빈칸에는 과거분사 enclosed의 수식을 받는 명사인 contract가 와야 한다.

어휘	go over 검토하다 detail 세부 내용 enclosed 동봉된 as soon as possible 가능한 한 빨리
해석	동봉된 계약서의 세부 내용을 검토하시고 이를 최대한 빨리 저희 본사로 다시 보내주시기 바랍니다.
정답	(A)

🚩 정답 공식 ③

선지에 명사가 있고, 문제에 '타동사 / to부정사 형태의 타동사 + -------'의 구조가 등장하면 빈칸은 명사의 자리이다!

▶ 동사가 목적어를 취하는지 취하지 않는지의 여부에 따라 자동사와 타동사로 분류된다. 직접적으로 목적어를 취하지 않는 자동사 뒤 빈칸에는 자동사를 수식하는 부사가 나와야 하지만, 타동사 또는 to부정사 형태의 타동사 뒤 빈칸에는 타동사의 목적어 역할을 할 수 있는 명사가 와야 한다.

✊ 한 가지만 더!

만약 선지에 부사가 제시되고, 문제에 '자동사 / to부정사 형태의 자동사 + -------'의 구조가 등장하면 빈칸에는 부사가 와야 한다는 사실도 함께 알아두자.

EX 5 The prime minister will visit several countries next month to promote ------- in economy and diplomacy.

(A) cooperate

(B) cooperation

(C) cooperative

(D) cooperatively

☀ 이렇게 해결해요!

빈칸이 to부정사 형태의 타동사인 to promote 뒤에 나와 있으므로 빈칸에는 to부정사인 to promote의 목적어 역할을 하는 '협력'이란 뜻을 지닌 명사 cooperation 이 와야 한다.

어휘	prime minister 수상, 총리 promote 촉진시키다 cooperate 협력하다 diplomacy 외교
해석	그 총리는 다음달 경제와 외교 분야의 협력을 증진시키고자 몇몇 국가를 방문할 것이다.
정답	(B)

✌한 가지만 더!

목적어가 필요 없는 동사를 자동사, 목적어가 꼭 나와야 하는 동사를 타동사라 일컫는다. 그런데 동사가 자동사인지 혹은 타동사인지 분간하기 어려움이 있다면 선지에 있는 부사와 명사를 빈칸에 넣어 그 의미를 파악한 후 좀 더 자연스러운 의미를 구성하는 어형을 정답으로 선택하는 것이 현명하다. 즉 **EX 5** 에서 promote 뒤에 '협력적으로' 또는 '협력하여'란 뜻을 지닌 부사인 cooperatively가 오게 된다면 협력적으로[협력하여] 촉진한다는 문맥이 형성되어 경제와 외교 분야의 무엇을 촉진하는지가 제시되어야 비로소 그 의미가 완성이 된다. 따라서 빈칸에는 부사인 cooperatively가 아닌, '촉진한다'의 대상이 될 수 있는 명사 cooperation이 적절하다고 할 수 있다.

EX 6 Regrettably, our hotel management cannot accept ------- for personal items left behind in your room.

(A) respond
(B) responsible
(C) responsibility
(D) responsibly

☀ 이렇게 해결해요!

빈칸이 타동사인 accept 뒤에 나와 있으므로 빈칸에는 타동사 accept의 목적어 역할을 할 수 있는 '책임'을 뜻하는 명사 responsibility가 적합하다. 만약 accept가 자동사인지 타동사인지 구분하기 어렵다면 빈칸에 '책임'을 뜻하는 명사 responsibility와 '책임을 가지고, 책임감 있게'란 뜻을 지닌 부사 responsibly를 각각 대입하여 해석을 한 후 전체적인 문맥에 적합한 품사를 선택해야 한다. 어떤 사안이 약속이나 규정대로 적절하게 처리되지 못한 경우에는 담당자가 이에 대한 책임 자체를 직접적으로 받아들이는 것이고, 이를 책임감 있게 받아들이는 것이 아니란 점을 고려할 때, 객실에 남겨둔 개인 소지품의 분실이나 도난에 대한 책임 자체를 호텔 측이 받아들일 수 없어서 유감이라는 문맥이 적절하므로 빈칸에는 부사인 responsibly가 아니라 '받아들이다'의 대상이 될 수 있는 '책임'이라는 뜻을 지닌 명사 responsibility가 필요하다.

어휘 regrettably 유감스럽게도 accept 받아들이다, 인정하다 respond 대답하다, 응답하다 responsibility 책임감

해석 유감스럽게도, 저희 호텔에서는 귀하의 객실에 남겨진 개인 소지품에 대한 책임을 받아들일 수 없습니다.

정답 (C)

선지에 명사가 있고, 문제에 '전치사 + ------- + (수식어)'의 구조가 등장하면 빈칸은 명사의 자리이다!

▶ 전치사 뒤에는 전치사의 목적어 역할을 하는 명사가 필요하다. 따라서 전치사 뒤에 빈칸, 혹은 전치사와 수식어 사이에 빈칸이 나온다면, 빈칸에는 전치사의 목적어 역할을 할 수 있는 명사가 와야 한다.

> **EX 7** The new sports complex and accommodations are ready to be unveiled after almost seven years of -------.
>
> (A) construct
> (B) constructed
> (C) constructing
> (D) construction

☀ 이렇게 해결해요!

빈칸이 전치사 of 뒤에 나와 있으므로, 빈칸에는 전치사 of의 목적어 역할을 할 수 있는 '공사'라는 뜻의 명사인 construction이 와야 한다.

어휘   accommodation 숙소, 시설 **be ready to do** ~할 준비가 되어 있다   unveil 공개하다, 발표하다   construct 건설하다   construction 건축

해석   거의 7년 간의 공사 끝에 새로운 종합 경기장 시설과 숙박 시설은 개장할 준비가 되었다.

정답   (D)

> **EX 8** All of the government offices will be closed on Wednesday in ------- of the national holiday.
>
> (A) observe

(B) observation

(C) observance

(D) observably

☀ 이렇게 해결해요!

빈칸이 전치사 in과 수식어인 전치사구 of the national holiday 사이에 나왔으므로 빈칸에는 명사가 어울린다. 그런데 선지에서는 (B)와 (C)가 명사이다. observance 는 '준수, 의식, 축하', observation은 '관찰'이라는 뜻을 지니고 있으므로 문맥상 전 치사 in의 목적어 역할을 할 수 있는 '기념, 준수'란 뜻의 명사인 observance가 와야 한다. 빈칸이 명사의 자리라는 것을 파악하였다 하여도 한 번 더 명사의 뜻을 비교해 야 하므로 비교적 명사의 자리 문제에선 고난도에 속하는 유형이다.

> **어휘** national holiday 국경일   observe 관찰하다, 주시하다, 기념하다   observation 관찰
> observance 준수, 의식, 기념, 축하

> **해석** 모든 관공서들은 국경일을 기념하고자 수요일에 문을 닫을 것이다.

> **정답** (C)

🚩 정답 공식 ⑤

선지에 명사가 있고, 문제에 '관사 + ------- + (전치사구)'의 구조가 등장하면 빈칸은 명사의 자리이다!

▶ 부정관사 및 정관사 역시 모두 명사 범위에 제한을 가하는 한정사이므로 관사 뒤 빈칸에는 명사가 와야 한다. 그리고 그 관사가 정관사라면 단수명사와 복수명사가 모 두 올 수 있다.

EX 9 It is expected that there will be many issues to clear before the
------- of the new law.

(A) implement
(B) implementing
(C) implementation
(D) implemented

🌟 이렇게 해결해요!

빈칸이 정관사 the와 전치사구인 of the new law 사이에 나와 있으므로 빈칸에는
정관사 the의 수식을 받는 명사가 와야 한다. 그런데 선지에서는 (A)가 동사이자 명
사로도 쓰이며, (C)가 명사이다. 명사일 때 (A)는 '도구'의 의미이고, (C)는 '시행, 완
성, 충족' 등의 의미이므로, 빈칸에는 문맥상 '도구'보다는 '시행'이란 뜻을 지닌 명사
implementation이 더 적합하다.

> **어휘** issue 화제, 이슈, 문제점 implement 도구; 시행하다 implementation 시행, 완성,
> 성취, 충족
>
> **해석** 새로운 법을 시행하기에 앞서 해결해야 할 많은 문제점들이 있을 것으로 예상되고 있다.
>
> **정답** (C)

EX 10 The ------- from the board will apply to all employees
tomorrow.

(A) notice
(B) noticeable
(C) notify
(D) noticebly

🌟 이렇게 해결해요!

빈칸이 정관사 the와 전치사구인 from the board 사이에 나와 있으므로 빈칸에는
정관사 the의 수식을 받는 명사가 와야 한다. 그러므로 정답은 '공지'란 뜻을 지닌 명
사 notice이다.

어휘	notice 공지, 안내 apply to ~에게 적용되다 noticeable 뚜렷한, 현저한 notify 알리다, 통지하다
해석	이사회에서 나온 그 공지는 내일부터 모든 사원에게 적용될 것이다.
정답	(A)

🚩 정답 공식 ⑥

> ### 선지에 명사가 있고, 문제에 '(부사구/부사절) + ------- + (수식어) + 동사 + (수식어)'의 구조가 등장하면 빈칸은 명사의 자리이다!

▶ 수식어를 제외한 동사 앞 자리는 주어 자리이므로 주어 역할을 할 수 있는 명사가 필요하다.

EX 11 ------- to our health and fitness facilities is included with your stay at the Plaza Hotel.

(A) Access
(B) Accessed
(C) Accessible
(D) Accessing

☀️ 이렇게 해결해요!

수식어인 전치사구 to our health and fitness facilities를 제외하면 빈칸이 동사인 is 앞에 나와 있으므로 빈칸에는 주어의 역할을 할 수 있는 명사가 필요하다. 그러므로 빈칸에는 '접속, 접근, 사용'을 뜻하는 명사 access가 와야 한다.

어휘	facility 시설 access 접속, 접근, 사용; 접근하다, 사용하다 accessible 접속할 수 있는, 사용할 수 있는
해석	Plaza Hotel에서의 귀하의 숙박에는 저희 운동 시설 사용도 포함되어 있습니다.
정답	(A)

access는 동사와 명사의 어형이 동일한데, 동사의 경우 타동사이므로 전치사가 없이 목적어를 바로 취하는 반면, 명사인 access는 전치사 to와 함께 쓰인다는 형태적 특징을 기억해두면 이후 관련 문제를 한결 수월하게 해결할 수 있다.

> **EX 12** ------- from your supervisor is essential to carry the project.
>
> (A) Permissive
> (B) Permission
> (C) Permitting
> (D) Permitted

☀️ 이렇게 해결해요!

수식어구 전치사구 from your supervisor를 제외하면 빈칸이 동사인 is 앞에 나와 있으므로 빈칸에는 주어의 역할을 할 수 있는 명사가 필요하다. 그러므로 빈칸에는 '허가, 승인' 등의 의미를 지닌 (B)가 들어가야 한다.

어휘 permission 허가, 승인 supervisor 감독자 essential 필수적인, 본질적인
permissive 관대한

해석 그 프로젝트를 수행하려면 감독자의 허가가 필요합니다.

정답 (B)

🚩 **정답 공식 ⑦**

선지에 사람명사나 일반명사가 함께 있고, 문제에 '부정관사 + ------- '의 구조가 등장하면 빈칸에는 사람명사가 적합하다. 만약 부정관사가 등장하지 않는다면 빈칸에는 일반명사가 나와야 한다!

▶ 선지에 사람명사와 일반명사가 동시에 등장하면 두 개의 명사 중 하나가 정답이 된다. 두 가지 명사 중 어떠한 명사를 선택할 것인지 파악하는 기준점은 부정관사 (a/an)의 유무이다. 만약 빈칸 앞에 부정관사(a/an)가 자리를 잡고 있다면 빈칸에는 사람명사가 와야 한다. 사람명사와 일반명사를 구분하는 유형의 문제는 주로 부정관 사를 통해 해결하며 부정관사가 있으면 항상 가산명사로 분류되는 사람명사가, 부정 관사가 없으면 일반명사가 정답으로 제시되는 정형화된 형태의 문제들이 대부분 출 제되고 있다.

EX 13 BK Corporation hired an ------- last week to evaluate its complex financial records and operational systems.

(A) account
(B) accounting
(C) accountant
(D) accountable

☀ 이렇게 해결해요!

일단 부정관사 다음에 빈칸이 왔으므로 빈칸은 명사의 자리이다. 그런데 선지에 명사 가 3개나 보인다. 즉 사람명사로 '회계사'를 뜻하는 accountant, 일반명사로 '계좌, 서술, 설명, 광고주' 등을 뜻하는 account, 그리고 '회계'를 뜻하는 accounting이 제 시되어 있다. 하지만 빈칸 앞의 부정관사 an을 통해 그 뒤에 사람명사가 와야 함을 알 수 있다. 게다가 동사 hire가 '채용하다'란 뜻을 지니고 있으므로, 그 대상은 사람 이 될 수밖에 없다.

어휘	hire 고용하다, 채용하다 account 계좌, 서술, 설명, 광고주 accounting 회계 accountant 회계사 evaluate 평가하다 financial 재정적인, 금융의 operational 운용의, 가동할 준비가 된
해석	BK 사는 지난주 복잡한 자사의 재정 기록과 운영 시스템을 평가하기 위해서 회계사를 채 용하였다.
정답	(C)

EX 14 Some local events such as festivals are usually intended for
------- by the general public.

(A) attend

(B) attendee

(C) attendant

(D) attendance

☀ 이렇게 해결해요!

빈칸이 전치사와 수식어인 전치사구 사이에 있으므로 빈칸은 명사의 자리이다. 그런데 선지에 사람명사로 '참석자'를 뜻하는 attendee와 '승무원, 종업한, 수행원'을 뜻하는 attendant, 그리고 '참석, 출석'을 뜻하는 일반명사인 attendance가 동시에 등장하고 있다. 하지만 빈칸 앞에 부정관사(a/an)가 제시되지 않고 있으므로 빈칸에는 가산명사인 사람명사가 아니라 일반명사인 attendance가 와야 한다.

어휘	local 지역적인 such as ~와 같은 be intended for ~할 의도가 있다, ~할 작정이다
	attendance 참석, 출석 attend 참석하다, 참여하다 attendee 참석자 attendant 승무원, 종업원, 수행원
해석	축제와 같은 일부 지역 행사들은 대개 일반 대중의 참여를 목적으로 한다.
정답	(D)

▌ 정답 공식 ⑧

> **선지에 사람명사와 일반명사가 있고, 문제에 '정관사(형용사) +
> -------'의 구조가 등장하면 해석을 통해 전체 문맥에 어울리는 뜻을
> 지닌 명사를 골라야 한다!**

▶ 빈칸 앞에서 정관사가 오는 경우에는 문제가 좀 달라진다. 왜냐하면 정관사는 사람명사나 일반명사를 모두 취할 수 있기 때문이다. 따라서 이 경우에는 해석을 통해 전반적인 문맥에 적합한 뜻을 지닌 명사를 선택해야 한다. 해석을 통해 정답을 파악

해야 하는 사람명사와 일반명사를 구분하는 문제는 출제 빈도가 높지는 않지만 참고로 알아두도록 하자.

EX 15 Recently, some engineers in our company designed a very special bicycle for the clean -------.

(A) environment
(B) environmental
(C) environmentalist
(D) environmentally

☀ 이렇게 해결해요!

빈칸이 정관사(the) 뒤에 나와 있으며, 선지에는 '환경론자'를 뜻하는 사람명사 environmentalist와 '환경'을 뜻하는 일반명사인 environment가 동시에 등장하고 있다. 따라서 해석을 통해 전체 문맥에 적합한 명사를 선택해야 한다. 일부 공학자들이 매우 특별한 자전거를 디자인한 것은 깨끗한 환경을 위한 것일 뿐, 깨끗한 환경론자를 위한 것이라 할 수 없으므로 정답은 일반명사인 environment이다.

> **어휘** recently 최근에 environmentalist 환경론자, 환경주의자
>
> **해석** 최근에, 우리 회사의 일부 공학자들은 환경을 위해 매우 특별한 자전거를 디자인했다.
>
> **정답** (A)

EX 16 The ------- from China immediately met with the prime minister to discuss the matter.

(A) science
(B) scientific
(C) scientist
(D) scientifically

☀ 이렇게 해결해요!

빈칸이 정관사(the) 뒤에 나와 있으며, 선지에는 '과학'을 뜻하는 일반명사인 science

와 '과학자'를 뜻하는 사람명사인 scientist가 동시에 등장하고 있다. 따라서 해석을 통해 전체 문맥에 적합한 명사를 선택해야 한다. 중국에서 온 대상은 과학 자체가 아니라 과학자로 봐야 하므로 정답은 사람명사인 scientist이다.

어휘 immediately 즉시 prime minister 총리, 수상

해석 중국에서 온 과학자는 그 문제를 상의하기 위해 곧바로 총리를 만났다.

정답 (C)

🏴 정답 공식 ⑨

선지에 명사가 있고 빈칸이 명사 뒤에 나와 있다면 빈칸은 명사를 요구하는 복합명사 관련 문제일 가능성이 매우 높다!

▶ 두 개의 명사가 결합하여 하나의 명사 어휘를 구성하는 것을 복합명사라고 한다. 이를테면 '고객 만족'을 뜻하는 customer satisfaction이라든가, '품질 관리'를 뜻하는 quality control 같은 명사 어휘가 이에 해당한다. 복합명사 관련 문제는 토익에서는 '명사 + -------'나 '------- + 명사'란 구조로 출제가 되지만 명사 앞뒤에는 명사뿐만 아니라 분사를 포함한 형용사도 가능하므로 상당히 헷갈리기 쉽고 까다로운 문제라고 할 수 있다. 따라서 복합명사 문제의 정답률을 높이려면 우선 기존에 자주 출제된 빈출 복합명사들을 집중적으로 익히는 것이 가장 좋은 방법이다. 아래에 나와 있는 빈출 복합명사라도 꼭 숙지하도록 하자.

● 주요 빈출 복합명사

- **apartment complex** 아파트 단지
- **application form** 신청서, 지원서
- **assembly line** 조립 생산 라인
- **attendance records** 출석 기록
- **advertising strategy** 광고 전략
- **building inspection** 건물 준공 검사
- **factory inspection** 공장 실태 검사

- business expansion 사업 확장
- communication skill 의사소통 기술
- customer satisfaction / client satisfaction 고객 만족
- customer base 고객 기반
- customs clearance 통관 수속
- discount vouchers(coupons) 할인 쿠폰
- dress-code regulation 복장 규정
- expiration date 만기일
- extension number 내선 번호
- energy efficiency 에너지 효율성
- gift certificate 상품권
- hotel reservation 호텔 예약
- job description 직무 소개
- job vacancy 공석, 공석 중인 일자리
- job openings 구인
- job responsibility 책무
- keynote speech 기조 연설
- keynote speaker 기조 연설자
- maintenance work / renovation work 보수(수리)작업
- media coverage 언론 보도
- office supplies 사무용품
- office furniture 사무용 가구
- parking lot / parking space 주차장
- pay increase / pay raise 급여 인상
- performance appraisal / performance evaluation 업무 수행 평가

또한 복합명사는 'N1(명사 1) + N2(명사 2)' 상황에서 대개 'N1을 N2하다'로 해석되거나 'N1을 위한 N2'로 해석되므로 이 두 가지 해석이 적용되는 경우, 빈칸 자리에는 명사를 요구하는 복합명사 관련 문제라 할 수 있다. 앞서 예를 든 '고객 만족'을 뜻하는 customer satisfaction은 customer를 satisfaction하다로 해석이 되는 경우이며, '품질 관리'를 뜻하는 quality control은 quality를 위한 control로 해석이 되는 경우라 할 수 있다. 만약 이렇게 해석을 하여 다소 어색하면 복합명사로서 미흡하다 판단할 수 있다. 복합명사 관련 문제에서는 주로 N2, 즉 두 번째 명사를 묻는 문제가

집중적으로 출제되는 경향이 있기 때문에 명사 뒤에 빈칸이 나오는 경우 분사를 포함한 형용사보다 명사가 정답으로 제시되는 비중이 매우 높은 편임을 숙지하도록 한다.

EX 17 New employees should review handbook or company ------- for policies regarding workplace safety.

(A) regulates
(B) regulations
(C) regular
(D) regulated

☀ 이렇게 해결해요!

빈칸이 명사 뒤에 나오는 경우 명사가 정답으로 제시되는 복합명사 관련 문제일 가능성이 높다. 또한 전체 문맥을 고려할 때 '작업장 안전에 관한 회사 규정(사규)'이라는 의미가 적합하며, 이는 회사를 위한 규정, 즉, N1을 위한 N2 방식으로 해석이 가능하므로 빈칸에는 규정을 뜻하는 명사 regulations가 와야 한다.

> **어휘** regulation 규제, 조정 workplace 작업장 regulate 규제하다, 조정하다
>
> **해석** 신입사원들은 회사 작업장 안전에 관한 직원용 소책자의 내용이나 회사 규정을 검토해야 한다.
>
> **정답** (B)

EX 18 Please make sure that the store is opened and closed appropriately by following standard -------.

(A) procedures
(B) inspection
(C) levels
(D) regularity

🔆 이렇게 해결해요!

빈칸이 '표준'을 뜻하는 명사 standard 뒤에 있으며 상점의 개상과 폐장이 이뤄지는 것은 특정한 규정이나 절차에 의한 것이니 문맥상 '표준 절차'란 의미를 구성할 수 있도록 빈칸에는 명사 procedures가 적합하다. 아울러 '표준 절차'는 '표준을 위한 절차', 또는 '표준(기준)으로 삼기 위한 절차', 즉, N1을 위한 N2 방식으로 해석이 가능하므로 이를 통해 명사인 procedures가 정답임을 다시 한 번 확인할 수 있다.

어휘 make sure ~을 확인하다 appropriately 적절하게 procedure 절차 inspection 사찰, 점검 regularity 규칙, 정규, 균형

해석 상점이 표준 절차에 의거하여 적절하게 개장과 폐장이 이뤄지도록 해주시기 바랍니다.

정답 (A)

1. According to the annual report, some Chinese banks benefitted from the ------- of the domestic economy.

   (A) recover
   (B) recovers
   (C) recovered
   (D) recovery

2. The thunderstorm which hit the southern provinces last week caused ------- to farm households and an electrical power outage.

   (A) damage
   (B) damaged
   (C) damaging
   (D) to damage

3. As a token of our -------, please accept a $50 gift certificate which you are free to use at any of our locations.

   (A) apologize
   (B) apology
   (C) apologized
   (D) apologizing

4. Our appliance store is currently offering our customers various ------- that could be paid off in monthly installments.

   (A) produce
   (B) production
   (C) productivity
   (D) products

5. The newly released mobile phone expresses feelings and performs various tasks for users, like an -------.

   (A) assist
   (B) assistance
   (C) assisting
   (D) assistant

▶ 정답 및 해설은 312쪽

동사와 준동사의 자리

☑ 출제 경향

동사 및 준동사 어형을 묻는 문제 유형들은 대부분 출제 비중이 높은 문제 유형이다. 대표적으로 자주 출제되는 문제 유형을 살펴보면 빈칸에 동사와 준동사 어형을 구분하는 문제, 문두에 나오는 to부정사나 분사 형태의 준동사 어형을 구분하는 문제, 그리고 주장, 요구, 명령, 제안 등을 나타내는 조동사, 혹은 사역동사와 함께 쓰이는 동사의 어형을 묻는 문제들이 출제되고 있다. 따라서 RC에서의 고득점을 바란다면 출제 빈도가 높은 여러 동사와 준동사 어형 관련 문제들을 꼼꼼하게 정리 및 숙지해야 할 필요가 있다.

▶ 정답 공식 ❶

> **선지에 동사가 있고, 문제에 '주어 + ------- + (목적어 / 수식어구) + ~' 구조가 등장하면 빈칸은 동사의 자리이다!**

▶ 주어 뒤 빈칸에 동사의 어형을 묻는 문제는 매회 정기토익에서 출제되는 가장 기본적인 문제 유형에 해당된다고 할 수 있다. 주어와 빈칸 다음에는 전치사구를 비롯하여 분사구와 관계사절에 이르기까지 다양한 수식어구들을 나열하여 구조를 복잡하게 하고 절이 길어지도록 만든다는 점에 유념한다. 선지는 주로 to부정사, 분사나 동명사와 같은 준동사, 그 외에 명사, 형용사, 부사, 그리고 동사 등으로 아주 다양하게 구성되며, 선지에 동사가 두 개 이상 제시되는 경우에는 주어와 동사 간의 수일치, 태, 시제를 순서대로 파악하여 알맞은 동사 형태를 선택해야 한다.

EX 1 The management ------- to lay off some of the plant workers due to the severe economic depression.

(A) decide
(B) decision
(C) decisive
(D) decided

☀ 이렇게 해결해요!

빈칸 앞에 주어로 '회사 경영진'을 뜻하는 명사인 the management가, 빈칸 뒤에는 목적어 역할을 하는 명사구 to lay off가 나와 있다. 따라서 빈칸에는 절을 구성할 수 있는 동사, 즉, 정동사의 어형이 필요하다. 선지에서 정동사의 역할을 할 수 있는 어형으로는 decide와 decided가 모두 가능하다. 다만 주어인 the management가 복수 명사가 아니므로 동사 decide는 주어와 수 일치가 되지 않아 부적절하다. 따라서 빈칸에는 동사의 과거 시제 형태인 decided가 와야 한다.

> **어휘** lay off 해고하다 severe 심각한, 극심한 depression 불황, 불경기, 우울함

> **해석** 회사 경영진은 심각한 경제 불황으로 인해 일부 공장 직원들을 해고하기로 결정했다.

> **정답** (D)

EX 2 The recent sales report ------- that the new dishwashers showed more than 25 percent growth in sales this year.

(A) saying
(B) say
(C) said
(D) has been said

☀ 이렇게 해결해요!

빈칸 앞에 주어인 the recent sales report가, 빈칸 뒤에는 목적어 역할을 하는 명사절이 등장하고 있으므로 빈칸은 동사의 자리임을 알 수 있다. 그런데 선지 중에서 say, said, has been said가 모두 동사의 역할을 할 수 있는 어형이므로 수 일치, 태,

시제 등의 요소를 차례로 대입하여 정답을 골라내야 한다. 우선 주어인 the recent sales report는 단수 주어이므로 복수 동사 say는 오답이다. 또한 이미 목적어 역할을 하는 명사절이 제시되어 있기 때문에 수동태 구조를 형성하는 has been said도 오답으로 처리해야 함이 옳다. 따라서 빈칸에는 said가 와야 한다.

어휘 dishwasher 식기 세척기

해석 최근 영업 보고서는 새로운 식기 세척기의 올해 매출이 25퍼센트 이상 향상되었음을 언급하고 있다.

정답 (C)

🚩 정답 공식 ❷

선지에 동사원형이 있고, 문제에 아래의 구조가 등장하면 빈칸은 동사원형의 자리이다!

1) 'Please + -------'

2) 'If / When + 주어 + -------, 동사 + ~'

3) '주어 + 조동사 + ------- + ~'

▶ Please로 시작하는 명령문이나 조동사의 뒤엔 동사원형이 온다. 경우에 따라 please를 생략시키고자 If나 When이 이끄는 부사절 구조가 앞서 등장한 후 빈칸이 제시되기도 하지만 어느 경우든 명령문이 동사원형으로 시작한다는 규칙은 변함이 없다.

EX 3 The replacement parts that the client ordered ------- at his office tomorrow.

(A) to arrive

(B) arrived

(C) will arrive

(D) arriving

☀ 이렇게 해결해요!

주어는 '교체용 부품'이란 뜻의 복합 명사인 the replacement parts이며, 이를 형용사절인 that the client ordered가 그 뒤에서 수식하고 있는 구조이다. 따라서 ordered를 전체 문장의 동사로 오인해서는 안 된다. 그리고 빈칸 뒤에는 at his office라는 전치사구가 등장하고 있으므로 현재 문장 구조상으론 동사가 보이지 않는다. 따라서 빈칸에는 절을 구성할 수 있는 동사가 필요하다. 선지에서 절을 구성할 수 있는 동사 어형으로 arrived와 will arrive가 제시되고 있는데, 동사의 과거 시제 형태나 조동사와 함께 쓰이는 동사의 경우 주어와 동사 수 일치 여부를 확인할 수 없다. 또한 arrive는 자동사이므로 수동태가 불가능하다. 결국 tomorrow를 통해 빈칸에는 미래 시제 형태인 동사 will arrive가 와야 함을 알 수 있다.

> **어휘** replacement 교체, 대체
>
> **해석** 그 고객이 주문한 교체용 부품들은 그의 사무실에 내일 도착할 것이다.
>
> **정답** (C)

EX 4 If you haven't paid for your order yet, ------- your payment in full within five days.

(A) remit
(B) remitted
(C) have remitted
(D) remitted

☀ 이렇게 해결해요!

빈칸이 If 부사절 뒤에 나와 있고, 빈칸 뒤에는 목적어 역할을 하는 명사 payment가 등장하고 있으므로 이는 동사원형부터 시작하는 명령문임을 알 수 있다. 따라서 빈칸에는 동사원형인 remit이 와야 한다.

> **어휘** pay for ~에 대한 비용을 지불하다   remit 송금하다
>
> **해석** 만약 귀하의 주문에 대한 비용을 지불하지 않았다면, 향후 5일 안에 전액을 송금해 주시기 바랍니다.
>
> **정답** (A)

EX 5 According to the regulations, the company should ------- Ms. Grimbsby for her business trip expenses.

(A) compensate
(B) compensates
(C) compensated
(D) compensation

☀ 이렇게 해결해요!

빈칸이 조동사인 should 뒤에 나와 있으므로 빈칸에는 동사원형이 와야 한다. 따라서 동사원형인 compensate가 정답이다.

> **어휘** regulation 규정, 규칙 compensate 보상하다, 보상금을 주다
>
> **해석** 규정에 따라, 회사는 Grimbsby 씨에게 그녀의 출장비용을 보상해야 한다.
>
> **정답** (A)

🚩 정답 공식 ③

> ### 선지에 준동사가 있고, 문제에 아래의 구조가 등장하면 빈칸은 준동사 어형의 자리이다!
>
> 1) '주어 + 동사 + ~ + ------- + ~'
> 2) '주어 + ------- + 동사 + ~'

▶ 빈칸에 동사 어형과 준동사 어형 중 준동사 자리를 묻는 문제 유형은 거의 매회 토익에서 출제가 되고 있다. 즉, 전체적인 토익 난이도와 무관하게 언제나 매달 꾸준하게 일정 비율로 출제가 되는 문제 유형이다. 만약 빈칸 전후에 동사가 제시되어 있다면 이는 동사를 묻는 문제가 아니라 적절한 형태의 준동사 어형을 선택하는 문제라는 사실을 숙지해야 한다.

EX 6 Mr. Winston ------- to the monthly magazine *Wild Life* is one of the renowned environmentalists in North America.

(A) contributing
(B) contribute
(C) will contribute
(D) has contributed

☀️ 이렇게 해결해요!

빈칸이 주어인 Mr. Winston 뒤에 나와 있으므로 빈칸을 동사의 자리로 착각할 수 있으나 빈칸 뒤를 보면 또 다른 동사인 is가 등장하고 있다. 따라서 빈칸에는 준동사 형태의 어형이 필요하므로 정답은 contributing이다.

> **어휘** environmentalist 환경주의자
>
> **해석** 월간 *Wild Life* 지에 기고하는 Winston 씨는 북미 지역에서 유명한 환경론자 중 하나이다.
>
> **정답** (A)

EX 7 You have to ask your accountant ------- the financial report.

(A) submitting
(B) submitted
(C) submit
(D) to submit

☀️ 이렇게 해결해요!

주어와 동사가 나온 상황에서 빈칸이 목적어 your accountant 뒤에 나와 있으므로 'ask + 목적어 + to부정사'로 연결되는 구문임을 알 수 있다. 따라서 정답은 to submit이다.

> **어휘** accountant 회계사
>
> **해석** 회계사에게 재무 보고서를 제출하도록 요청해야 합니다.
>
> **정답** (D)

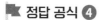

정답 공식 ④

선지에 to부정사나 분사가 있고, 문제에 '-------, 주어 + 동사 + ~'의
구조가 등장하면 빈칸은 to부정사나 분사의 자리이다!

▶ 주절의 콤마 앞 자리는 주절 전체를 수식하는 부사의 자리이다. 이 자리에 구의 형
태가 나오면 부사구가 된다. 그런데 부사구 형태일 때 부사구의 맨 앞에는 to부정사
나 분사라는 준동사가 올 수 있다.

> **EX 8** ------- the new company factory, you should use a company
> free shuttle bus at the train station.
>
> (A) To reach
> (B) Reached
> (C) Have reached
> (D) Reach

☀ 이렇게 해결해요!

빈칸이 주절 전체를 수식하는 부사구 앞에 나와 있고, 선지에 to부정사 형태가 제시
되고 있으므로 빈칸에는 부사구를 구성할 수 있도록 to부정사가 와야 한다. 따라서
To reach가 정답이다.

어휘	free shuttle bus 무료 셔틀 버스
해석	회사의 새로운 공장으로 가려면, 기차역에서 회사 무료 셔틀 버스를 이용해야 한다.
정답	(A)

EX 9 ------- on time, his vacation request was approved more quickly than expected.

(A) Submit

(B) Submits

(C) Has submitted

(D) Submitting

💥 이렇게 해결해요!

빈칸이 주절 전체를 수식하는 부사구 앞에 나와 있고, 선지에 현재분사 형태가 제시되고 있으므로 빈칸에는 부사구를 구성할 수 있도록 현재분사 형태가 와야 한다. 따라서 Submitting이 정답이다.

어휘   on time 적시에, 제때에   vacation request 휴가 신청서

해석   적시에 제출되어서 그의 휴가 신청서는 예상보다 빠르게 승인되었다.

정답   (D)

🚩 정답 공식 ⑤

선지에 동사원형이 있고, 문제에 아래의 구조가 등장하면 빈칸은 동사원형의 자리이다!

1) '주어 + 주장, 요구, 명령, 제안 등의 동사 + that + 주어 + (should) + _____'

   * 대표적인 주장, 요구, 명령, 제안 동사

   1. 주장 – insist

   2. 요구 – ask, demand, request, require

   3. 명령 – order, command

   4. 제안 – suggest, propose, advise, recommend

2) 'It + be동사 + 이성적 판단의 형용사 + that + 주어 + -------'

  * 대표적인 이성적 판단의 형용사

    necessary, important, mandatory, imperative, essential 등

3) '주어 + 사역동사(let / make / have / help) + 사람 목적어 + -------'

▶ 주절에 주장, 요구, 명령, 제안 등을 나타내는 동사나 이성적 판단을 나타내는 형용사가 나올 경우 종속절에서 동사원형이 나와야 하며, '~로 하여금 ---하게 하다'의 의미를 지닌 사역동사 다음의 목적보어로 동사원형이 와야만 한다. 다만 help가 나올 때에는 동사원형과 to부정사가 모두 가능하다는 점에 유의해야 한다.

EX 10 The department head suggests that Ms. Kate Austin -------
on a business trip to China next month.

(A) go
(B) goes
(C) will go
(D) gone

☀ 이렇게 해결해요!

빈칸이 종속절의 주어인 Ms. Kate Austin 뒤에 나와 있으므로 빈칸에는 동사가 와야 한다. 다만 주절의 동사가 제안을 나타내는 suggests임을 고려하면 빈칸에 오는 동사는 원형이어야 한다. 따라서 정답은 go이다.

어휘	suggest 제안하다
해석	그 부장님은 Kate Austin 씨에게 다음달에 중국으로 출장을 가도록 제안하고 있다.
정답	(A)

EX 11 It is essential that Mr. Ferguson ------- the next chief executive officer of our company.

(A) is
(B) was
(C) will be
(D) be

☀ 이렇게 해결해요!

빈칸이 종속절의 주어인 Mr. Ferguson 뒤에 나와 있으므로 빈칸에는 동사가 와야 한다. 다만 주절의 be동사와 결합된 형용사가 이성적 판단의 형용사 중 하나인 essential임을 고려하면 빈칸에 오는 동사는 동사원형이어야 한다. 따라서 정답은 be이다.

> **어휘** essential 본질적인 chief executive officer 최고 경영자
>
> **해석** Ferguson 씨가 필히 우리 회사의 차기 최고 경영자가 되어야 한다.
>
> **정답** (D)

EX 12 The vice president had Ms. Nina Lee ------- the minutes of the recent meeting before passing them out to the board members.

(A) transcribe
(B) transcribed
(C) transcribing
(D) to transcribe

☀ 이렇게 해결해요!

빈칸이 had라는 사역동사와 사람 목적어인 Ms. Nina Lee 뒤에 나와 있으므로 빈칸에는 사역동사가 취하는 목적격 보어로 동사원형이 나와야 함을 알 수 있다. 따라서 transcribe가 정답이다.

어휘 vice president 부사장 transcribe 전사(轉寫)하다, 번역하다

어휘 vice president 부사장 transcribe 전사(轉寫)하다, 번역하다

해석 부사장님은 Nina Lee 씨에게 최근 회의록을 이사진에게 전달하기에 앞서 이를 번역하
도록 하였다.

정답 (A)

EX 13 The newly developed vaccine will help ------- cold viruses out of your body.

(A) flushes
(B) flushing
(C) to flush
(D) flushed

☀ 이렇게 해결해요!

빈칸이 help 뒤에 나와 있고, 빈칸 뒤에는 목적어가 생략된 채 바로 목적보어를 취하
는 구조가 제시되어 있으며, help는 목적보어 자리에 동사원형 및 to부정사 형태를
모두 취하는 것이 가능하다. 따라서 빈칸에는 to flush가 와야 한다. 아울러 난이도
가 높아지는 경우 help 뒤 목적어가 생략된 채 바로 목적격 보어의 형태를 요구하는
문제들이 출제될 수 있다는 점에 주의하도록 한다.

어휘 flush 쏟아내리다, 씻어내리다, 붉어지다, 상기되다

해석 새로 개발된 백신은 신체 내 감기 바이러스가 씻겨 나가도록 도움을 줄 것이다.

정답 (C)

CHECK-UP TEST

앞서 배운 스킬을 사용하여 최대한 신속하고 효율적으로 문제를 풀이하자.

1. The biggest new domestic oil discovery will have the country ------- the oil to foreign countries next year.

   (A) export
   (B) to export
   (C) exporting
   (D) exported

2. ------- dependence on labor, factory automation systems will be introduced to our company.

   (A) To reduce
   (B) Reduced
   (C) Have reduced
   (D) Reduction

3. ------- all the responsibility for the failure of our poor sales results in the second quarter, the chief executive officer resigned.

   (A) Take
   (B) Have taken
   (C) Taken
   (D) Taking

4. Over the past eight years, our personnel directors have helped thousands of new employees ------- proper positions at the company.

   (A) find
   (B) finds
   (C) to found
   (D) finding

5. According to the article, Ms. Murphy started the business ------- an increasing number of needs for more hotels, restaurants, and shopping centers.

   (A) will meet
   (B) has met
   (C) meet
   (D) to meet

▶ 정답 및 해설은 313쪽

부사의 자리

☑️ 출제 경향

부사는 주로 동사 혹은 형용사를 수식하는 용례를 묻는 문제가 출제되고 있으며, 그 출제 빈도도 높아 매회 평균 3~4문제가 출제될 뿐더러, 최대 6문제까지 출제된 적도 있다. 물론 단순 어형 문제만 등장하는 것이 아니라 다양한 용례의 특수 강조 부사 어휘까지 출제되기 때문에 일부 부사 문제의 난이도는 단순 어형 문제에 비해 상당히 어려운 수준이라 할 수 있다. 무엇보다 빠른 점수 향상을 위해서는 기본적으로 부사 문제가 어떻게 출제되는지 그 유형을 정확하게 파악하고 잔실수를 범하는 일이 없도록 대비해야 한다.

🚩 정답 공식 ❶

선지에 부사가 있고, 문제에서 아래와 같은 구조가 등장하면 빈칸은 부사가 정답이다!

1) '전치사 + (관사) + ------- + 동명사 + 명사'

2) '(관사) + ------- + 과거분사/현재분사 + 명사'

3) 'be동사 + ------- + 형용사'

4) '일반동사 + (관사) + ------- + 형용사/과거분사/현재분사 + 명사'

▶ 위의 공식들이 복잡하게 보이지만 핵심은 형용사형 앞에 부사가 온다는 사실이다. 부사는 일반적으로 형용사, 부사, 동사, 문장 전체를 '어떻게'라는 의미로 수식하는 기능을 하는데, 소위 준동사라 칭하는 동명사, 과거분사, 현재분사는 각각 명사와 형용사의 역할을 하지만 기본적으로 준동사도 동사인지라 이들은 모두 부사의 수식을 받을 수 있다. 따라서 분사 형태가 아닌 일반 형용사, 동명사, 현재분사, 과거분사 앞에

빈칸이 있으면 이들을 수식하는 부사의 자리임을 알아두도록 하자.

EX 1 I would like to extend my sincere gratitude to your customer service representatives for ------- replying to my inquiries.

(A) prompt
(B) promptly
(C) prompted
(D) promptness

☀ 이렇게 해결해요!

빈칸이 전치사 for와 '답변하는 것'이란 뜻의 동명사 replying 사이에 나와 있으므로 빈칸에는 동명사 replying을 수식하는 부사가 적합하다. 그러므로 '신속하게, 빠르게' 란 뜻을 지닌 부사 promptly가 정답이다.

> **어휘** gratitude 감사 representative 대표, 대리인 inquiry 연구, 조사, 탐구
>
> **해석** 저는 제가 문의한 내용에 대해 신속하게 답변해 주신 귀사의 고객 상담원들에게 진심으로 감사를 전하고 싶습니다.
>
> **정답** (B)

EX 2 Bella Technologies provides a ------- good software development environment to its computer programmers.

(A) high
(B) higher
(C) highly
(D) highness

☀ 이렇게 해결해요!

빈칸이 부정관사 a와 형용사 good 사이에 나와 있으므로, 빈칸에는 '매우 좋은 환경'이란 문맥을 구성할 수 있도록 형용사 good을 수식할 수 있는 부사가 와야 한다. 그러므로 '매우, 몹시'란 뜻의 부사 highly가 정답이다. 아울러 소프트웨어를 개

발하는 매우 좋은 환경을 제공한다는 문맥이 구성되는 것이 논리적이므로 빈칸에는 environment란 명사를 수식하는 형용사가 아니라 good이란 형용사를 수식하는 부사가 적절하다는 점을 파악할 수 있다.

어휘 environment 환경 highly 대단히, 매우

해석 Bella Technologies 사는 자사의 컴퓨터 프로그래머들에게 좋은 소프트웨어 개발 환경을 제공하고 있다.

정답 (C)

✊한 가지만 더!

앞서 학습했듯이 '형용사 + 명사' 구조 앞의 빈칸에는 부사뿐만 아니라 형용사도 올 수 있다. 이때 부사가 오면 형용사를 수식하는 것이나 형용사가 오게 된다면 또 다른 형용사와 함께 명사를 동시에 수식하는 것이라 할 수 있다. 따라서 문제에서 '------- + 형용사 + 명사'가 제시되고 선지에 부사와 형용사가 동시에 등장하는 경우, 문제의 '형용사 + 명사' 부분에서 형용사를 제거한 후 선지에 있는 형용사를 삽입하여 적절한 의미가 구성이 되면 형용사가 정답이나 그렇지 않다면 부사가 정답이 된다.

🏴 정답 공식 ❷

선지에 부사가 있고, 문제에서 아래와 같은 구조가 등장하면 빈칸은 부사의 자리이다!

1) 'be동사 + ------- + 과거분사 / 현재분사'

2) 'has / have / had + ------- + 과거분사'

3) '조동사 + ------- + 동사원형'

▶ 동사는 부사만이 수식할 수 있으므로 조동사와 본동사 혹은 분사 사이에 빈칸이 나오는 경우에는 빈칸에는 본동사를 수식하는 부사만이 존재할 수 있다.

EX 3 Some scientists have ------- developed a technology to predict the possible outbreak of a typhoon.

(A) recent
(B) more recent
(C) most recent
(D) recently

☀ 이렇게 해결해요!

빈칸은 현재완료 시제에서 조동사 역할을 하는 have와 본동사 역할을 하는 과거분사 developed 사이에 나와 있으므로 빈칸에는 과거분사를 수식하는 부사가 등장해야 한다. 그러므로 정답은 (D)이다.

> **어휘** predict 예언하다, 예측하다   outbreak 발생, 발발
>
> **해석** 몇몇 과학자들은 최근 태풍의 발생을 예측할 수 있는 기술을 개발했다.
>
> **정답** (D)

EX 4 The city council passed the bill that will ------- ban smoking in practically all outdoor locations in the city.

(A) complete
(B) completes
(C) completed
(D) completely

☀ 이렇게 해결해요!

빈칸이 조동사인 will과 '금지하다'란 뜻을 지닌 ban이란 동사 사이에 나와 있으므로 빈칸에는 본동사인 동사 ban을 수식하는 부사가 와야 한다. 그러므로 '완전하게'란 뜻을 지닌 부사 completely가 정답이다.

어휘 city council 시의회 bill 청구서, 계산서, 법안 practically 사실상, 실제로

해석 시의회는 시내의 사실상 모든 야외 장소에서 흡연을 전면 금지시키는 법안을 통과시켰다.

정답 (D)

🚩 정답 공식 ❸

> ### 선지에 부사가 있고, 문제에서 아래와 같은 구조가 등장하면 빈칸은 부사의 자리이다!
>
> 1) '주어 + ------- + 자/타동사'
>
> 2) '(to) + ------- + 타동사 + 목적어'
>
> 3) '(to) 타동사 + 목적어 + -------'
>
> 4) '(to) 자동사 + -------'

▶ 부사가 동사를 수식하고, 수식어는 수식하는 대상 가까이에 나오려는 성향을 지니고 있다. 그러므로 자동사나 타동사를 막론하고 동사 직전과 직후의 자리는 주로 동사를 수식하는 부사가 나오는 자리라 할 수 있다. 아울러 동사 뒤에 목적어가 나오는 경우 부사는 '동사 + 목적어' 앞이나 뒤에 위치하게 된다는 점 또한 기본적인 부사의 위치로 숙지하도록 한다.

> **EX 5** Chief negotiators from both companies ------- agreed to meet again before the end of October.
>
> (A) unanimous
> (B) unanimously
> (C) unanimity
> (D) unanimities

☀ 이렇게 해결해요!

빈칸이 주어인 negotiators와 동사 agreed 사이에 나와 있으므로 빈칸에는 동사 agreed를 수식하는 부사가 와야 한다. 따라서 '만장일치로'란 의미를 지닌 부사 unanimously가 정답이다.

어휘	negotiator 협상가, 교섭자 agree to do ~하기로 동의하다
해석	양사의 주 협상 대표들은 10월이 끝나기 전에 다시 만날 것을 만장일치로 합의하였다.
정답	(B)

EX 6 BK Enterprises rewards its employees and board members who ------- exceed company expectations.

(A) consist
(B) consistent
(C) consistently
(D) consistence

☀ 이렇게 해결해요!

빈칸이 접속사이자 주어 역할을 하는 주격 관계대명사 who와 '초과하다'란 뜻의 동사 exceed 및 '회사의 기대치'를 의미하는 복합명사로 목적어 역할을 하고 있는 company expectations의 사이에 나와 있으므로 빈칸에는 동사 exceed를 수식하는 부사가 와야 한다. 따라서 '지속적으로'란 뜻의 부사인 consistently가 정답이다.

어휘	reward 보상(금); 보상하다 consistently 지속적으로, 꾸준히 exceed 넘다, 초과하다, 초월하다
해석	BK Enterprises는 회사의 기대치를 지속적으로 초과한 직원들과 이사진들에게 보상을 한다.
정답	(C)

▶ 정답 공식 ❹

> **선지에 부사가 있고, 문제에 아래와 같은 구조가 등장하면 빈칸은 부사의 자리이다!**
>
> 1) '주어 + be동사 / have[has] been + 과거분사 + ------'
>
> 2) '주어 + be동사 / have[has] been + 현재분사 + ------'

▶ 그 자체로 완전한 구조와 의미를 지닌 절 뒤에는 수식어인 부사가 나올 수 있다. be동사나 have[has] been 다음에 연결되는 과거분사나 현재분사는 그 자체로 완전한 최소한의 문장 구조를 이루고 있으므로 그 뒤에는 부사만이 올 수 있다.

EX 7 Please make sure that every detail of the task will be completed ------.

(A) perfect
(B) perfectly
(C) perfection
(D) most perfect

☀ 이렇게 해결해요!

빈칸이 be동사와 '완료된, 종료된'이란 뜻의 과거분사 completed가 결합된 수동태 구조의 완전한 절 뒤에 나와 있으므로, 빈칸에는 완전한 절과 함께 쓰이는 수식어인 부사가 필요하다. 그러므로 '완벽하게'란 뜻을 지닌 perfectly란 부사가 정답이다.

어휘	make sure 확실히 ~하다 detail 세부 사항 perfectly 완벽하게
해석	업무의 모든 세세한 부분까지 완벽하게 마무리될 수 있도록 확실히 해주시기 바랍니다.
정답	(B)

EX 8 The amount of exports to China is increasing ------- because the trade tariff was eliminated last month.

(A) significantly
(B) significance
(C) significant
(D) more significant

☀️ 이렇게 해결해요!

be동사와 목적어를 취하지 않는 자동사 increase의 현재분사인 increasing과 결합된 현재진행형이 쓰여 완전한 절을 이루고 있는데, 빈칸이 그 뒤에 나와 있으므로 빈칸에는 완전한 절과 함께 쓰이는 수식어인 부사가 필요하다. 따라서 '상당하게, 꽤'란 뜻을 지닌 부사 significantly가 정답이다.

어휘 amount 양, 총액, 총계 trade tariff 무역 관세 eliminate 없애다, 제거하다 significance 중요성, 의미

해석 무역 관세가 지난달에 폐지되었기 때문에 중국 수출 물량은 급격하게 증가하고 있다.

정답 (A)

CHECK-UP TEST

앞서 배운 스킬을 사용하여 최대한 신속하고 효율적으로 문제를 풀이하자.

1. We are ------- searching for a new venue for our stockholders' meeting, since our conference hall is currently being renovated.

(A) activate
(B) actively
(C) active
(D) activity

2. Requesting political funds from major corporations or entrepreneurs is ------- banned by the law.

(A) strict
(B) stricter
(C) strictness
(D) strictly

3. The sales manager position requires strong communications skills and the ability to work -------.

(A) collaborate
(B) collaborative
(C) collaboratively
(D) collaboration

4. Some French painters, such as Paul Cezanne, Vincent Van Gogh and Paul Gauguin, are credited with ------- influencing the contemporary art movement.

(A) greatly
(B) great
(C) greatest
(D) greatness

5. The new manufacturing process has been designed ------- to enhance productivity and profitability.

(A) specific
(B) specifics
(C) specifically
(D) specify

▶ 정답 및 해설은 314쪽

출제 빈도 매회 평균 **3.52**개

형용사의 자리

✅ 출제 경향

형용사는 크게 명사 앞에서 명사를 수식하거나 주격 보어와 목적격 보어 자리의 용례를 묻는 문제로 출제된다. 구체적으로는 2형식 동사인 be, become, remain 다음에서 주격 보어로, 5형식 동사인 make, keep, find, consider 다음에서 목적격 보어로 형용사 어형을 선택하는 문제가 주로 출제된다.

🚩 정답 공식 ❶

선지에 형용사가 있고, 문제에 아래와 같은 구조가 등장하면 빈칸은 형용사의 자리이다!

1) '(전치사) + (한정사) + (부사) + ------- + 명사'

2) '------- + 복합명사'

3) '(동사) + (한정사) + ------- + 명사'

▶ 명사 앞에서 '어떠한'이란 의미로 명사를 수식하는 존재가 형용사임은 기본적인 문법 공부를 한 사람이면 누구나 알고 있는 사실이다. 하지만 토익에 대비하여 학습할 때는 빈칸이 어디에 있을 때 형용사가 필요한지 문장 구조를 좀 더 상세화할 필요가 있다. 아울러 형용사 어형 문제는 형용사 어휘 문제가 아닌 만큼 문제를 풀기 위해서는 형용사 어휘의 뜻을 알고 있는지 여부가 중요한 것이 아니라 -ive, -able, -ous, -ic, -ful, -y, -ed, -al, -less와 같은 접미사가 형용사란 품사의 어형을 구성한다는 특징을 기억하고 있으면 큰 어려움이 없이 문제를 해결할 수 있다.

EX 1 The new location of our company is very easily ------- by subway or by bus.

(A) access
(B) accessible
(C) accessibly
(D) accessibility

☀️ 이렇게 해결해요!

빈칸이 2형식 동사인 be동사와 '쉽게, 용이하게'란 뜻으로 형용사를 수식하는 부사 easily 뒤에 나와 있으므로 빈칸에는 주격 보어의 역할을 할 수 있는 형용사가 적합하다. 그러므로 '접근이 가능한, 이용이 가능한'이란 뜻의 형용사인 accessible이 정답이다.

> **어휘** location 위치, 장소   access 접근; 접근하다   accessible 접근하기 쉬운, 이해하기 쉬운   accessibility 접근하기 쉬움, 이해하기 쉬움
>
> **해석** 우리 회사가 새로 이전한 곳은 지하철이나 버스를 통해 접근하기 매우 용이한 곳에 위치하고 있다.
>
> **정답** (B)

EX 2 Our company regularly provides ------- performance evaluation to its employees to raise our competitiveness in the world market.

(A) efficiency
(B) efficient
(C) efficiently
(D) more efficiently

☀️ 이렇게 해결해요!

빈칸이 '제공하다'란 뜻의 동사 provides와 목적어인 '업무 수행 평가'란 뜻의 복합명사 performance evaluation 사이에 나와 있으므로 빈칸에는 복합명사인

performance evaluation을 수식하는 형용사가 와야 한다. 그러므로 '효율적인'이란 의미의 형용사인 efficient가 정답이다.

> **어휘** efficient 효율적인 evaluation 가치, 평가, 사정 competitiveness 경쟁력 efficiency 효율성

> **해석** 우리 회사는 세계 시장에서의 경쟁력을 강화시키기 위해서 직원들에게 정기적으로 효율적인 업무 수행 평가를 제공하고 있다.

> **정답** (B)

🚩 정답 공식 ❷

선지에 형용사가 있고, 문제에 'be / become / remain + (부사) + -------'의 구조가 등장하면 빈칸은 형용사의 자리이다!

▶ 주격 보어를 취하는 대표적인 2형식 동사인 be, become, remain 뒤에는 주격 보어 역할을 하는 명사 혹은 형용사가 와야 한다. 그런데 토익에서는 대부분 명사 보어보다는 형용사 보어를 정답으로 요구하는 문제가 출제되므로 이러한 유형이 나왔다면 형용사를 정답으로 선택해도 무방하다. 2형식 동사의 형용사 주격 보어를 묻는 문제가 5형식 동사의 형용사 목적격 보어를 묻는 문제에 비해 출제 빈도가 높다는 점도 함께 알아두도록 한다.

> **EX 3** Please be advised that the fitness club membership is -------
> to immediate family members only.
>
> (A) transfer
> (B) transfers
> (C) transferable
> (D) transferability

☀ 이렇게 해결해요!

빈칸이 주격 보어를 취하는 2형식 동사인 be동사 is 뒤에 나와 있으므로 빈칸에는 명사 혹은 형용사 주격 보어가 필요하다. 헬스클럽 회원권은 양도가 가능한 상태임을 언급해야 하며, 명사 주격 보어는 주어와 동일 대상인 경우에만 가능하지만 헬스클럽 회원권 자체가 양도와 동일한 대상이 아니므로 오답이다. 아울러 주격 보어 문제는 거의 형용사가 정답이 된다는 경향을 상기하도록 한다. 따라서 빈칸에는 '양도 가능한'이란 뜻을 지닌 형용사 transferable이 와야 한다.

> **어휘** transferable 이전이 가능한, 양도가 가능한 immediate 즉각적인, 아주 가까이에 있는
> transfer 이전하다, 양도하다

> **해석** 헬스클럽 회원권은 직계 가족들에게만 양도가 가능하다는 점을 알아두시기 바랍니다.

> **정답** (C)

EX 4 The supervisor will be ------- from the seminar because he has to travel abroad.

(A) absent
(B) absence
(C) absents
(D) absently

☀ 이렇게 해결해요!

빈칸이 주격 보어를 취하는 2형식 동사인 be동사 뒤에 나와 있으므로 빈칸에는 명사 혹은 형용사 주격 보어가 필요하다. 그런데 명사 보어가 나오려면 주어와 비교 대상이 동일해야 하는데, 감독관과 결석이 동일한 대상이 아니므로 빈칸에는 주격 보어로서 형용사가 어울린다. 따라서 정답은 (A)이다.

> **어휘** supervisor 감독관 be absent from ~에 불참하다 absence 결석, 부재

> **해석** 그 감독관은 해외 출장을 가야 하기 때문에 세미나에 불참할 것이다.

> **정답** (A)

선지에 형용사가 있고, 문제에 'make / keep / find / consider / leave +
(부사) + 목적어 + -------'의 구조가 등장하면, 빈칸은 형용사의 자
리이다!

▶ 5형식 동사인 make, keep, find, consider, leave 다음에 나오는 목적보어 자
리에는 형용사가 나와야 한다. 그래서 '목적어가 ~한 상태로 ---하다'의 의미를 나
타내게 된다.

> **EX 5** It is expected that newly hired business experts will make our
> company ------- in the global market place.
>
> (A) compete
> (B) competitive
> (C) competition
> (D) competitively

☀ 이렇게 해결해요!

빈칸이 make라는 5형식 동사와 목적어인 our company 뒤에 나와 있으므로 빈칸
에는 회사가 세계 시장에서 경쟁적인 상태를 지니는 모습을 나타내는 형용사 목적격
보어가 필요하다. 따라서 빈칸에는 '경쟁적인, 경쟁력이 있는'이란 뜻을 지닌 형용사
인 competitive가 와야 한다.

> **어휘** expert 전문가, 선수 competitive 경쟁력 있는, 경쟁적인 compete 경쟁하다, 겨루
> 다 competition 경쟁
>
> **해석** 새로 채용된 경영 전문가들은 우리 회사가 세계 시장에서 경쟁력을 갖출 수 있도록 해줄
> 것으로 예상되고 있다.
>
> **정답** (B)

EX 6 New employees coming to work this week will keep our department -------.

(A) active
(B) activate
(C) actively
(D) activity

☀ 이렇게 해결해요!

빈칸이 keep이라는 5형식 동사와 목적어인 our department 뒤에 나와 있으므로 빈칸에는 우리 부서가 활동적이고 적극적인 상태를 지니는 모습을 나타내는 형용사 목적격 보어가 필요하다. 따라서 빈칸에는 '적극적인, 활동적인'이라는 뜻을 지닌 형용사인 active가 와야 한다.

> **어휘** active 활동적인, 적극적인 activate 작동시키다, 활성화시키다 activity 활기, 활동
>
> **해석** 이번 주부터 출근한 신입사원들은 우리 부서를 활기차게 해줄 것이다.
>
> **정답** (A)

1. According to the test results, Bella laundry detergent consistently delivers ------- cleaning at significantly reduced temperatures.

(A) exception
(B) exceptions
(C) exceptional
(D) exceptionally

2. Many manufacturers in the United States operate under ------- quality control and government regulations.

(A) power
(B) powers
(C) powerful
(D) powerfully

3. Mr. Robbie has little experience in the field of computer graphic, but his knowledge of computer art is very -------.

(A) extend
(B) extension
(C) extended
(D) extensive

4. Our company always keeps our personal information and personnel records ------- at the underground archive.

(A) confidence
(B) confident
(C) confidential
(D) confidentially

5. Nominations for the ------- seat on the State College Area School District Board must be submitted by next Tuesday.

(A) vacate
(B) vacancy
(C) vacation
(D) vacant

▶ 정답 및 해설은 315쪽

05강

전치사의 자리

✔️ 출제 경향

전치사는 그 종류가 상당히 많지만, 그 중 토익에서는 출제 빈도가 유독 높은 주요 전치사들이 존재한다. 알맞은 전치사를 고르는 문제는 매회 평균 6.70문제 정도 출제가 될 정도로 출제율이 상당히 높은 편이지만, 정확한 용례만 알고 있으면 어렵지 않게 맞힐 수 있기 때문에 빠른 점수 향상 혹은 고득점을 위해서라면 당연히 잔실수를 범하지 않도록 신경을 써야 하는 부분이기도 하다. 출제 빈도가 높은 빈출 전치사 중심으로 학습하는 방법이 가장 바람직하다.

🚩 빈출 전치사의 용례

전치사는 실로 다양한 상황에서 다양한 용도로 쓰이고 있으므로 별도의 정답 공식을 제시하는 것은 의미가 없다. 다만 실제 정기토익에서 빈번하게 출제되었던 전치사들의 용례를 살펴봄으로써 각 문장 구조와 상황에 맞는 전치사를 골라내는 훈련을 해나가는 작업이 더욱 의미 있을 것으로 판단되는 바, 주요 빈출 전치사의 용례를 중심으로 소개하고자 한다.

1. during + 숫자가 없는 기간

EX 1 The average temperature ------- the winter months is 24 degrees Celsius.

(A) in
(B) during
(C) for
(D) if

☀ 이렇게 해결해요!

명사와 명사 사이에 빈칸이 있으므로 일단 절과 절을 연결시켜주는 접속사인 (D)는 정답이 될 수 없다. 그런데 빈칸 앞에는 '평균 기온'이, 빈칸 뒤에는 숫자는 없지만 the winter months라고 하여 겨울에 해당하는 기간이 언급되고 있다. 따라서 숫자가 없는 어느 특정한 기간 앞에 쓰이는 during이 적합하다.

> **어휘** temperature 온도 Celsius 섭씨
>
> **해석** 겨울 동안 평균 기온은 섭씨 24도이다.
>
> **정답** (B)

2. for + 숫자가 있는 특정 기간/목적

> **EX 2** Mr. Hamilton has been working for the company ------- 20 years.
>
> (A) during
> (B) for
> (C) within
> (D) over

☀ 이렇게 해결해요!

빈칸 앞에는 해밀턴 씨가 그 회사를 위해서 일해 왔다는 내용이 제시되고 있으며, 빈칸 뒤에 20 years라는 숫자가 있는 특정한 기간이 언급되었으므로 문맥상 '~한 기간 동안 죽 일해 왔다'는 의미가 가장 자연스럽다. 따라서 숫자가 있는 기간 앞에 쓰이는 for가 적합하다.

> **어휘** work for ~을 위해 일하다
>
> **해석** Hamilton 씨는 그 회사에서 20년간 근무해 오고 있다.
>
> **정답** (B)

3. over/in + 숫자 유무와 상관없는 기간

EX 3 The company has confirmed the construction will be
completed ------- a month.

(A) with
(B) in
(C) at
(D) after

☀ 이렇게 해결해요!

기간을 의미하는 a month 앞에 빈칸이 있으므로 숫자와 상관 없는 기간과 함께 쓰일 수 있는 전치사가 들어가야 한다. 선지 중엔 in이 가장 적합하므로 (B)가 정답이다.

> **어휘** confirm 확인하다 construction 건설, 건축
>
> **해석** 그 회사는 건축이 한 달 이내에 완료될 것이라고 확인했다.
>
> **정답** (B)

4. through + 숫자 유무와 상관없는 기간

EX 4 Several local festivals will be held nationwide ------- the
month.

(A) through
(B) during
(C) at
(D) on

☀ 이렇게 해결해요!

빈칸 앞에 여러 지역 영화제들이 전국적으로 개최될 것이라는 내용이 제시되고 있으며, 빈칸 뒤에는 the month라는 기간이 언급되었으므로 문맥상 숫자가 나오지 않은 기간과 함께 쓰이는 through가 적합하다.

어휘   local 지역적인   be held 개최되다   nationwide 전국적인; 전국적으로

해석   이번 달 내내, 여러 지역 축제들이 전국적으로 개최될 것이다.

정답   (A)

5. throughout + 숫자 유무와 상관없는 기간/구체적인 장소/공간/영역/분야

EX 5   Many tourists visit Montana ------- the year to truly relax in nature.

(A) when
(B) for
(C) into
(D) throughout

☀ 이렇게 해결해요!

빈칸 뒤에 명사가 나왔으므로 일단 절과 절을 이어주는 접속사 when은 정답이 될 수 없다. 빈칸 앞에는 수많은 관광객들이 Montana를 방문한다는 내용이 제시되어 있고, 빈칸 뒤의 명사는 the year로 일정한 기간을 나타내고 있으므로 문맥상 '1년 내내'의 의미를 담고 있는 전치사 throughout이 적합하다.

어휘   tourist 관광객   truly 진심으로, 정말로   relax 휴식을 취하다

해석   많은 관광객이 자연과 함께 진정한 휴식을 취하고자 1년 내내 Montana를 방문한다.

정답   (D)

6. within + 숫자 유무와 상관없는 기간/장소/거리/한도

EX 6   All exchange or return requests must be made ------- seven days after the purchase of the item.

(A) within
(B) before
(C) throughout
(D) for

✸ 이렇게 해결해요!

빈칸 앞에는 교환이나 반품 요청을 해야 한다는 내용이 제시되고 있으며, 빈칸 뒤에는 7일이라는 기간이 언급되고 있다. 문맥상 7일 이내에 교환이나 반품 요청을 해야 한다는 내용이 적합하므로 빈칸에는 '~ 안에, ~ 이내에'란 뜻을 나타내는 전치사 within이 적합하다.

> **어휘** exchange 교환; 교환하다 **return** 보답, 반납, 반품; 보답하다, 환불하다
>
> **해석** 모든 교환이나 반품 요청은 상품 구입 후 반드시 7일 이내에 하셔야 합니다.
>
> **정답** (A)

7. 완료 동사 + by + 시점

> **EX 7** Please submit your application and resume ------- this Friday.
>
> (A) until
> (B) on
> (C) by
> (D) for

✸ 이렇게 해결해요!

빈칸 앞에는 지원서와 이력서를 제출하라는 내용이 제시되어 있고, 빈칸 뒤에는 이번 주 금요일이 언급되어 있으므로 문맥상 이번 주 금요일까지를 나타내는 전치사가 필요하다. 그런데 문장의 동사가 완료동사인 submit이므로 완료 시점과 함께 쓰일 수 있는 by가 적합하다.

> **어휘** submit 제출하다 **application** 신청(서), 적용, 지원(서) **resume** 이력서
>
> **해석** 이번 주 금요일까지 귀하의 지원서와 이력서를 제출해 주시기 바랍니다.
>
> **정답** (C)

8. 지속 동사 + until + 시점

> **EX 8** The new service won't be provided to customers ------- September 9.
>
> (A) until
> (B) by
> (C) to
> (D) of

☀ 이렇게 해결해요!

빈칸 앞에는 새로운 서비스가 고객들에게 제공되지 않을 것이라는 내용이 제시되어 있고, 빈칸 뒤에는 9월 9일이라는 특정한 날짜가 언급되어 있다. 문맥상 9월 9일까지는 새로운 서비스가 제공되지 않는다는 의미이므로 새로운 서비스를 받으려면 최소 9월 9일까지 기다려야 한다는 의미가 된다. 따라서 특정 시점이 될 때까지 지속된다는 의미를 지닌 until이 적합하다.

> **어휘** provide 제공하다
>
> **해석** 새로운 서비스는 9월 9일이 되어야 비로소 고객들에게 제공될 것이다.
>
> **정답** (A)

9. because of / due to / owing to / thanks to / on account of + 결과

> **EX 9** ------- climate change, temperatures are rising around the world.
>
> (A) Except
> (B) While
> (C) Due to
> (D) Because

☀ 이렇게 해결해요!

일단 빈칸 뒤에 명사가 나왔으므로 빈칸은 전치사의 자리이다. 따라서 절과 절을 이어주는 (B)와 (D)는 정답이 될 수 없다. 그런데 빈칸 뒤에, 기후 변화가 언급되어 있고, 주절에서 온도가 전 세계적으로 상승하고 있다는 내용이 제시되어 있다. 문맥상 기후 변화가 원인이 되어 주절의 결과가 나왔다고 볼 수 있으므로 원인의 전치사구인 Due to가 적합하다.

> **어휘** due to ~ 때문에 climate 기후, 날씨
>
> **해석** 기후 변화로 인해, 전 세계의 온도는 상승하고 있다.
>
> **정답** (C)

10. before / prior to / after / following + 시점

> **EX 10** You should check a warranty ------- purchasing a new laptop computer.
>
> (A) prior to
> (B) after
> (C) up
> (D) into

☀ 이렇게 해결해요!

빈칸 앞에서는 보증서를 확인해야 한다고 제시되어 있고, 빈칸 뒤에는 새 노트북을 구매한다고 언급되어 있다. 따라서 문맥상 새 노트북을 사기 전에 보증서를 확인해야 한다는 흐름이 가장 자연스러우므로 정답은 '~보다 앞서', '~보다 이전에'를 나타내는 (A)가 적합하다.

> **어휘** warranty 보증(서) prior to ~보다 앞선 purchase 사다, 구입하다 laptop computer 노트북 컴퓨터
>
> **해석** 새 노트북 컴퓨터를 구매하기 전에 품질 보증서를 확인해야 한다.
>
> **정답** (A)

11. at + 구체적인 시점/협소한 장소

> **EX 11** The staff meeting is scheduled to begin ------- 3 o'clock tomorrow.
>
> (A) in
> (B) at
> (C) on
> (D) for

☀ 이렇게 해결해요!

시간 표현 앞에 빈칸이 있으므로 선지에 있는 각각의 전치사에 대해 시간 표현과 관련된 특징을 알아보자. in은 비교적 큰 시간대, 즉, 계절, 연, 월을 나타낼 때 많이 쓰이며, on은 어느 특정한 요일이나 기념일 앞에 쓰인다. 또한 for 뒤에 시간 표현이 나오면 일정한 기간을 의미하는데, 이 문장에서는 특정한 시점을 나타내고 있으므로 정답이 될 수 없다. 따라서 비교적 작은 시간대에 쓰이는 at이 적합하다.

> **어휘** be scheduled to do ~하기로 되어 있다, ~할 예정이다
>
> **해석** 직원 회의는 내일 오후 3시에 시작하기로 되어 있다.
>
> **정답** (B)

12. on + 접촉 장소(위치)/특정한 요일이나 일자/주제/발생하는 행동

> **EX 12** ------- the day of your presentation, make sure you are early and have everything you need.
>
> (A) To
> (B) Around
> (C) In
> (D) On

☀ 이렇게 해결해요!

빈칸 뒤에 the day라는 시간 표현이 나왔으므로 시간 표현과 결합할 수 있는 전치사

를 선택하면 된다. 그런데 the day 뒤에 of your presentation이라 하여, '발표하는 날'이라는 특정한 날짜를 지칭하고 있으므로 On이 적합하다.

> **어휘**　make sure 확실히 ~하다
>
> **해석**　발표하는 날에는 일찍 와서 필요로 하는 모든 것이 준비된 상태가 되도록 해야 한다.
>
> **정답**　(D)

13. about/concerning/regarding/as to/as for/pertaining to/ with regard to + 소재/대상

EX 13　Ms. Isabella Choi, CEO, has the ultimate decision in all issues ------- the company.

(A) during
(B) regarding
(C) through
(D) among

☀ 이렇게 해결해요!

빈칸 앞에 최고 경영자인 Isabella Choi 씨는 모든 문제에 대한 최종적인 결정 권한을 지니고 있다고 제시되어 있고, 빈칸 뒤에는 회사가 언급되어 있다. 따라서 문맥상 회사와 관련된 문제로 해석하는 게 가장 자연스러우므로 (B)가 적합하다.

> **어휘**　ultimate 궁극적인, 최종적인
>
> **해석**　최고 경영자인 Isabella Choi 씨는 회사와 관련된 모든 문제에 대한 최종적인 결정 권한을 지니고 있다.
>
> **정답**　(B)

14. across + 가로지르는 대상/영역/지역/분야/장소/공간

> **EX 14** Unfortunately, the high building ------- the street blocked our
> view of the mountain.
>
> (A) away
> (B) across
> (C) with
> (D) between

☀ 이렇게 해결해요!

우선 빈칸은 명사와 명사 사이에 있으므로 전치사의 자리이다. 따라서 부사인 away
는 정답이 될 수 없다. 빈칸 앞에는 높은 빌딩이 제시되어 있고, 빈칸 뒤에는 거리와
산에 대한 우리 시야를 막고 있다고 언급되어 있다. 문맥상 높은 빌딩이 산을 보려는
우리 시야를 막고 있고, 그 높은 빌딩은 길 건너편에 있다고 해석하는 게 가장 자연스
러우므로 (B)가 정답이다.

> **어휘** unfortunately 불행하게도 block 막다, 방해하다
>
> **해석** 불행하게도 우리는 길 건너편에 있는 높은 건물에 막혀 산을 볼 수 없었다.
>
> **정답** (B)

15. apart from/aside from + 제외 대상

> **EX 15** ------- their house in Paris, they also have a villa in London.
>
> (A) Apart from
> (B) regardless of
> (C) Among
> (D) Beside

☀ 이렇게 해결해요!

빈칸 뒤에서 파리에 있는 그들의 집이 제시되어 있고, 주절에서 그들이 런던에 또한
빌라를 소유하고 있다고 언급되어 있다. 문맥상 그들의 집 외에도 또 런던에 빌라를

소유하고 있다는 흐름이 자연스러우므로 Apart from이 적합하다.

> **어휘** apart from ~은 제외하고, ~ 외에
>
> **해석** Paris에 있는 그들의 집 외에도, 그들은 London에 빌라를 한 채 소유하고 있다.
>
> **정답** (A)

16. among + (셋 이상) 가산 복수명사 / between + (둘) 가산 복수명사

> **EX 16** According to the report, Seoul has one of the lowest crime rates ------- metropolitan cities in the world.
>
> (A) between
> (B) among
> (C) with
> (D) because

☀ 이렇게 해결해요!

빈칸이 명사와 명사 사이에 있으므로 빈칸은 전치사의 자리이다. 따라서 접속사인 because는 정답이 될 수 없다. 그런데 빈칸 앞에서 서울이 가장 낮은 범죄율을 기록하는 나라 가운데 하나라고 제시되어 있고, 빈칸 뒤에서 세계의 대도시가 언급되어 있다. 따라서 세계의 대도시들 중 가장 낮은 범죄율을 기록하고 있다는 흐름이 자연스럽다. 대개 둘 사이의 관계를 나타낼 때는 between, 셋 이상의 관계를 나타낼 때는 among을 쓰므로 정답은 among이다.

> **어휘** crime rates 범죄율 metropolitan city 대도시
>
> **해석** 보고서에 따르면, 서울은 전 세계 대도시들 중에서 범죄율이 가장 낮은 도시 가운데 한 곳이다.
>
> **정답** (B)

17. as + 직업/직위/직책

EX 17 Ms. Witherspoon has worked ------- a computer graphic designer for the last ten years.

(A) into
(B) as
(C) by
(D) so

🔅 이렇게 해결해요!

빈칸 앞에 Witherspoon 씨가 일해 왔다는 사실이 제시되어 있고, 빈칸 뒤에서 지난 10년 동안 컴퓨터 그래픽 디자이너가 언급이 되어 있다. 따라서 지난 10년 동안 컴퓨터 그래픽 디자이너로 일해 왔다는 흐름이 자연스러우므로 그 뒤에 직업이나 직책을 취하며 자격을 나타낼 때 쓰이는 전치사 as가 적합하다.

어휘 work as ~로서 일하다

해석 Witherspoon 씨는 지난 10년간 컴퓨터 그래픽 디자이너로 근무해 왔다.

정답 (B)

18. despite (=in spite of) / notwithstanding + 상충되는 대상

EX 18 ------- their efforts, the two companies have yet to resolve many legal issues.

(A) Besides
(B) For
(C) As
(D) Despite

🔅 이렇게 해결해요!

빈칸 뒤의 그들의 노력과 주절의 두 회사는 여전히 해결해야 할 법적인 문제들이 많다는 문맥은 서로 상반되므로 양보를 나타내는 전치사가 적합하다. 따라서 정답은

Despite이다.

어휘   resolve 해결하다   legal 법적인, 법률의

해석   그들의 노력에도 불구하고 두 회사는 여전히 해결해야 할 법적인 문제들이 많다.

정답   (D)

📕 출제 빈도가 높은 주요 구 전치사

> 두 개 이상의 단어가 모여 전치사에 준하는 일정한 의미를 생성할 때, 이를 구 전치사라고 한다. 구 전치사를 묻는 문제도 간혹 출제되고 있으므로 대표적인 구 전치사들을 반드시 숙지하도록 한다.

1. on behalf of ~을 대표하여, ~을 대신하여

On behalf of the company, I wish to extend our thanks to all of you. 회사를 대표하여 저는 여러분 모두에게 고마움을 전하고 싶습니다.

2. regardless of ~와 상관없이, ~와 무관하게

Regardless of his position, the sales manager always worked harder than anyone in the office. 그의 직책과 무관하게 영업 과장은 언제나 사무실의 그 누구보다도 열심히 일했다.

3. be in charge of ~을 책임지다, ~을 담당하다

Mr. Andrew Kim **is in charge of shipping** our products to customers. Andrew Kim 씨는 고객들에게 우리 제품을 배송하는 담당자이다.

4. (be) in compliance with ~에 따라, ~을 지켜서, ~을 준수해서

All assembly line work must be carried out **in compliance with safe regulations**. 모든 조립 생산 라인에서의 업무는 반드시 안전 규정을 준수하며 행해져야 한다.

5. in accordance with ~에 따라서, ~와 일치하여

All foreign products are imported **in accordance with the related laws**. 모든 외국 제품들은 관련법에 따라 수입된다.

6. instead of / in place of ~대신에

In place of the ceremony, an office party will take place to announce the list of winners. 시상식 대신, 수상자 명단을 발표하기 위해 사무실 파티가 열릴 것이다.

In fact, a growing number of people read e-books, **instead of paper books**. 사실, 점점 더 많은 사람들이 종이 책 대신에 전자 책을 읽는다.

7. in the event of / in case of ~인 경우에, 만일 ~하면

Everyone should be prepared **in the event of an actual emergency**. 모든 사람들은 실제 비상 상황에 대비하여 만반의 준비가 되어 있어야 한다.

In case of an emergency, such as typhoon, tsunami, or earthquake, it is possible that tap water may be unavailable.
태풍, 해일, 혹은 지진과 같은 비상 시에는, 수돗물을 사용할 수 없을 가능성이 있다.

8. in response to ~에 대응하여, ~에 반응하여

In response to the moves of the major competitors, our company announced it is scheduled to launch its latest version of the Andromeda in January globally. 주요 경쟁업체들의 움직임에 대응하여, 우리 회사는 1월에 전 세계적으로 최신 Andromeda를 출시할 예정임을 발표했다.

9. as a result of ~에 따른 결과로서

As a result of the environmental campaign, we were able to save a great amount of water. 그 환경 캠페인에 따른 결과로, 우리는 엄청난 양의 물을 절약할 수 있었다.

1. Every passenger must go ------- the security detector before boarding the flight.

   (A) into
   (B) through
   (C) during
   (D) for

2. According to an industry expert, the number of new computer viruses has increased sharply ------- the past five years.

   (A) until
   (B) while
   (C) over
   (D) around

3. With ------- to lowering the regular price, most of the board members think it is a good option.

   (A) regard
   (B) confidence
   (C) analysis
   (D) agreement

4. ------- arrival at the local airport, the sales director will return to his office, where he will talk with a foreign client.

   (A) For
   (B) Besides
   (C) On
   (D) Aside from

5. ------- her monthly income from rented houses, she receives her pension every month.

   (A) As to
   (B) Such as
   (C) Between
   (D) Aside from

▶ 정답 및 해설은 316쪽

출제 빈도 매회 평균 **1.94**개

인칭대명사의 격

✅ 출제 경향

인칭대명사의 격을 묻는 문제는 거의 매회 정기토익에서 평균 1.94문제 이상 출제되며, 대개 기본적인 난이도의 문제가 출제되고 있으므로 PART 5에서 손쉽게 정답을 고를 수 있는 대표적인 유형이다. 여러 형태의 인칭대명사들 중에서 주로 소유격 대명사, 주격 대명사, 그리고 목적격 대명사를 묻는 문제가 출제되는 경향이 있다.

🚩 정답 공식 ❶

선지에 소유격 대명사가 있고, 문제에 아래의 구조가 등장하면 빈칸은 소유격 대명사의 자리이다!

1) '[전치사 / 동사] + ------- + 명사'

2) '전치사 + ------- + 형용사 + 명사'

3) '[접속사] + ------- + 명사 + 동사'

▶ 명사와 함께 쓰여 해당 명사를 누가 소유하고 있는지 그 소유 상태를 설명하는 대명사로는 소유격 대명사가 유일하다. 따라서 선지에 인칭대명사의 격들이 제시되고, 명사 앞에 빈칸이 있다면 소유격 대명사의 자리로 판단한다.

> **EX 1** The vice president of Kamon Bank rides ------- motorcycle to work every day, except when it snows.
>
> (A) she
> (B) her

(C) hers

(D) herself

☀ 이렇게 해결해요!

빈칸이 '타다'란 뜻을 지닌 동사 rides와 '오토바이'를 의미하는 motorcycle이라는 명사 사이에 나와 있다. 그러므로 빈칸에는 오토바이를 누가 소유하고 있는지 그 소유 상태를 언급할 수 있는 소유격 대명사인 her가 필요하다.

> **어휘** vice president 부사장 ride 타다 except ~을 제외하고
>
> **해석** Kamon 은행의 부사장은 눈이 내릴 때를 제외하곤 매일 오토바이를 타고 출근한다.
>
> **정답** (B)

EX 2 A great number of people use laptop computers and mobile phones because of ------- convenience.

(A) they

(B) their

(C) them

(D) themselves

☀ 이렇게 해결해요!

빈칸이 이유를 뜻하는 because of란 전치사와 '편의성'을 의미하는 명사 convenience 사이에 나와 있다. 그러므로 빈칸에는 누구의 편의성인지 그 소유 상태를 표현할 수 있는 소유격 대명사인 their가 와야 한다.

> **어휘** a great number of 수많은 laptop computer 노트북 컴퓨터 convenience 편리함
>
> **해석** 많은 사람들이 편의성으로 인해 노트북 컴퓨터와 휴대전화를 사용하고 있다.
>
> **정답** (B)

'소유격 대명사 + own + (명사)' / 'of[on] + 소유격 대명사 + (own)'의 구조를 기억하자! own이 '소유하고 있는'이란 뜻을 지닌 형용사로 쓰이는 경우, 그 앞에는 역시 소유 상태를 언급하는 소유격 대명사가 필요하며, '소유격 대명사 + own + (명사)' 구조 또한 자주 출제되는 경향이 있다. 아울러 of/on이란 전치사가 등장하는 경우 one's own과 결합하여 '혼자서, 스스로, 혼자 힘으로'란 의미를 구성한다는 점을 확실하게 숙지해야 한다.

EX 3 Mr. McCarthy went to London to pursue studies in Film and Media Production, and then started ------- media company.

(A) he

(B) him

(C) his own

(D) himself

🌟 이렇게 해결해요!

빈칸이 '시작하다'란 뜻을 지닌 동사 started와 목적어 역할을 하는 '영상 회사'란 뜻의 복합명사 media company 사이에 나와 있다. 따라서 빈칸에는 영상 회사의 소유주를 언급하는 own이 포함된 소유격 대명사인 his own이 와야 한다.

> **어휘** pursue 추구하다
>
> **해석** McCarthy 씨는 영상 및 미디어 제작 공부를 하기 위해 London으로 간 후 자신의 영상 회사를 설립하였다.
>
> **정답** (C)

📕 정답 공식 ②

> **선지에 주격 대명사가 있고, 문제에 아래의 구조가 등장하면 빈칸은 주격 대명사의 자리이다!**
>
> 1) '[접속사] + ------- + 동사'
>
> 2) '목적격 관계대명사(whom / which / that) + ------- + 동사'
>
> 3) '명사절 접속사(that) + ------- + 동사'

▶ 동사 앞 자리는 명사형인 주어가 와야 하는 자리이며, 만약 주어 자리에 대명사가 나오는 경우 주격 대명사만이 올 수 있다. 주격 대명사를 묻는 문제 유형은 접속사와 동사 사이, 또는 목적격 관계대명사인 whom/which/that과 동사 사이에 빈칸을 제시하는 형태의 문제로 출제된다.

EX 4 Some of the board members are against the plan because ------- don't know at all about the new market environment.

(A) we

(B) our

(C) ours

(D) ourselves

☀ 이렇게 해결해요!

빈칸이 이유를 나타내는 부사절 접속사 because와 동사인 know 사이에 나와 있다. 그러므로 빈칸에는 동사 know의 주어 역할이 가능한 주격 대명사 we가 와야 한다.

어휘	board members 이사진 not ~ at all 조금도 ~ 아니다
해석	우리가 새로운 시장 환경에 대해 전혀 모르고 있기 때문에 일부 이사진은 그 계획에 반대를 표명하고 있다.
정답	(A)

EX 5 If you join our exclusive membership program, you will get the 100-dollar gift certificate which ------- can use at our store.

(A) you
(B) your
(C) yours
(D) yourselves

🔆 이렇게 해결해요!

빈칸은 목적격 관계대명사인 which와 동사 can use 사이에 나와 있다. 그러므로 빈칸에는 동사 can use의 주어 역할을 할 수 있는 주격 대명사 you가 와야 한다.

어휘 join 참여하다 exclusive 독점적인, 배타적인 gift certificate 상품권

해석 만약 저희 전용 회원 프로그램에 가입하시면, 귀하는 저희 상점에서 사용할 수 있는 100달러짜리 상품권을 받게 될 것입니다.

정답 (A)

🚩 정답 공식 ③

선지에 목적격 대명사가 있고, 문제에 아래의 구조가 등장하면 빈칸은 목적격 대명사의 자리이다!

1) '타동사 + ------- (+ 수식어 / 목적보어)'
2) '전치사 + ------- (+ 수식어)'

▶ 타동사와 전치사의 뒤에는 각각 타동사와 전치사의 목적어 역할을 하는 명사가 나와야 하는 자리이므로 목적격 대명사를 취해야 한다. 특히 사람과 관련된 목적격 대명사가 주로 출제되는 편이다.

EX 6 Many people expect ------- to improve the national economy through fiscal and regulatory reform.

(A) he
(B) his
(C) him
(D) himself

☀️ 이렇게 해결해요!

빈칸이 타동사인 expect와 목적보어인 to improve 사이에 나와 있으므로 빈칸에는 타동사 expect의 목적어가 필요하다. 아울러 재귀대명사인 himself의 경우 주어와 동일인 경우에만 사용이 가능하므로 빈칸에 himself는 올 수 없다. 그러므로 빈칸에는 목적격 인칭대명사인 him이 와야 한다.

> **어휘** expect 기대하다 fiscal 재정적인, 재정상의 regulatory 규제의, 규제력을 지닌 reform 개혁; 개혁하다

> **해석** 많은 사람들은 그가 재정 및 규제 개혁을 통해 국가 경제를 향상시키길 기대하고 있다.

> **정답** (C)

EX 5 Air pollution, water contamination, and global warming are the main threats for -------.

(A) we
(B) ours
(C) us
(D) ourselves

☀️ 이렇게 해결해요!

빈칸이 전치사 for 뒤에 나와 있으며, 빈칸 뒤에는 명사가 없으므로 빈칸에는 전치사 for의 목적어 역할을 하는 목적격 대명사가 필요하다. 아울러 소유대명사는 소유할 수 있는 대상이 언급된 바 없으므로 문맥상 부적절하고, 전치사 for가 재귀대명사

ourselves와 쓰이면 '우리들 자신을 위해서' 혹은 '우리 스스로'란 뜻이 되므로 이 역시 문맥과 거리가 먼 오답이다. 그러므로 빈칸에는 목적격 대명사인 us가 와야 한다.

> **어휘** contamination 오염 global warming 지구 온난화 threat 위협

> **해석** 공기 오염, 수질 오염, 그리고 지구 온난화는 우리들에게 주요한 위협 요소들이다.

> **정답** (C)

CHECK-UP TEST

앞서 배운 스킬을 사용하여 최대한 신속하고 효율적으로 문제를 풀이하자.

1. The plant manager will come up with some ways in which ------- can improve the manufacturing process.

   (A) they
   (B) them
   (C) their
   (D) themselves

2. The recent business environment requires ------- to take a new look at the way we have been doing business in the computer market.

   (A) we
   (B) ourselves
   (C) our
   (D) us

3. Our department heads need to become more independent and make decisions on -------.

   (A) they
   (B) their own
   (C) theirs
   (D) themselves

4. The chief executive officer is faced with a difficult position with respect to whom ------- hires for the position.

   (A) she
   (B) her
   (C) hers
   (D) herself

5. Wherever we live around the world, trees and wild life are very important to -------.

   (A) we
   (B) ourselves
   (C) us
   (D) our

▶ 정답 및 해설은 316쪽

출제 빈도 매회 평균 0.50개

태

☑ 출제 경향

태를 묻는 문제 역시 매회 출제될 만큼 출제 빈도가 상당히 높은 문제이며, 대부분 목적어 유무를 통해 능동태와 수동태를 구분하는 유형의 문제가 출제되고 있다. 아울러 3형식 동사와 관련되어 출제되는 태 문제가 대다수를 차지하고 있으며, 4형식이나 5형식 동사의 태 문제의 출제 빈도는 3형식 동사에 비해 상대적으로 미미한 수준이라 할 수 있다. 다만 출제 빈도는 낮은 편이긴 하나 태 수동태 문제의 출제 난이도가 높아지는 경우 4형식 동사의 수동태 어형, 그리고 5형식 동사가 수동태로 전환되며 발생하는 'be동사 + 과거분사 + to부정사' 구조에 관한 문제가 출제될 수 있으므로 이를 확실하게 숙지해야 할 필요는 있다.

🚩 정답 공식 ①

> **선지에 능동태와 수동태가 모두 있고, 문제에 '------- + 목적어'의 구조가 등장하면 빈칸은 능동태, '------- + 수식어구'의 구조가 등장하면 빈칸은 수동태의 자리이다!**

▶ 올바른 태를 구하는 문제의 핵심은 빈칸 뒤에 목적어가 있느냐 없느냐로 귀결된다. 수동태에서는 목적어를 쓸 수 없으므로 만약 빈칸 뒤에 목적어가 나와 있다면 빈칸에는 능동태가 들어가야 한다. 반면에 수동태는 목적어를 동반할 수 없으므로 만약 빈칸 뒤에 수식어구가 곧바로 제시되었다면 이는 수동태 구문으로 파악해야 한다.

EX 1 Our company will ------- the new automatic navigation system for other cars made by Bella Motors.

(A) provide
(B) to provide
(C) providing
(D) be provided

☀ 이렇게 해결해요!

빈칸이 조동사와 목적어인 the new automatic navigation system 사이에 나와 있으므로 빈칸에는 능동태를 구성할 수 있는 동사가 와야 한다. 따라서 '제공하다'란 뜻을 지닌 동사의 원형인 provide가 정답이다.

어휘	automatic navigation system 자동 항법 시스템
해석	우리는 Bella Motors 사에 의해 제조되는 다른 자동차들에 새로운 자동 항법 시스템을 제공할 것이다.
정답	(A)

EX 2 An unauthorized software program must not ------- on the company's intranet system.

(A) installing
(B) be installed
(C) install
(D) to install

☀ 이렇게 해결해요!

빈칸이 일단 조동사 뒤에 나왔으므로 빈칸엔 동사원형이 들어가야 한다. 따라서 정답은 (B)와 (C)로 압축될 수 있다. 그런데 빈칸이 조동사 뒤와 on the company's intranet system이란 수식어구 사이에 나와 있으므로 빈칸에는 be동사와 과거분사가 결합된 형태가 와서 수동태를 구성할 수 있어야 한다. 그러므로 be installed가 정답이다.

어휘 unauthorized 권한이 없는, 공인되지 않은

해석 불법 소프트웨어 프로그램은 회사의 사내 전산망에 절대로 설치되어선 안 된다.

정답 (B)

📕 정답 공식 ❷

> 선지에 능동태와 수동태가 모두 있고, 문제에 '------- + 사람 목적어 + 사물 목적어'의 구조가 등장하면 빈칸은 능동태, '(be동사) + ------- + 사물 목적어 / 전치사구'의 구조가 등장하면 빈칸은 수동태의 자리이다!

▶ 대표적인 4형식 수여동사로는 bring, offer, give, send, grant, award, forward, show, assign 등이 있다. 4형식 수여동사는 목적어를 두 개(간접 목적어/직접 목적어) 취하는 동사이므로 능동태를 구성하는 경우 4형식 수여동사 뒤에 목적어가 연이어 두 개가 오는 구조를 취하게 되며, 수동태를 구성하는 경우 4형식 수여동사가 'be + 과거분사'의 형태로 바뀐 후 수동태의 주어가 된 목적어 외의 나머지 목적어가 나오게 된다.

EX 3 We ------- our regular customers an additional 10% discount on all items in the shop.

(A) offer
(B) are offered
(C) offering
(D) to offer

🌟 이렇게 해결해요!

빈칸 뒤에 our regular customers라는 사람 목적어와 an additional 10% discount라는 사물 목적어가 동시에 등장하고 있다. 4형식 수여동사는 사람 목적어

와 사물 목적어를 동시에 활용하므로 빈칸에는 능동태가 들어가야 한다. 따라서 정답은 offer이다.

> **어휘** offer 제안하다, 제공하다   additional 추가적인, 부가의
>
> **해석** 저희는 단골 고객님들께 상점에서 판매되는 모든 제품에 대해 10% 추가할인 혜택을 제공해 드리고 있습니다.
>
> **정답** (A)

EX 4 Applicants should be aware that they are ------- only five minutes to introduce themselves.

(A) give
(B) given
(C) giving
(D) to give

☀️ 이렇게 해결해요!

선지에는 4형식 동사인 give의 여러 어형이 제시되고 있으며, 빈칸 앞은 be동사, 빈칸 뒤에는 사람 목적어는 없고 사물 목적어라 할 수 있는 five minutes만 등장하고 있다. 따라서 빈칸에는 4형식 동사의 수동태를 구성하는 과거분사가 나와야 함을 알 수 있으므로 '주어진'이란 뜻을 지닌 과거분사인 given이 정답이다.

> **어휘** applicant 지원자
>
> **해석** 지원자들은 자신을 소개하는 시간으로 5분만 주어진다는 점을 인식해야 한다.
>
> **정답** (B)

🚩 정답 공식 ③

선지에 능동태와 수동태가 모두 있고, 문제에 '------- + 목적어 + to 부정사'의 구조가 등장하면 빈칸은 능동태, 'be동사 + ------- + to부 정사'의 구조가 등장하면 빈칸은 수동태의 자리이다!

▶ 동사 중에서 목적보어를 취하는 동사는 5형식 동사이며, 대표적인 5형식 동사로 는 make, keep, find, consider, ask, request, require, expect, intend, allow, permit, advise, remind 등이 있다. 이들은 능동태에서 목적어와 to부정사 형태의 목적보어를 취하는 구조를 지니며, 수동태에서는 목적어가 주어 역할을 하게 되므로 그 뒤에 to부정사만 남게 되는 형태를 취한다.

> **EX 5** We ------- our flight attendants to have flexible handling and excellent adaptability.
>
> (A) are required
> (B) require
> (C) requiring
> (D) to require

☀ 이렇게 해결해요!

require는 대표적인 5형식 동사이므로 능동태에서는 그 뒤에 목적어와 목적보어 를 취한다. 문장에서 빈칸 다음에 our flight attendants라는 목적어와 to have flexible handling and excellent adaptability라는 목적보어가 나와 있으므로 능 동태인 require가 적합하다.

어휘	require 요구하다, 요청하다 flight attendant 승무원 flexible 유연한, 융통성이 있는 adaptability 적응력
해석	우리는 승무원들에게 유연한 대처 능력과 우수한 적응력을 요구한다.
정답	(B)

EX 6 According to the regulations, passengers should not be ------- to consume food or drinks on public transportation.

(A) allow
(B) to allow
(C) allowing
(D) allowed

⭐ 이렇게 해결해요!

빈칸이 be동사와 to consume이라는 to부정사 형태 사이에 나와 있으며, 선지에는 능동태와 수동태를 구성할 수 있는 모든 어형들이 제시되고 있으므로 빈칸에는 5형식 동사의 과거분사가 와야 함을 알 수 있다. 그러므로 '허용되는'이란 뜻의 과거분사인 allowed가 정답이다.

> **어휘** passenger 승객   consume 소비하다, 소모하다   transportation 교통
>
> **해석** 규정에 따라, 승객들은 대중교통을 이용하는 동안 음식이나 음료를 섭취하는 것이 허용되지 않는다.
>
> **정답** (D)

🔵 주요 5형식 수동태 + to부정사 결합 표현

- be asked to부정사 ~하도록 요청되다
- be intended to부정사 ~하도록 의도[계획]되다
- be allowed to부정사 ~하도록 허용되다
- be scheduled to부정사 ~할 일정이 잡히다
- be expected to부정사 ~할 것으로 예상되다
- be required to부정사 ~하도록 요구되다
- be advised to부정사 ~하도록 권고되다
- be encouraged to부정사 ~하도록 권고되다
- be designed to부정사 ~하도록 고안되다
- be invited to부정사 ~하도록 초청되다
- be permitted to부정사 ~하도록 허용되다
- be requested to부정사 ~하도록 요청되다
- be reminded to부정사 ~하도록 상기되다

1. After the construction of the rail link is completed, travel time will be ------- to around half an hour.

   (A) reduce
   (B) reduced
   (C) reducing
   (D) to reduce

2. Lack of exercise, excess calorie intake, and heavy reliance on fast food are ------- in obesity.

   (A) involved
   (B) encouraged
   (C) considered
   (D) required

3. Some employees will be advised ------- Spanish and read original version of the documents sent from partner companies in Spain.

   (A) learn
   (B) to learn
   (C) learning
   (D) learners

4. According to the weather forecast from the National Weather Service, the heat wave is expected ------- next week.

   (A) to continue
   (B) continuing
   (C) continue
   (D) will continue

5. From this year, the Andrew Kim Prize will be ------- to distinguished authors and literary works regardless of nationality.

   (A) award
   (B) awarded
   (C) awarding
   (D) awards

▶ 정답 및 해설은 317쪽

출제 빈도 매회 평균 **2.36**개

시제

✅ 출제 경향

시제 관련 문제는 비교적 출제 비중이 높은 유형이며, 대체로 과거 시제, 현재완료 시제, 미래 시제 중심으로 출제되므로 다른 시제보다 이 세 가지 시제를 집중적으로 학습하고 대비하는 편이 바람직하다. 특히 현재 시제와 과거 시제를 구별하는 문제에선 주어의 단복수 여부가 정답의 단서가 되는 경우가 있으니 주어의 수까지도 종합적으로 판단해야만 문제의 실마리를 손쉽게 찾을 수 있다.

🚩 정답 공식 ❶

선지에 미래 시제 동사가 있고, 문제에 아래의 구조가 등장하면 각각 미래 시제와 미래완료 시제의 자리이다!

1) '주어 + <u>미래 시제</u> + ~ + 미래 부사'
2) 'By the time + 주어 + 현재동사, 주어 + <u>미래완료 시제</u>'

▶ 미래 시제 관련 문제는 문두 혹은 문미에 미래 시제임을 알려주는 미래 부사와 함께 출제되므로 이들이 중요한 정답의 단서가 된다. 또한 미래완료 시제가 출제되는 경우 접속사는 By the time이 집중적으로 등장하므로 이 경우에는 미래완료 시제인 'will have + 과거분사'를 선택하는 것이 바람직하다. 그러나 이에 비해 출제 빈도는 낮지만 종종 'by the time + 주어 + 동사의 과거 시제'가 등장할 경우 주절의 동사 시제는 과거완료 시제인 'had + 과거분사'가 제시되는 시제 관련 문제가 출제될 수도 있다는 점에 유의한다. 아울러 완료 시제의 경우 현재완료 시제의 출제 빈도가 압도적으로 높으며 과거완료 시제나 미래완료 시제의 출제 빈도는 이에 비해 상당히 낮은 편이라 할 수 있다.

EX 1 The board members expect that our new operating process
------- the efficiency of the manufacturing plant next year.

(A) improve
(B) improved
(C) will improve
(D) have improved

🌟 이렇게 해결해요!

문미에 next year라는 미래 시제 통제부사가 등장하고 있으므로 빈칸의 동사의 시제는 미래 시제여야 한다. 아울러 improve와 have improved는 복수 동사 형태이므로 단수 주어인 process와 수 일치 면에서 부적절하므로 시제를 논의하기에 앞서 오답으로 소거할 수 있다. 따라서 시제 문제의 경우, 주어와 동사의 수 일치 관계도 확인하면서 문제를 풀면 정답을 좀 더 신속하고 효율적으로 찾아낼 수 있다. 따라서 will improve가 정답이다.

> **어휘**   operating process 작업 공정   efficiency 효율성
>
> **해석**   이사진은 내년에 우리의 새로운 작업 공정이 제조공장의 효율성을 향상시켜줄 것으로 예상하고 있다.
>
> **정답**   (C)

EX 2 By the time the chief executive officer returns to the office, the
new design project -------.

(A) completed
(B) is completed
(C) has completed
(D) will have been completed

🌟 이렇게 해결해요!

빈칸 앞에 By the time으로 시작하는 부사절이 현재 시제 동사인 returns와 함께 등장하고 있으므로, 주어 뒤 빈칸에는 미래완료 시제의 동사가 와야 한다. 따라서 정답

은 will have been completed이다.

어휘 | by the time ~할 때쯤

해석 | 최고 경영자가 사무실로 복귀할 때쯤이면, 새로운 디자인 프로젝트는 완료되어 있을 것이다.

정답 | (D)

🚩 정답 공식 ❷

> **선지에 과거 시제나 과거완료 시제가 있고, 문제에 아래의 구조가 등장하면 빈칸은 각각 과거 시제와 과거완료 시제의 자리이다!**
>
> 1) '주어 + 과거 시제 + ~ + 과거 부사'
>
> 2) '주어 1 + 과거동사 + ~ + 접속사 + 주어 2 + 과거완료 시제'

▶ 과거 시제는 문두 혹은 문미에 과거 시제임을 알려주는 과거 부사와 함께 출제되므로 이를 토대로 문제를 풀이하면 된다. 또한 과거완료 시제는 과거보다 더 앞선 과거(대과거)에서 발생한 행동을 설명하는 시제이므로, 과거완료 시제가 출제되는 경우 다른 동사의 시제는 필히 과거 시제여야 하며, 이때는 동사의 시제로 과거완료 시제인 'had + 과거분사'를 선택하도록 한다.

> **EX 3** Ten years ago, many metropolitan cities in America ------- smoking in restaurants and in public buildings.
>
> (A) ban
> (B) bans
> (C) banned
> (D) will ban

✳ 이렇게 해결해요!

문두에 Ten years ago라는 과거 부사가 등장하고 있으므로 빈칸의 동사의 시제는 과거 시제여야 한다. 따라서 빈칸에는 '금지했다'는 뜻을 지닌 과거 시제의 동사 banned가 와야 한다.

> **어휘** metropolitan city 대도시   ban 금지하다
>
> **해석** 10년 전에, 미국의 많은 대도시들은 식당과 공공 건물에서의 흡연을 금지하였다.
>
> **정답** (C)

EX 4 Ms. Isabella Choi ------- as an English interpreter for international conferences before she joined our company.

(A) worked
(B) has worked
(C) works
(D) had worked

✳ 이렇게 해결해요!

부사절 접속사 before가 이끄는 절의 동사가 과거 시제인 joined가 쓰였으므로 주절의 상황이 부사절의 상황보다 이전임을 알 수 있다. 따라서 과거보다 더 이전을 나타내는 대과거 시제 had worked가 정답임을 알 수 있다.

> **어휘** interpreter 통역사
>
> **해석** Isabella Choi 씨는 우리 회사에 입사하기 전에 국제 회의에서 영어 통역사로서 근무했었다.
>
> **정답** (D)

📕 정답 공식 ❸

선지에 현재완료 시제가 있고, 문제에 아래의 구조가 등장하면 빈칸은
현재완료 시제의 자리이다!

1) '주어 + ------- + for / over / in / during + 기간'

2) '주어 + ------- + since + 주어 + 과거동사 + ~'

3) '주어 + ------- + since + 과거시점'

▶ 현재완료 시제는 주로 문두나 문미에 'for/over/in/during + 기간'이란 전치사
구, 또는 'since + 주어 + 과거동사 ~'나 'since + 과거시점(구)'을 통해 구체적인 기
간을 언급하는 구문과 함께 출제되므로 이를 토대를 문제를 풀이하면 된다.

EX 5 Ms. Laura Wilson, one of the famous fashion designers,
------- in the fashion industry for the last 15 years.

(A) has worked

(B) worked

(C) will work

(D) works

☀️ 이렇게 해결해요!

문미에 for the last 15 years라는 전치사구 형태의 현재완료 부사가 등장하고 있으
므로 빈칸에는 현재완료 시제가 와야 함을 알 수 있다. 그러므로 has worked가 정
답이다.

어휘 fashion industry 패션업계

해석 유명한 패션 디자이너 중 한 사람인 Laura Wilson 씨는 지난 15년간 패션업계에 종사
했다.

정답 (A)

EX 6 GSH's shares ------- by 30 percent since last May, so three of its board members will step down next week.

(A) fell
(B) has fallen
(C) have fallen
(D) falls

☀ 이렇게 해결해요!

문미에 since last May라는 전치사구 형태의 현재완료 부사가 등장하고 있으므로 빈칸에는 현재완료 시제가 와야 한다. 그러므로 현재완료 시제 형태인 have fallen이 정답이다.

> **어휘** share 주식 step down 퇴진하다, 사임하다
>
> **해석** 지난 5월 이후 GSH 사의 주가는 30퍼센트 정도 하락하였고, 그래서 세 명의 이사들이 다음주에 사임할 예정이다.
>
> **정답** (C)

▶ 정답 공식 ❹

> **선지에 여러 가지 시제의 동사 어형들이 있고, 문제에 아래의 구조가 등장하면 빈칸은 현재 시제나 현재완료 시제의 자리이다!**
>
> 1) 'If / When + 주어 + <u>현재동사</u>, 주어 + will + 동사원형 + ~'
>
> 2) 'If / When + 주어 + <u>현재완료</u>, 주어 +will have + 과거분사 + ~'

▶ 시간이나 조건 부사절 접속사가 이끄는 절에서는 무엇보다 현재 시제를 통해 미래 시제를 표현하는 시제적 특징을 자주 반복 숙지해야 한다. 해당 내용을 몰라서 틀리기보다는 그 내용 자체는 이해하고 있지만 반복적으로 익히지 않아 막상 문제를 풀 때 시간이나 조건 부사절 하에서 미래 시제나 미래완료 시제를 각각 현재 시제나 현

재완료 시제 형태로 표현해야 한다는 점을 인식하지 못하며 틀리는 문제 유형이다.

◉ 주요 시간 부사절 접속사

when, until, before, after, while, as soon as, by the time 등

◉ 주요 조건 부사절 접속사

if, once, unless, provided(providing) that, supposing that, assuming that, in the event that, in case that 등

시제 관련 문제로 접할 수도 있지만 관련 접속사를 묻는 문제, 또는 주절의 미래 시제에 대해서 묻는 문제로도 자주 출제되는 만큼 여러 경우를 확실하게 익히도록 한다. 알면서도 자주 틀리고, 크게 어려운 내용이 아닌데도 자주 틀리는 문제 유형이니 각별히 신경을 쓰는 것이 좋다.

EX 7 If your company ------- a bulk discount to us, we will order your products next week.

(A) have offered
(B) offered
(C) offers
(D) will offer

☀ 이렇게 해결해요!

주절의 동사에 미래 시제인 will order가 등장하고 있으므로 조건 부사절의 시제도 미래로 파악할 수 있다. 하지만 시간이나 조건 부사절의 경우 현재 시제가 미래 시제를 대신 나타내므로 현재 시제인 offers가 적합하다.

어휘	bulk discount 대량 구입 시의 할인
해석	만약 귀사에서 저희에게 대량 구매 할인 혜택을 제공한다면, 다음주에 귀사의 제품들을 주문할 것입니다.
정답	(C)

EX 8 When Mr. Wesley Kim ------- the company, one of his colleagues will take over his position.

(A) will leave
(B) leaves
(C) leave
(D) leaving

☀ 이렇게 해결해요!

주절의 동사에 미래 시제인 will take over가 등장하고 있으므로 시간 부사절의 시제도 미래로 파악할 수 있다. 하지만 시간이나 조건 부사절의 경우 현재 시제가 미래 시제를 대신 나타내므로 현재 시제인 leaves가 적합하다.

> **어휘** colleague 동료

> **해석** Wesley Kim 씨가 퇴사할 때, 동료 중 한 사람이 그의 직책을 맡게 될 것이다.

> **정답** (B)

1. Mr. Baker ------- as sales director for over ten years before he stepped down from his position last week.

   (A) had served
   (B) serves
   (C) served
   (D) will serve

2. New desktop computers will be purchased as soon as we ------- the fund from our head office.

   (A) receive
   (B) will receive
   (C) received
   (D) have received

3. If there ------- no direct flight from Seoul to London, we will have to transfer in the United States.

   (A) will be
   (B) is
   (C) was
   (D) has been

4. General production of vehicles ------- more than fifteen percent since the construction of the new manufacturing plant in Georgia was completed.

   (A) will increase
   (B) has increased
   (C) increase
   (D) increased

5. The international conference ------- by the time we get to the convention center located in downtown Seattle.

   (A) had started
   (B) will have started
   (C) started
   (D) start

▶ 정답 및 해설은 318쪽

부정대명사 & 부정형용사 & 기타 대명사

☑ 출제 경향

부정대명사와 부정형용사 등을 선택하는 문제는 거의 매회 출제될 정도로 출제 비중이 높다. 아울러 부정대명사와 부정형용사는 그 표현들이 다양한 편이라 각 표현마다 구체적인 특징을 잘 정리하여 정기토익에 대비해야 할 필요가 있다. 토익 문법의 유형 중에는 비교적 까다로운 부분에 속하므로 부정대명사와 부정형용사의 종류별 특성들을 잘 정리해 두어야 한다.

▶ 정답 공식 ❶

선지에 each나 every가 있고, 문제에 아래의 구조가 등장하면 빈칸은 each나 every의 자리이다!

1) 'each / every + 가산 단수명사 + ~'

2) 'each / every + 가산 단수명사 + 단수동사 + ~'

3) 'every + 기간 명사 + ~'

4) 'each + of them + 단수동사 + ~'

5) 'each of the / 소유격 대명사 + 가산 복수명사 + 단수동사 + ~'

▶ every와 each는 단수로 취급을 받는 부정형용사이므로 가산 단수명사 및 단수동사를 취한다. 또한 기간과 함께 쓰일 수 있는 부정형용사는 each가 아닌 every만 가능하다. 다만 each는 부정대명사로도 쓰임이 가능하나 every는 부정대명사로 쓰일 수 없다는 점을 필히 숙지해야 한다.

EX 1 Freedom of speech is a basic right that should be granted on
------- citizen in a democratic country.

(A) every
(B) all
(C) most
(D) other

☀ 이렇게 해결해요!

빈칸 뒤에 citizen이라는 가산 단수명사가 등장하고 있으므로 빈칸에는 가산 단수명사와 함께 쓰일 수 있는 every가 적절하다. 아울러 all, most, other는 가산 복수명사와 쓰여야 하므로 이들은 모두 오답으로 소거해야 한다.

| 어휘 | grant 승인하다. 인정하다, 허락하다 |

| 해석 | 표현의 자유는 민주 국가에서 모든 시민들에게 주어져야 하는 기본권이다. |

| 정답 | (A) |

EX 2 Last week, the city's commuting train operators announced
plans to raise the fare ------- two years.

(A) many
(B) while
(C) every
(D) about

☀ 이렇게 해결해요!

빈칸 뒤에 two years라는 기간이 제시되고 있으므로 빈칸에는 every가 와서 '2년마다'라는 의미를 구성할 수 있어야 한다. 아울러 many는 two와 함께 쓰일 수 없으며, about two years는 '대략 2년'이란 뜻일 뿐 '2년 동안'이란 의미를 구성할 수 없다. 또한 while은 접속사이므로 two years라는 명사구를 취할 수 없다.

어휘	commute 통근하다 plan to do ~할 계획이다 fare 운임, 요금

해석   지난주에, 시의 통근 기차 운영 업체는 2년마다 기차 운임을 인상시키고자 하는 계획을 발표했다.

정답   (C)

EX 3   The auction company will sell ------- of the paintings and sculptures separately next month.

(A) every
(B) other
(C) them
(D) each

☀ 이렇게 해결해요!

빈칸 뒤에 'of the/소유격 대명사 + 가산 복수명사', 즉, of the paintings and sculptures가 등장하고 있으므로 빈칸에는 each가 와야 한다. 아울러 every와 other는 부정대명사의 용례가 없으며, 대명사 them은 of 전치사구의 수식을 받을 수 없으므로 이들은 모두 오답으로 처리해야 한다.

어휘   auction 경매   sculpture 조각(상)   separately 각각, 분리하여

해석   그 경매회사는 다음달에 그림과 조각들을 각각 별개로 판매할 것이다.

정답   (D)

EX 4   The funds were invested in some major financial institutions and ------- investor will receive dividends next year.

(A) all
(B) many
(C) other
(D) each

☀️ 이렇게 해결해요!

빈칸이 investor란 가산 단수명사 앞에 나와 있으므로 빈칸에는 가산 단수명사와 함께 쓰일 수 있는 each가 적절하다. 무엇보다 all, many, other는 가산 복수명사를 취해야 하므로 이들은 모두 오답으로 소거해야 한다.

> **어휘** invest 투자하다 financial institution 금융 기관
>
> **해석** 그 자금은 일부 대형 금융 기관들에 투자되었으며, 각 투자가들은 내년에 배당금을 받게 될 것이다.
>
> **정답** (D)

🚩 정답 공식 ❷

> ### 선지에 all이 있고, 문제에 아래의 구조가 등장하면 빈칸은 all의 자리이다!
>
> 1) 'a̲l̲l̲ + (the) + 가산 복수명사 / 불가산명사 + ~'
>
> 2) 'a̲l̲l̲ + of the / 소유격 대명사 + 가산 복수명사 + 복수동사 + ~'
>
> 3) 'a̲l̲l̲ + of the / 소유격 대명사 + 불가산명사 + 단수동사 + ~'

▶ all은 부정형용사와 부정대명사에 모두 쓰이는 것이 가능하며, 무엇보다 가산 복수명사와 불가산명사를 모두 취할 수 있다는 특징을 필히 알아둬야 한다. 따라서 all이 단수로 취급될 것인지 혹은 복수로 취급될 것인지의 여부는 뒤이은 명사가 불가산명사인지 아니면 가산 복수명사인지에 달려 있으므로 all을 보고 무조건 복수로 여기거나 가산 복수명사를 취할 것이라 섣부르게 판단하지 않도록 주의해야 한다.

EX 5 After the explosion caused by a gas leak, ------- of our company's factories in Georgia and Alabama were temporarily shut down.

(A) all
(B) every
(C) much
(D) each

☀ 이렇게 해결해요!

빈칸 뒤에 'of the/소유격 대명사 + 가산 복수명사 + 복수동사 + ~', 즉, of our company's factories in Georgia and Alabama were가 등장하고 있으므로 빈칸에는 가산 복수명사와 복수동사와 같이 쓰일 수 있는 all이 와야 한다. 아울러 every 는 부정대명사로서의 용례가 없고, each는 단수동사를 취하며, much는 가산 복수명사를 취할 수 없으므로 이들은 모두 오답이다.

> **어휘** explosion 폭발 leak 누출, 새는 곳; 새다 temporarily 일시적으로 shut down 폐쇄하다
>
> **해석** 가스 누출로 인한 폭발 사고 이후에, Georgia와 Alabama에 위치한 우리 회사의 모든 공장이 일시적으로 폐쇄되었다.
>
> **정답** (A)

EX 6 ------- of the furniture in our hotel was made of old oak trees that are more than 100 years old.

(A) every
(B) they
(C) all
(D) many

☀ 이렇게 해결해요!

빈칸 뒤에 'of the/소유격 대명사 + 불가산명사 + 단수동사 + ~', 즉, of the

furniture in our hotel was가 등장하고 있으므로 빈칸에는 불가산명사인 furniture 와 함께 쓰일 수 있는 all이 와야 한다.

> **어휘**   furniture 가구   **be made of** ~으로 제작되다, ~으로 구성되다   **oak tree** 떡갈나무
>
> **해석**   우리 호텔의 모든 가구는 100년 이상 된 떡갈나무로 제작되었다.
>
> **정답**   (C)

🚩 정답 공식 ❸

> ### 선지에 수량 부정형용사가 있고, 문제에 아래의 구조가 등장하면 빈칸은 수량 부정형용사의 자리이다!
>
> 1) '복수 수량 부정형용사 + (of the / 소유격 대명사) + 가산 복수명사 + ~'
>
> 2) '단수 수량 부정형용사 + (of the / 소유격 대명사) + 가산 단수명사 + ~'
>
> 3) '단수 수량 부정형용사 + (of the / 소유격 대명사) + 가산 단수명사 / 불가산 명사 + ~'

▶ 수량 부정형용사 중에서 many, numerous, a few, few, a number of, a selection of, several, both, various, a variety of, diverse, those, these, one of the 등은 가산 복수명사와 함께 쓰이는 주요 수량 부정형용사이다.

▶ much, a little, little, a great deal of, either, neither, each, this, that은 불가산명사를 취하는 주요 수량 부정형용사이다. 또한 plenty of, a lot of, lots of, some, most, any, no, more는 불가산명사와 가산 복수명사를 함께 취하는 주요 수량 부정형용사이다.

▶ the number of는 수를 표현하는 것이 아니라 단지 뒤이은 가산 복수명사의 수라는 뜻을 지닐 뿐이다. many의 뜻을 지닌 a number of와 혼동하지 않도록 주의해야 한다.

● **[The number of + 가산 복수명사 + 단수동사 + ~]**

- **The number of people** who want to apply for our company **is** increasing every year. 우리 회사에 지원하길 원하는 사람들의 수는 해마다 늘어나고 있다.

● **[A number of + 가산 복수명사 + 복수동사 + ~]**

- **A number of people** usually **apply** for our company every year. 해마다 많은 사람들이 우리 회사에 지원한다.

▶ 가산 복수명사를 취하는 수량 부정형용사 중에서는 many, numerous, a number of, various, a variety, one of the가, 불가산명사를 취하는 수량 부정형용사 중에서는 much, a great deal of, either, each가, 가산 복수명사와 불가산명사를 모두 취하는 수량 부정형용사 중에서는 plenty of, a lot of, some, most, more 등의 출제 빈도가 상대적으로 높은 편이다.

EX 7 ------- of the most desired and valued technologies in today's modern world is green technology.

(A) One
(B) Plenty
(C) All
(D) Someone

🌟 이렇게 해결해요!

빈칸 뒤에 'of + 가산 복수명사 + 단수동사', 즉, of the most desired and valued technologies in today's modern world is가 제시되고 있으므로 빈칸에는 one이 와야 한다.

어휘 green technology 친환경 기술

해석 오늘날 현대 세계에서 가장 원하고 소중한 기술 중 한 가지는 바로 친환경 기술이다.

정답 (A)

EX 8 The research was a result of long and cooperative works at ------- prestigious institutions.

(A) each
(B) either
(C) much
(D) a number of

☀ 이렇게 해결해요!

빈칸 뒤에 가산 복수명사인 institutions가 나와 있으므로 빈칸에는 가산 복수명사를 취할 수 있는 수량 부정형용사가 와야 한다. 따라서 빈칸에는 a number of가 적합하다.

어휘 cooperative 협동적인, 협력의 prestigious 유명한, 일류의

해석 그 연구는 많은 유명 기관들에서 오랜 기간 협업해 온 결과였다.

정답 (D)

EX 9 Due to some technical problems, air travelers had to adjust their travel plans, causing a great deal of -------.

(A) inconvenience
(B) inconvenient
(C) more inconvenient
(D) inconveniently

☀ 이렇게 해결해요!

빈칸이 불가산명사만을 취하는 a great deal of라는 수량 부정형용사 뒤에 나와 있으므로 빈칸에는 단수명사 형태가 필요하다. 따라서 빈칸에는 inconvenience가 와야 한다.

어휘 due to ~ 때문에   adjust 조정하다, 적응하다

해석 일부 기술적인 문제로 인해, 비행기 탑승객들은 그들의 비행 일정을 조정할 수밖에 없었으며, 이는 엄청난 불편을 초래했다.

정답 (A)

EX 10 It is often necessary for employees to get a variety of -------
to be promoted and be a good leader.

(A) certify
(B) certification
(C) certifications
(D) certified

☀ 이렇게 해결해요!

빈칸이 복수 수량 부정형용사인 a variety of 뒤에 나와 있으므로 빈칸에는 가산 복수명사가 와야 한다. 따라서 빈칸에는 certifications가 적합하다.

어휘 a variety of 다양한   promote 승진하다, 촉진하다, 홍보하다

해석 직원들은 승진을 하고 좋은 상사가 되기 위해 다양한 자격증을 취득해야 할 필요가 종종 있다.

정답 (C)

▟ 정답 공식 ④

선지에 that이나 those가 있고, 문제에 아래의 구조가 등장하면 빈칸은 that이나 those의 자리이다!

1) '가산 단수명사 + ~ + 전치사 + <u>that</u> + of + ~'

2) '가산 복수명사 + ~ + 전치사 + <u>those</u> + of + ~'

▶ 대명사 it, them, one은 전치사구의 수식을 받지 못한다. 따라서 빈칸이 전치사 뒤의 목적어 역할을 할 수 있는 대명사 또는 타동사의 목적어가 필요한 자리이나 대명사가 전치사구, 특히 of 전치사구의 수식을 받는 구조라면 빈칸에는 that 혹은 those란 대명사가 적합하다. 이 경우, 만약 앞선 명사가 단수라면 that을, 복수라면 those를 선택해야 한다.

EX 11 Most analysts have pointed out that our new sales strategy is similar to ------- of the main competitor.

(A) it
(B) that
(C) them
(D) those

⚡ 이렇게 해결해요!

빈칸이 전치사 to와 전치사구인 of the main competitor 앞에 나와 있으므로 빈칸에는 전치사 to의 목적어 역할을 할 수 있는 적절한 대명사를 선택해야 한다. 따라서 앞서 언급된 명사가 strategy, 즉, 가산 단수명사이므로 빈칸에는 that이 와야 한다.

어휘 point out 가리키다, 지적하다 be similar to ~와 유사하다 competitor 경쟁자

해석 대부분의 분석가들은 우리의 새로운 판매 전략이 경쟁사의 그것과 유사하다고 지적하고 있다.

정답 (B)

EX 12 According to data released by the Sales Department, the sales in the first quarter of this year match ------- of the first quarter of last year.

(A) those
(B) that
(C) them
(D) it

✳ 이렇게 해결해요!

빈칸이 타동사 match와 전치사구인 of the first quarter of last year 앞에 나와 있으므로 빈칸에는 타동사의 목적어 역할을 할 수 있는 적절한 대명사를 선택해야 한다. 따라서 앞서 언급된 명사가 sales, 즉, 가산 복수명사이므로 빈칸에는 those가 와야 한다.

> **어휘** release 풀어주다, 발표하다, 석방하다 match 일치하다, 조화를 이루다
>
> **해석** 영업부가 발표한 자료에 따르면, 올해 1분기의 판매 실적이 작년 1분기의 그것과 일치합니다.
>
> **정답** (A)

🚩 정답 공식 ❺

선지에 another, other, each other, one another 등이 있고, 문제에 아래의 구조가 등장하면 another, other, each other, one another 등이 정답이다!

1) 'another + 가산 단수명사 + ~'

2) 'other + 가산 복수명사 / 불가산명사 + ~'

3) '동사 / 전치사 + each other(둘이서 서로)'

4) '동사 / 전치사 + one another(셋 이상 서로)'

▶ 부정대명사 another는 an + other가 조합하여 만들어진 대명사이며, 형용사로 쓰이는 경우 가산 단수명사와 함께 쓰인다. 따라서 토익에서는 무작위로 두 번째, 즉, '또 다른'이란 의미로 쓰이는 부정대명사 another 및 가산 단수명사와 쓰이는 부정형용사 another의 용례를 묻는다. 부정형용사 other는 another에서 부정관사인 an이 소거되며 만들어진 형용사이므로 부정관사로 인해 취하지 못한 모든 명사 형태와 쓰일 수 있다. 따라서 부정대명사 other는 가산 복수명사 및 불가산명사와 함께 쓰일 수 있지만 토익에서는 불가산명사와의 조합보다는 주로 가산 복수명사와의 조합을 묻는다. 아울러 other는 대명사로서 쓰이지 못한다는 점에 주의하도록 한다. 그리고

'둘 사이 서로'는 each other, '셋 이상 서로'는 one another이다. 이들은 모두 부정대명사로, 주어가 아닌 동사 또는 전치사 뒤에서 목적어로만 쓰일 수 있다.

✋ 한 가지만 더!

others는 부정대명사로만 쓰이며, 'other + 가산 복수명사'의 조합임을 별도로 알아두도록 한다. 그리고 부정대명사 the other는 단수형이므로 '최후에 남은 대상 하나'를 지칭하며, the others는 복수형이므로 '최후에 남은 무리' 등을 나타낸다.

- The computer model is not expensive, but **others (=other new computer models)** are much more expensive. 그 컴퓨터 제품은 비싸지 않지만, 다른 컴퓨터 제품들은 그 컴퓨터 제품에 비해 훨씬 더 비싸다.

EX 13 Recently, our head chef, one of the most well-known chefs in Los Angeles, invented ------- interesting and tasty menu.

(A) other
(B) another
(C) others
(D) the other

☀️ 이렇게 해결해요!

빈칸이 단수명사인 menu 앞에 나와 있으므로 빈칸에는 가산 단수명사와 쓰일 수 있는 수량 대명형용사인 another가 와야 한다.

어휘	head chef 수석 요리사 well-known 잘 알려진 invent 발명하다 tasty 맛있는
해석	최근 Los Angeles에서 가장 유명한 요리사 중 한 사람인 우리 수석 요리사는 흥미롭고 맛있는 또 다른 메뉴를 개발하였다.
정답	(B)

EX 14 According to the report, ------- experts are very skeptical of the new economic development plan's effectiveness.

(A) other
(B) others
(C) each other
(D) another

☀ 이렇게 해결해요!

빈칸이 가산 복수명사인 experts 앞에 나와 있으므로 빈칸에는 가산 복수명사와 쓰일 수 있는 부정형용사인 other가 와야 한다. others는 부정대명사이므로 가산 복수명사와 함께 쓰일 수 없으며, each other는 부정대명사로 목적어로만 쓰이는 것이 가능하다. 또한 another는 부정형용사로 쓰이는 경우 가산 단수명사를 취해야 하므로 정답이 될 수 없다.

어휘   skeptical 회의적인   effectiveness 효율성

해석   보고서에 따르면, 다른 전문가들은 새로운 경제 개발 계획의 효율성에 대해 매우 회의적이다.

정답   (A)

EX 15 A teleconferencing system is very helpful for employees who live far away from -------.

(A) other
(B) each other
(C) them
(D) one another

☀ 이렇게 해결해요!

빈칸이 전치사 from 뒤에 나와 있으므로 빈칸에는 전치사 from의 목적어 역할을 할 수 있는 명사나 대명사가 와야 한다. 무엇보다 other는 가산 복수명사와 함께 쓰여야 하며 대명사로서의 용례가 없으므로 이는 오답임을 알 수 있다. each other는 '둘

사이에서 서로'라는 개념으로 사용하므로 문맥상 부적절하다. them은 앞서 제시된 employees와 동격인 만큼 그들 스스로와 멀리 떨어져 거주한다는 것은 문맥적으로 부적절하다. 그러므로 빈칸에는 '셋 이상의 서로'를 뜻하는 one another가 와서 직원들이 서로 멀리 떨어져 있다는 의미를 구성하는 것이 옳다.

어휘 teleconferencing 원격 회의

해석 원격 회의 시스템은 서로 멀리 떨어져 살고 있는 직원들에게 매우 큰 도움이 된다.

정답 (D)

📕 정답 공식 ⑥

> ### 선지에 most나 almost가 있고, 문제에 아래의 구조가 등장하면 most나 almost가 정답이다!
>
> 1) 'most + of the / 소유격 대명사 + 명사 + ~'
>
> 2) 'most + of them + ~'
>
> 3) 'most + 복수동사 / 단수동사 + ~'
>
> 4) 'almost + 숫자 + ~'
>
> 5) 'almost + all / every / complete / anything + ~'

▶ most는 문장에서의 용례가 다양하기 때문에 토익에서 자주 나오는 출제 유형을 아예 익혀놓는 것이 많은 도움이 된다. 토익에서는 most와 almost를 구분하는 문제가 오랫동안 출제되어 왔으며, 'most + 가산 복수명사/불가산명사', 'most of the/소유격 대명사 + 가산 복수명사/불가산명사' 또는 'most of + 복수대명사' 형태로 결합이 된다. 또한 부정대명사 most는 단수 또는 복수대명사로 쓰이는 것이 모두 가능하다. 부사 almost는 숫자 수식 부사로서의 출제 빈도가 가장 높으며, 그 외에 all/every/complete/anything 등과 쓰여 '거의 대부분인 상태', 혹은 '거의 완성된 상태' 등을 표현하는 부사로서의 쓰임새를 묻는다.

EX 16 ------- of our official Web site's contents are offered to domestic and foreign customers for free.

(A) Most
(B) Almost
(C) Each
(D) Much

☀ 이렇게 해결해요!

빈칸에는 공식 홈페이지에 있는 콘텐츠들의 수량을 언급할 수 있는 부정대명사가 나와야 한다. 대명사를 선택할 때 고려해야 할 부분은 바로 뒤이어 등장하는 명사와 동사이며, 빈칸 뒤에 오는 명사는 가산 복수명사인 contents이고, 동사는 복수동사인 are이므로 빈칸의 부정대명사에는 복수로 취급될 수 있는 most가 와야 한다. 아울러 almost는 부사이므로 부정대명사로 쓰일 수 없으며, each는 단수로 취급을 받으므로 복수동사인 are를 취할 수 없다. 또한 much는 수가 아닌 양을 의미하는 수량사이므로 이 역시 오답이다.

어휘 official 공식적인 domestic 국내의 for free 무료로

해석 우리 회사 공식 홈페이지의 콘텐츠들 대부분은 국내외 고객들에게 무료로 제공된다.

정답 (A)

EX 17 ------- have difficulty expanding business and maintaining consistent quality in the computer industry.

(A) Already
(B) Almost
(C) Every
(D) Most

☀ 이렇게 해결해요!

빈칸이 주어 자리에 나와 있으므로 빈칸에는 주어 역할을 할 수 있는 명사 혹은 대명사가 와야 하며, 동사가 have란 복수동사이므로 복수로 취급을 받는 대명사가 필요

하다. 그러므로 빈칸에는 복수 혹은 단수가 모두 가능한 most가 적합하다. 아울러 already나 almost는 모두 부사이므로 대명사로 쓰일 수 없으며, every는 단수로 취급되므로 복수동사 have를 취할 수 없는 만큼 이들은 모두 오답임을 알 수 있다.

어휘	have difficulty -ing ~하는 데에 어려움을 겪다 maintain 유지하다, 지속하다 consistent 지속적인, 꾸준한
해석	컴퓨터 산업 분야에서는 대부분의 회사들이 사업을 확장하고 지속적으로 품질을 유지하는 것에 대한 어려움을 겪는다.
정답	(D)

1. The two companies will merge by way of ------- company exchanging some of its stock with the other.

(A) many
(B) other
(C) each
(D) both

2. The new economy theory has already generated ------- controversy among many economists.

(A) those
(B) various
(C) a great deal of
(D) several

3. ------- of the proceeds from the concert were donated to local charities and non-profit organizations in the city.

(A) All
(B) much
(C) each other
(D) every

4. There are ------- regular charity events that aim to help those in need in our region.

(A) such
(B) still
(C) every
(D) numerous

5. Thanks to current wireless technologies, remarkable digital devices have brought upon us much faster than ------- have predicted.

(A) almost
(B) already
(C) every
(D) most

▶ 정답 및 해설은 319쪽

문맥에 맞는 부사

✅ 출제 경향

빈출 어휘 세트 문제는 토익에서 기본적으로 꾸준하게 출제가 되는 빈출도가 높은 어휘 문제들이다. 어휘 문제 분야에서는 상당히 정형화된 부류의 어휘 문제들이라 종류별로 그 용례만 잘 익혀둔다면 풀이가 상대적으로 수월한 편이므로 꼼꼼하게 숙지하도록 한다.

🚩 정답 공식 ❶

> 선지에 approximately, about, nearly, almost, around, roughly, over, up to, at least, only 등이 있고, 문제에 '------- + 숫자 + ~'의 구조가 등장하면 approximately, about, nearly, almost, around, roughly, over, up to, at least, only 중 하나가 정답이다!

▶ 숫자를 수식하는 것은 부사이다. 숫자 자체는 명사이나 숫자만으로는 무엇을 의미하는지 알 수가 없으므로 숫자 뒤에는 대상을 지칭하는 명사가 언급될 수밖에 없다. 결국 숫자는 명사 앞에서 명사를 수식하는 형용사의 역할을 하게 된다. 따라서 숫자 앞에서 숫자를 수식하는 것은 형용사를 수식하는 부사의 몫이라 할 수 있다.

- 숫자를 수식하는 대표적인 빈출 부사는 아래와 같다.
  - 대략, 약: approximately, about, nearly, almost, around, roughly
  - ~을 넘어서, 이상: over
  - 최대한: up to
  - 최소한: at least
  - 고작, ~만, 불과: only

EX 1 Last week, the strong windstorm damaged ------- 250 houses in the northern coast in Thailand.

(A) briefly
(B) collectively
(C) approximately
(D) significantly

☀ 이렇게 해결해요!

빈칸이 숫자인 250 앞에 나와 있으므로 빈칸에는 숫자를 수식할 수 있는 부사가 와야 함을 알 수 있다. 따라서 빈칸에는 '대략, 약'이란 의미를 지닌 approximately가 와야 한다.

> **어휘** windstorm 폭풍
>
> **해석** 지난주에 발생한 강력한 폭풍은 태국 북쪽 해안가에 위치한 250여 개의 주택에 피해를 입혔다.
>
> **정답** (C)

EX 2 Various properties account for ------ 60 percent of individuals' assets, which means the economy's dependence on real estate is very high.

(A) such as
(B) up to
(C) rather than
(D) not only

☀ 이렇게 해결해요!

빈칸이 숫자 60 앞에 나와 있으므로 빈칸에는 숫자를 수식할 수 있는 표현이 필요하다. 따라서 빈칸에는 최대치를 뜻하는 up to가 와야 한다.

🚩 정답 공식 ②

선지에 just, right, soon, shortly, immediately, promptly 등이 있고, 문제에 '------- + after(afterward(s), following, thereafter) / before + ~'의 구조가 등장하면 just, right, soon, shortly, immediately, promptly 중 하나가 정답이다!

▶ 부사인 just, right, soon, shortly, immediately, promptly 등은 after, afterward(s), following, thereafter, 또는 before를 수식하는 부사 어휘로 자주 출제되며, 이들은 각각 직전 또는 직후란 의미를 형성하게 된다. 다만 토익에서는 before보다는 after와 관련하여 묻는 비중이 훨씬 더 높다.

EX 3 The tickets for the new musical show in New York was completely sold out ------- after they went on sale.

(A) slightly
(B) briefly
(C) truly
(D) shortly

☀ 이렇게 해결해요!

빈칸이 after 앞에 나와 있으므로 빈칸에는 after와 함께 쓰일 수 있는 부사 어휘가 와야 한다. 그러므로 빈칸에는 '직후'란 의미를 구성할 수 있도록 '곧'이란 뜻을 지닌 shortly란 부사가 적절하다.

어휘   sold out 매진된   on sale 판매 중인

해석   New York에서의 새로운 뮤지컬 공연 표들은 판매 직후 완전히 매진되었다.

정답   (D)

EX 4 Our company always maintain good correspondence with our customers and ship their items ------- after payment.

(A) promptly
(B) recently
(C) extremely
(D) finally

☀ 이렇게 해결해요!

빈칸이 after 앞에 나와 있으므로 빈칸에는 after와 함께 쓰일 수 있는 부사 어휘가 와야 한다. 그러므로 빈칸에는 '지불 직후'란 의미를 구성할 수 있도록 '즉시, 곧'이란 뜻을 지닌 promptly란 부사가 필요하다.

어휘   maintain 유지하다, 주장하다   correspondence 서신, 소통, 상응

해석   우리 회사는 언제나 고객들과 충분한 소통을 취하며, 물품 비용을 지급받은 직후 그들이 주문한 제품들을 배송한다.

정답   (A)

🚩 정답 공식 ❸

선지에 often, currently, presently, now 등이 있고, 문제에 'is / are + ------- + 현재분사 / 과거분사 / 형용사 / 전치사구 + ~'의 구조가 등장하면 often, currently, presently, now 중 하나가 정답이다!

▶ be동사의 현재형인 is나 are가 등장하고 그 뒤 빈칸에 적합한 부사를 묻는 문제의

경우 often, currently, presently, now가 빈출 정답으로 자주 언급되고 있다.

EX 5 The new municipal gallery is ------- filled with great works from about 30 renowned artists in Europe.

(A) shortly
(B) currently
(C) evenly
(D) internationally

☀ 이렇게 해결해요!

빈칸이 현재 시제의 be동사인 is와 과거분사인 filled 사이에 나와 있으며, 빈칸을 전후하여 시립 미술관 내부에 걸린 그림들에 관해 설명하고 있다. 그러므로 빈칸에는 '현재' 미술관에 전시된 그림에 대해 언급하는 문맥을 구성할 수 있는 currently가 와야 한다.

> **어휘** municipal 도시의 be filled with ~로 가득 차다 renowned 유명한, 명성 있는
>
> **해석** 새로운 시립 미술관은 유럽 지역에서 유명한 약 30여 명의 예술가들의 훌륭한 작품으로 지금 채워져 있다.
>
> **정답** (B)

EX 6 Our local warehouses must be heavily secured, but security at such storage facilities is ------- inadequate.

(A) soon
(B) well
(C) every
(D) often

☀ 이렇게 해결해요!

빈칸이 현재 시제의 be동사인 is 뒤와 형용사인 inadequate 사이에 나와 있으며, 보

안 정도의 불충분함을 언급하고 있다. 따라서 빈칸에는 보안의 정도가 종종 불충분하다는 의미를 구성할 수 있는 부사 often이 와야 한다.

어휘 warehouse 창고 secure 안전한, 확실한 inadequate 부적절한, 불충분한

해석 우리 지역 창고들은 철저하게 지켜야 하지만, 그러한 저장 시설들에 대한 경비가 종종 불충분하다.

정답 (D)

🚩 정답 공식 ④

선지에 already, still, yet 등이 있고, 문제에 아래의 구조가 등장하면 already, still, yet 등이 정답이다!

1) 'had / has / have + <u>already</u> + 과거분사 + ~'

2) 'be동사 + <u>already</u> + (부정관사) + 과거분사 / 현재분사 / 명사 + ~'

3) '긍정문 + <u>still</u> + ~' / '<u>still</u> + not + ~'

4) 'be / have / has + <u>yet</u> + to부정사 + ~'

▶ 부사 already는 완료 시제인 had/has/have와 과거분사 사이에, 그리고 be동사와 분사 또는 명사 사이에 나오는 경우를 묻는 문제가 출제된다. still은 긍정문과 함께 쓰이는 용례에 대해 묻고 있으며, 또한 부정어인 not보다 앞에 나온다. 부사 yet은 긍정문에서도 쓰이는 것이 가능하며, 이 경우 주로 be/have/has와 to부정사 사이에 나오는 경우를 묻는다. 또한 부사 yet은 부정어인 not보다 뒤에 나오는 속성도 함께 알아두도록 한다.

EX 7 Some of our new laptop computer models have ------- been sold out in many parts of the country.

(A) still

(B) already

(C) yet

(D) once

🌟 이렇게 해결해요!

빈칸이 have와 과거분사인 been 사이에 나와 있으며, 이미 판매된 상태란 의미를 구성할 수 있어야 하므로 빈칸에는 already라는 어휘가 적절하다.

어휘 sold out 매진된

해석 우리의 새로운 노트북 컴퓨터 제품들 일부는 전국 여러 곳에서 이미 매진되었다.

정답 (B)

EX 8 Some local ski resorts have ------- to open because there's no snow on the ground.

(A) yet

(B) already

(C) still

(D) much

🌟 이렇게 해결해요!

빈칸이 have와 to open이라는 to부정사구 사이에 나와 있으므로 빈칸에는 yet이 와서 아직 개장을 하지 못한 상태라는 의미를 구성할 수 있어야 한다.

어휘 ski resort 스키장

해석 몇몇 지역 스키장들은 눈이 쌓이지 않아 개장하지 못하고 있다.

정답 (A)

EX 9 The board members are ------- not completely convinced that they should go forward with the new business project.

(A) already

(B) then

(C) still

(D) soon

☀ 이렇게 해결해요!

빈칸이 be동사인 are와 부정어 not 사이에 나와 있으므로 not 앞에 나올 수 있는 부사이자 아직 확신 혹은 설득이 되지 않은 상태라는 의미를 구성할 수 있어야 하므로 already, then, soon은 모두 오답으로 소거해야 한다. 따라서 still이 정답이다.

어휘	convince 확신시키다, 설득하다
해석	이사진은 그 새로운 비즈니스 계획을 추진해야 할 것인지에 대해 완전히 확신을 지니지 못한 상태이다.
정답	(C)

CHECK-UP TEST

앞서 배운 스킬을 사용하여 최대한 신속하고 효율적으로 문제를 풀이하자.

1. The new theater in London holds two performances venues, containing ------- 400 and 250 seats respectively.

   (A) every
   (B) too many
   (C) slightly
   (D) approximately

2. Appetizers and beverage will be served to all of our employees ------- after the company's awards ceremony.

   (A) shortly
   (B) recently
   (C) extremely
   (D) currently

3. With the faster train systems, it will take ------- 100 minutes to get to some metropolitan cities in South Korea.

   (A) only
   (B) briefly
   (C) finally
   (D) periodically

4. Our new car model is ------- drawing huge attention before its scheduled release on January 10.

   (A) once
   (B) very
   (C) ever
   (D) already

5. While it is true that many countries must be less dependent on fossil fuels, that's not ------- possible.

   (A) as
   (B) yet
   (C) afterwards
   (D) still

▶ 정답 및 해설은 320쪽

출제 빈도 매회 평균 **1.01**개

to부정사

☑ 출제 경향

토익에서는 to부정사가 명사, 형용사, 부사로 쓰이는 다양한 용례에 관한 문제가 등장하므로 to부정사 어형이 주로 정답으로 제시되는 문제 유형을 크게 6가지로 정리하고 이를 꼼꼼하게 숙지하여 빠른 점수 향상 및 고득점의 바탕으로 삼도록 한다.

🚩 정답 공식 ❶

선지에 to부정사가 있고, 문제에 아래의 구조가 등장하면 빈칸은 to부정사의 자리이다!

1) '동사 + -------'

2) '동사 + 목적어 + -------'

▶ to부정사는 명사와 형용사의 역할을 수행하므로 동사 바로 뒤에서 목적어로 쓰이거나 혹은 동사와 목적어 뒤에서 목적격 보어 역할을 하게 된다. 따라서 to부정사를 목적어로 취하는 빈출 동사를 숙지해 놓는다면 훨씬 더 수월하게 정답의 실마리를 찾을 수 있다. 이때 to부정사는 미래적 의미를 지니므로 함께 쓰이는 동사 또한 과거나 현재가 아닌 미래 지향적 동사들이라 할 수 있다.

● to부정사를 목적어로 취하는 빈출 동사

- agree 동의하다
- decide 결정하다
- wish 바라다
- hope 희망하다

- afford ~할 여유가 있다
- expect 예상하다, 기대하다
- want 원하다
- plan 계획하다

- **offer** 제공하다
- **propose** 제안하다
- **intend** 의도하다, 작정하다
- **suggest** 제안하다

> **EX 1** The mayor decided ------- some general hospitals for city residents and patients.
>
> (A) build
> (B) building
> (C) to build
> (D) built

☀ 이렇게 해결해요!

빈칸이 타동사인 decide 뒤에 나와 있으므로 빈칸에는 동사 decide의 목적어 역할을 할 수 있는 to부정사가 필요하다. 그러므로 빈칸에는 to build가 와야 한다.

어휘 resident 거주자 patient 환자

해석 시장은 시 거주민들과 환자들을 위해 몇몇 종합병원들을 건설하기로 결정했다.

정답 (C)

> **EX 2** The government expects the extra budget ------- the national economy and create new jobs.
>
> (A) boost
> (B) to boost
> (C) boosted
> (D) boosting

☀ 이렇게 해결해요!

빈칸이 타동사인 expect와 '추가 예산'을 뜻하는 extra budget이란 목적어 뒤에 나와 있으며, 선지에서 boost라는 동사의 여러 어형이 등장하고 있으므로, 빈칸에는 목적격 보어 역할을 할 수 있는 to부정사가 와야 함을 알 수 있다.

어휘	expect A to do A가 ~할 것을 기대하다
해석	정부는 추가 예산이 국가 경제를 활성화시키고 새로운 일자리를 창출할 것으로 기대하고 있다.
정답	(B)

■ 정답 공식 ❷

선지에 to부정사가 있고, 문제에 'be동사 + 형용사 + -------'의 구조가 등장하면 빈칸은 to부정사의 자리이다!

▶ to부정사는 부사로서의 기능을 지니고 있으므로 형용사를 취하는 완전한 구조의 절에서, 형용사 뒤에 오는 부사로 쓰이는 것이 가능하다. 따라서 to부정사를 취하는 형용사를 함께 숙지하면 문제 풀이에 훨씬 도움을 많이 받을 수 있다.

● to부정사를 취하는 빈출 형용사

- able 가능한
- likely ~일 것 같은
- willing ~할 의사가 있는
- ready 준비된
- easy 용이한
- allowed 허용된

- unable 불가능한
- reluctant 꺼리는
- eligible 자격이 있는
- available 이용 가능한
- pleased 기쁜

▶ 일종의 스토리텔링 기법으로 익히는 방법도 좋다. 가능하든 불가능하든 (able/unable), 가능할 것 같다고(likely) 생각하고, 꺼리지 말고(reluctant) 하겠다는 의사를 가지고(willing), 자격을 갖추어(eligible), 준비된 상태로(ready), 모든 걸 적극적으로 이용하여(available) 덤벼들면, 생각보다 용이하게(easy), 기쁜 결과를 (pleased) 얻게 된다.

EX 3 The government is ready ------- the construction of railroads and an electric system which pass through the new cities.

(A) review

(B) to review

(C) to be reviewed

(D) reviewed

☀️ 이렇게 해결해요!

빈칸이 형용사인 ready 뒤에 나와 있으며, ready는 to부정사를 취하는 형용사이므로 빈칸에는 to부정사 형태가 와야 한다. 아울러 review 뒤에는 the construction 이란 목적어가 등장하고 있으므로 ready 뒤에는 능동 구조의 to부정사가 적합하다는 점을 알 수 있다. 그러므로 to review가 적합하다.

> **어휘** construction 건설 pass through ~을 통과하다

> **해석** 정부는 신도시들을 잇는 철도와 송전선 건설을 검토할 준비가 되어 있다.

> **정답** (B)

EX 4 Mr. Jafferson has been with the company for 20 years and will be likely ------- her successor soon.

(A) designating

(B) designation

(C) designate

(D) to designate

☀️ 이렇게 해결해요!

빈칸이 형용사인 likely 뒤에 나와 있으며, likely는 to부정사를 취하는 형용사이므로 빈칸에는 to부정사 형태가 와야 한다. 그러므로 to designate가 적합하다.

| 어휘 | be likely to do ~할 것 같다 designate 지명하다, 임명하다 successor 후임자, 계승자 |

| 해석 | Jafferson 씨는 20년 동안 회사에서 근무했으며 후임자를 곧 지명할 것 같다. |

| 정답 | (D) |

정답 공식 ③

선지에 authority, ability, time, plan, effort, capacity, opportunity, chance, right과 같은 명사 어휘가 있고, 문제에 '명사 + -------'의 구조가 등장하면 빈칸은 to부정사의 자리이다!

▶ to부정사는 형용사의 역할도 수행하므로 명사 뒤에서 명사를 수식할 수 있다. 특히 명사 뒤에서의 to부정사의 어형을 묻거나 to부정사의 수식을 받는 명사 어휘를 묻는 유형이 자주 출제된다.

to부정사를 취하는 주요 명사

- authority 권한
- time 시간
- effort 노력
- opportunity / chance 기회
- ability 능력
- plan 계획
- capacity 능력
- right 권리

▶ 이 역시 스토리텔링 기법으로 익히는 방법도 좋다. 권한과 능력(authority/ability)을 내세우지 말고, 시간과 계획(time/plan)을 가지고 노력(effort)하면 능력(capacity)을 갖추게 되어 기회 (opportunity/chance)와 권리(right)를 얻게 된다.

EX 5 Our newly hired department head has an ability ------- a strategic business plan.

(A) develop

(B) developing

(C) to develop

(D) developed

☀ 이렇게 해결해요!

빈칸이 '능력'을 뜻하는 명사 ability 뒤에 나와 있으므로 빈칸에는 명사 ability를 수식하는 형용사 기능의 to부정사가 와야 함을 알 수 있다. 그러므로 to develop이 정답이다.

> **어휘** strategic 전략적인
>
> **해석** 새로 채용된 부장은 전략적인 사업 계획을 구상할 수 있는 능력을 소유하고 있다.
>
> **정답** (C)

EX 6 We reserve the right ------- shipments to locations if we have some problems with delivery.

(A) to cancel

(B) cancel

(C) concellation

(D) cancelling

☀ 이렇게 해결해요!

빈칸이 '권리'를 뜻하는 명사 right 뒤에 나와 있으므로 빈칸에는 명사 right을 수식하는 형용사 기능의 to부정사가 와야 함을 알 수 있다. 그러므로 to cancel이 정답이다.

> **어휘** reserve 예비하다, 보유하다, 남겨두다, 예약해 놓다   shipment 선적, 수송   location 장소, 위치
>
> **해석** 우리는 배송에 문제가 발생할 경우, 목적지로 보내는 선적을 취소할 수 있는 권리가 있다.
>
> **정답** (A)

선지에 to부정사가 있고, '완전한 절 + -------'의 구조가 등장하면 빈칸은 to부정사의 자리이다!

▶ 완전한 구조의 절 뒤에는 부사 역할을 하는 to부정사구가 나올 수 있으며, 이 경우 to부정사구는 목적이나 의도의 의미를 지닌다. 또한 to부정사구는 완전한 구조의 절 앞으로 이동할 수도 있다.

EX 7 Our company may lay off some employees next month -------
a competitive advantage in the world market.

(A) gain
(B) to gain
(C) gaining
(D) gained

☀ 이렇게 해결해요!

빈칸 앞에 주어와 동사, 그리고 목적어로 구성된 완전한 구조의 절이 나와 있고, 해고의 이유로 세계 시장에서의 경쟁력을 점하기 위해서라는 내용이 등장하고 있으므로, 빈칸에는 목적이나 의도의 뜻을 지닌 to부정사구가 필요하다. 그러므로 빈칸에는 to gain이 적합하다.

> **어휘** lay off 해고하다   competitive 경쟁적인
>
> **해석** 우리 회사는 세계 시장에서의 경쟁 우위를 얻기 위해서 다음달에 몇몇 직원들을 해고할지도 모른다.
>
> **정답** (B)

EX 8 She called the employee responsible for the work ------- her schedule.

(A) delay
(B) delayed
(C) to delay
(D) is delaying

☀ 이렇게 해결해요!

빈칸 앞에 주어와 동사 그리고 목적어로 구성된 완전한 구조의 절이 나와 있고, 직원에게 전화한 이유가 그녀의 일정을 연기하기 위해서라는 내용이 등장하고 있으므로 빈칸에는 목적이나 의도의 뜻을 지닌 to부정사구가 필요하다. 그러므로 빈칸에는 to delay가 적합하다.

> **어휘** delay 연기하다
>
> **해석** 그녀는 업무를 담당하는 직원에게 전화를 걸어 그녀의 일정을 연기했다.
>
> **정답** (C)

✊ 한 가지만 더!

목적이나 의도를 나타내는 to부정사구는 문두에 올 수도 있으며, 이 경우엔 to부정사의 어형을 묻는 문제의 빈칸이 문두에 나오게 된다.

- Our company may lay off some employees next month **to gain a competitive advantage in the world market**.

= **To gain a competitive advantage in the world market**, our company may lay off some employees next month.

🚩 정답 공식 **⑤**

선지에 to부정사가 있고, 아래의 문장 구조가 등장하면 빈칸은 to부정사의 자리이다!

1) 'in order(so as) + -------'
2) 'in order(so as) + for + 목적어 + -------'

▶ 의도나 목적의 뜻을 지닌 to부정사구는 'in order + to부정사'나 'so as + to부정사'로 바꾸어 쓰는 것이 가능하다. 아울러 이때 to부정사만의 별도의 주어가 필요한 경우 'in order + to부정사'는 'in order for + 목적어 + to부정사'의 구조로 변형되기도 한다는 점에 각별히 주의해야 한다.

EX 9 The government implemented a five-day work week system without a pay cut ------- help people relax a little bit.

(A) in order to
(B) for
(C) so that
(D) by means of

☀️ 이렇게 해결해요!

빈칸 뒤에 동사원형이 등장하고 있으므로 빈칸에는 동사원형과 함께 쓰일 수 있는 to부정사만이 가능하다. 그러므로 in order to가 정답이다.

어휘   implement 도구; 시행하다

해석   정부는 사람들이 좀더 휴식을 취하는데 도움이 되도록 급여 삭감 없는 주5일 근무제도를 시행하였다.

정답   (A)

EX 10 Self-confidence is the most important characteristic to have
------- for us to succeed.

(A) not only
(B) in order
(C) in case
(D) whether or not

🌟 이렇게 해결해요!

빈칸 뒤에 to부정사인 to succeed와 이에 대한 주어인 for us가 나와 있으며, 자신
감은 우리가 성공하기 위해 갖춰야 할 특성이므로 빈칸에는 목적이나 의도의 뜻을 지
닌 to부정사구를 구성할 수 있는 표현이 와야 한다. 그러므로 in order가 정답이다.

어휘 self-confidence 자신감 characteristic 특성, 특징

해석 자신감은 우리가 성공하기 위해서 갖춰야 할 가장 중요한 특성이다.

정답 (B)

✋ 한 가지만 더!

의도나 목적의 뜻을 지닌 'in order + to부정사', 'so as + to부정사'도 문두에 나올 수 있다.

- The government implemented a five-day work week system without a pay cut **in order to help people relax a little bit**.

= **In order to help people relax a little bit**, the government implemented a five-day work week system without a pay cut.

1. A lot of economists expect the central bank ------- interest rates next year to increase economic growth.

(A) lower
(B) lowering
(C) to lower
(D) lowered

2. Anyone currently employed at BK Motors is eligible ------- for the position left vacant by Ms Parker.

(A) apply
(B) application
(C) to apply
(D) applied

3. Zenith Electronics has a plan ------- some experts to its new manufacturing plant to ensure smooth production.

(A) to send
(B) sending
(C) send
(D) sent

4. Since it will take some time for Dr. Itoko ------- the new drug, her team will be assigned to develop new formulas until then.

(A) review
(B) reviewing
(C) to review
(D) reviewed

5. ------- be able to offer more jobs to people, the government will induce companies to expand their investment.

(A) Insofar as
(B) In response to
(C) In addition to
(D) In order to

▶ 정답 및 해설은 321쪽

12강

동명사

✓ 출제 경향

동명사와 관련된 유형은 주로 전치사 및 동사 뒤에서 목적어 역할을 하는 동명사 용례에 대해 묻는 문제가 등장하고 있다. 특히 전치사 to와 부정사 to가 동일한 형태라는 점을 이용하여 뒤이어 동사원형이 와야 하는지 혹은 동명사가 와야 하는지 어형을 묻는 유형의 문제는 정답을 선택하기 어려울 수 있는 만큼 사전에 전치사 to를 대동하는 관련 표현들을 숙지해야 한다.

▶ 정답 공식 ①

선지에 동명사가 있고, 문제에 '전치사 + ------- + 목적어'의 구조가 등장하면 빈칸은 동명사의 자리이다!

▶ 전치사 뒤에는 전치사의 목적어가 올 수 있는데, 목적어가 될 수 있는 품사는 명사, 대명사, 그리고 동명사가 있다. 그런데 동명사는 동사의 성질을 지니고 있기 때문에 동명사 뒤에는 동명사만의 목적어가 올 수 있다. 따라서 전치사와 어떤 목적어 사이에 빈칸이 있다면 동명사의 자리로 판단할 수 있다. 만약 별도의 목적어가 등장하지 않는다면 전치사 뒤에는 동명사가 아닌 일반명사가 적합하다. 따라서 전치사 뒤에 빈칸이 보인다고 하여 빈칸 이후를 살펴보지 않고 섣불리 일반명사 혹은 동명사를 일방적으로 선택하지 않도록 주의해야 하며 빈칸 이후 목적어의 유무도 반드시 확인해야 한다. 아울러 동명사는 주로 자동사가 아닌 타동사의 동명사 중심으로 출제되므로 자동사의 동명사는 굳이 고려할 필요가 없다.

EX 1 BK Motors seeks to double the annual production after ------- its second factory in Detroit next month.

(A) complete
(B) completing
(C) to complete
(D) completion

☀ 이렇게 해결해요!

빈칸이 전치사 after 뒤에 나와 있으므로 동명사 completing과 일반명사인 completion 중에 선택해야 하며, 빈칸 뒤에는 또 다른 목적어인 factory가 등장하고 있으므로 빈칸에는 목적어를 취할 수 있는 동명사가 와야 한다. 그러므로 동명사 completing이 적합하다.

> **어휘**   seek to ~을 찾다, ~을 추구하다   annual 해마다, 연간
>
> **해석**   BK Motors 사는 다음달에 Detroit에 있는 제2공장이 완공되면 연간 생산 규모를 두 배로 증가시키고자 한다.
>
> **정답**   (B)

EX 2 The accounting team is scheduled for ------- a new employee early next year.

(A) hire
(B) hiring
(C) hired
(D) to hire

☀ 이렇게 해결해요!

빈칸이 전치사 for 뒤에 나와 있으며 빈칸 뒤에는 별도의 목적어가 제시되어 있다. 따라서 전치사의 목적어 역할을 하는 명사의 성격과 새로운 목적어를 동반할 수 있는 동사의 성격을 모두 지닌 품사가 와야만 한다. 따라서 빈칸에는 동명사 hiring이 적합하다.

어휘 accounting team 회계팀 be scheduled for ~할 계획이다 hire 채용하다

해석 회계팀은 내년 초에 신규 직원 한 명을 채용할 계획을 갖고 있다.

정답 (B)

🚩 정답 공식 ❷

문제에 'suggest, consider, postpone, avoid, recommend 등 + -------'의 구조가 등장하면, 빈칸은 동명사가 정답이다!

▶ 동명사는 동사의 역할뿐만 아니라 명사의 역할도 수행할 수 있으므로 동사 뒤 목적어로 나올 수 있다. 다만 동명사를 목적어로 취하는 것이 가능한 동사에 한해서만 가능하다. 아울러 무작정 암기하는 것보다는 동명사는 과거나 현재의 의미를 지니고 있으므로 이를 목적어 취하는 동사 역시 과거나 현재의 의미에 집중하는 동사들인지를 고려하며 기억하는 것이 바람직하다.

● 동명사를 목적어로 취하는 빈출 동사

- finish 끝내다
- admit 허가하다, 허락하다
- postpone 연기하다
- recommend 추천하다
- consider 고려하다
- keep 계속 ~을 하다, 유지하다

- enjoy ~을 즐기다
- avoid ~을 피하다
- discontinue 중단하다
- suggest 제안하다
- include 포함하다

EX 3 The personnel director said the company will consider -------
over 100 employees to fill the empty seats.

(A) hire
(B) to hire
(C) hiring
(D) hired

☀️ 이렇게 해결해요!

빈칸이 '고려하다'란 뜻을 지닌 타동사 consider 뒤에 나와 있으므로 빈칸에는 consider란 타동사의 목적어 역할을 할 수 있는 동명사가 와야 한다. 따라서 hiring 이 정답이다.

어휘	empty 빈
해석	인사 담당 이사는 회사가 공석을 충원하기 위해 100명이 넘는 직원들을 채용할 것을 고려할 것이라 밝혔다.
정답	(C)

EX 4 He said that the manager admitted ------- the store management last quarter.

(A) neglecting
(B) neglect
(C) to neglect
(D) neglected

☀️ 이렇게 해결해요!

빈칸이 '인정하다'란 뜻을 지닌 타동사 admit 뒤에 나와 있으므로 빈칸에는 admit이 란 타동사의 목적어 역할을 할 수 있는 동명사가 와야 한다. 따라서 neglecting이 정 답이다.

어휘	admit 인정하다 neglect 소홀히 하다, 무시하다
해석	그는 그 매니저가 지난 분기에 매장 관리를 소홀히 한 점을 인정한다고 말했다.
정답	(A)

🏴 정답 공식 ❸

선지에 동명사가 있고, 문제에 아래의 구조가 등장하면 빈칸은 동명사의 자리이다!

1) 'be accustomed / used to + ------- + 목적어'

2) 'be committed / dedicated / devoted to + ------- + 목적어'

3) 'contribute to + ------- + 목적어'

4) 'look forward to + ------- + 목적어'

5) 'be opposed / object to + ------- + 목적어'

6) 'be subject to + ------- + 목적어'

7) 'spend + 시간 / 돈 + -------'

8) 'have difficulty / problem / trouble + -------'

▶ 전치사 to 뒤에 빈칸이 나오는 경우 전치사 to의 목적어 역할을 하는 명사가 필요하다. 그러나 빈칸 뒤에 또 다른 명사 목적어가 등장하고 있으면 이 역시 일반명사가 아닌 목적어를 취할 수 있는 명사인 동명사가 와야 한다. 다만 이 경우 등장하는 to가 전치사임을 인식할 수 있도록 미리 관련 표현을 사전에 숙지하는 것이 관건이다.

⦿ 전치사 to가 등장하는 주요 표현

- be accustomed / used to V-ing ~에 익숙하다
- be committed / dedicated / devoted to V-ing ~에 전념하다, ~에 집중하다
- contribute to V-ing ~에 기여하다
- look forward to V-ing ~을 기대하다
- be opposed / object to V-ing ~을 반대하다
- be subject to V-ing ~에 따르다
- spend + 시간 / 돈 + V-ing ~하는데 시간 / 돈을 쓰다
- have difficulty / problem / trouble V-ing ~하는데 어려움을 겪다

아울러 dedicated나 devoted는 일을 열심히 하는 성실한 성격을 표현하는 형용사 어휘 문제로도 출제가 되므로 개별적인 어휘의 뜻까지 필히 숙지해야 한다.

● 주의해야 할 동명사 관용 표현

- The actor **is** always **dedicated to giving** the audience the best performance. 그 배우는 항상 청중에게 최고의 연기를 보여주는 것에 헌신한다.

- We are **looking forward to working with you** soon. 저희는 곧 귀하와 함께 근무할 수 있길 바랍니다.

- Some local people **objected to building** a nuclear power plant near their city. 몇몇 지역 주민들은 도시 근처에 원자력 발전소를 짓는 것에 반대했다.

- Due to an increase in international oil prices, people **are subject to paying** high fuel prices. 국제 유가 상승으로 인해, 사람들은 높은 유류비용을 지불할 수밖에 없다.

- Ms. Eastwood will also **spend time working** at the gallery over the next few years. Eastwood 씨는 향후 몇 년간도 역시 미술관에서 근무하게 될 것이다.

EX 5 Our professional customer service representatives are dedicated to ------- our customers with great services.

(A) provide
(B) provision
(C) providing
(D) being provided

☀ 이렇게 해결해요!

빈칸이 전치사 to 뒤에 나와 있으며, 빈칸 뒤에는 customers라는 또 다른 목적어가 등장하고 있으므로 빈칸에는 목적어를 취할 수 있는 동명사가 와야 함을 알 수 있다. 따라서 빈칸에는 providing이 정답이다.

| 어휘 | representative 대표자, 대리인 be dedicated to ~에 전념하다 |

해석 저희 전문 고객 상담원들은 저희 고객님들께 훌륭한 서비스를 제공하는 것에 전념하고 있습니다.

정답 (C)

EX 6 Many young college graduates have difficulty ------- jobs as a result of the economic depression in the past few years.

(A) find
(B) found
(C) to find
(D) finding

☀ 이렇게 해결해요!

빈칸이 have difficulty 뒤에 나와 있으므로 빈칸에는 동명사가 필요하다. 따라서 finding이란 동명사가 적합하다.

어휘 graduate 대학 졸업자; 졸업하다 have difficulty -ing ~하느라 어려움을 겪다 as a result of ~의 결과로 depression 불경기, 불황

해석 많은 젊은 대졸자들이 지난 몇 년간의 경기침체로 인해 일자리를 구하는데 어려움을 겪고 있다.

정답 (D)

CHECK-UP TEST

앞서 배운 스킬을 사용하여 최대한 신속하고 효율적으로 문제를 풀이하자.

1. Please make sure all the papers are put in order before ------- the required documents.

(A) submit
(B) to submit
(C) submission
(D) submitting

2. The company is devoted to ------- various kitchen appliances for home use at affordable prices.

(A) manufacture
(B) manufacturing
(C) manufactured
(D) being manufactured

3. Some employees suggested to the floor manager ------- later to attract more foreign shoppers.

(A) close
(B) closing
(C) closed
(D) to close

4. Mr. McGowan had no choice but to postpone ------- the new natural history museum because of the inclement weather.

(A) open
(B) opening
(C) to open
(D) opened

5. Admission to the international marketing conference may be subject to ------- an entrance fee.

(A) pay
(B) payment
(C) paying
(D) to pay

▶ 정답 및 해설은 322쪽

출제 빈도 매회 평균 **0.81**개

분사

☑ 출제 경향

분사 관련 문제는 기본적으로 동사와 분사 자리의 구분 문제, 분사 어형을 묻는 문제, 그리고 분사 구문에서의 분사 어형 혹은 분사 구문과 함께 쓰이는 부사절 접속사를 묻는 문제들이 주축을 이루고 있다. 따라서 출제 비중이 높은 만큼 단기간에 점수를 향상시키거나 고득점을 받기 위해선 사전에 철저하게 대비하여 놓치는 문제가 없도록 각별히 신경을 써야 한다.

🚩 정답 공식 ❶

선지에 동사, 현재분사, 과거분사가 있고, 문제에 '(동사) + (관사) + ------- + 명사'의 구조가 등장하면 빈칸은 분사의 자리이다!

1) **'(동사) + (관사) + <u>현재분사</u> + 명사(명사와 분사가 능동의 관계)'**

2) **'(동사) + (관사) + <u>과거분사</u> + 명사(명사와 분사가 수동의 관계)'**

▶ 분사와 명사가 능동적 수식 관계(~하는)이면 명사 앞은 현재분사 형태가 와야 하며, 분사와 명사가 수동적 수식 관계(~된)이면 명사 앞은 과거분사가 나오게 된다.

✊한 가지만 더!

'관사(a / the) + 현재분사 + 명사'는 '명사 + 주격 관계대명사 + be동사 + 현재분사'로 풀어서 설명이 가능하고, '관사(a / the) + 과거분사 + 명사'는 '명사 + 주격 관계대명사 + be동사 + 과거분사'로 풀어서 설명이 가능하다.

- the miss**ing** bag = the bag **which is** miss**ing**
- the complet**ed** application form = the application form **which is** complet**ed**

아울러 이러한 분사 어형 문제에서는 과거분사 형태가 정답으로 제시되는 경우가 대다수이므로 정답을 파악하기 어려운 경우 과거분사 형태를 정답으로 선택하도록 하는 것도 하나의 요령이 될 수 있다.

EX 1 To enter our research center, every visitor needs ------- permission from the head office.

(A) write
(B) writing
(C) wrote
(D) written

☀️ 이렇게 해결해요!

빈칸이 명사 앞에 나와 있으며, 선지에는 동사, 현재분사, 그리고 과거분사까지 제시되었으므로 빈칸에는 명사를 수식하는 형용사가 필요하다. 따라서 빈칸에는 현재분사나 과거분사 중 한 가지 어형을 선택해야 하며, 이를 위해 분사와 명사와의 수식관계가 능동적 혹은 수동적인지 파악해야 한다. 허가증은 서면으로 작성된 것임을 고려할 때, 빈칸에는 '작성된'이란 뜻을 지닌 과거분사 written이 와야 한다. 즉, written permission은 the permission which is written의 개념으로 파악할 수 있다.

어휘	permission 허가, 허락 head office 본사
해석	우리 연구 센터에 들어오려면, 모든 방문객은 본사로부터 발급받은 서면 허가증이 필요하다.
정답	(D)

EX 2 The city government will widen the highway from Richmond to San Francisco to meet the ------- traffic demand.

(A) increase
(B) increasing
(C) increased
(D) increasingly

☀️ 이렇게 해결해요!

빈칸이 명사인 demand 앞에 나와 있으며, 선지에는 동사, 현재분사, 과거분사가 모두 다 나와 있으므로, 빈칸에는 명사인 demand를 수식하는 형용사가 필요하다. 따라서 빈칸에는 현재분사나 과거분사 중 한 가지 어형을 선택해야 하며, 이를 위해 분사와 명사와의 수식관계가 능동적인지 혹은 수동적인지 파악해야 한다. 수요가 증가하고 있는 것이니만큼 빈칸에는 '증가하는'이란 뜻의 현재분사인 increasing이 와야한다. 즉, increasing traffic demand를 the traffic demand which is increasing의 개념으로 파악할 수 있다.

> **어휘** widen 확장하다, 확대하다 from A to B A에서 B까지
>
> **해석** 시 정부는 증가하는 교통수요를 충족시키기 위해 Richmond에서 San Francisco까지 연결하는 고속도로를 확장할 예정이다.
>
> **정답** (B)

🚩 정답 공식 ❷

> ### 선지에 동사, 현재분사, 과거분사가 있고, 문제에 아래의 구조가 등장하면 빈칸은 분사의 자리이다!
>
> 1) '명사 + <u>현재분사</u> + 명사'
> 2) '명사 + <u>과거분사</u> + (수식어구)'

▶ 분사가 명사를 뒤에서 수식하는 '명사 + 분사' 형태는 [선행명사 + 주격 관계대명사(who/which) + be동사 + 현재분사/과거분사]에서 주격 관계대명사와 be동사가 생략되며 압축된 형태이다.

▶ 목적어를 취하는 현재분사가 나오는 경우, [선행명사 + 현재분사 + 목적어]가, 목적어를 취하지 않는 과거분사가 나오는 경우, [선행명사 + 과거분사] 구조를 형성하게 된다.

● '명사 + <u>현재분사</u> + 명사'

- The employee (who was) **submitting the report** last week is one of our lead software developers.
= The employee **submitting the report** last week is one of our lead software developers. 지난주에 보고서를 제출한 그 직원은 우리의 수석 소프트웨어 개발 담당자 중 한 사람이다.

● '명사 + <u>과거분사</u> + (수식어구)'

- The new supermarket (which is) **located on Main Street** is currently offering special discounts on selected items.
= The new supermarket **located on Main Street** is currently offering special discounts on selected items. Main 가에 위치한 그 새로운 슈퍼마켓은 현재 선택된 제품들에 대해 특별 할인 혜택을 제공하고 있다.

따라서 빈칸이 분사의 자리일 때 빈칸을 전후하여 두 개의 명사가 존재하면 빈칸은 현재분사가 나와야 하며, 명사가 하나인 경우에는 과거분사가 정답이라고 판단하는 것도 하나의 요령이다.

EX 3 Any customer ------- 100 dollars worth of goods might ask for 20 dollars cash back.

(A) purchase
(B) purchases
(C) purchased
(D) purchasing

☀ 이렇게 해결해요!

빈칸이 customers와 100 dollars란 두 개의 명사 사이에 나와 있으므로 빈칸에는 customers를 수식하며, 100 dollars라는 목적어를 취할 수 있는 현재분사가 필요하다. 고객이 100달러에 해당하는 제품을 구매하는 것이니만큼 빈칸에는 현재분사인 purchasing이 와야 한다.

EX 4 According to the data ------- on January 10, our company exported two billion dollars of products last year.

(A) release
(B) released
(C) releasing
(D) to release

☀ 이렇게 해결해요!

빈칸이 명사인 data와 수식어인 on January 10 사이에 나와 있으며, 빈칸을 전후하여 명사가 하나뿐이다. 따라서 빈칸에는 명사인 data를 수식하는 형용사 역할의 품사가 필요하다. 그런데 data가 발표하는 것이 아니라 data가 발표되는 것이니만큼 빈칸에는 '발표된'이란 뜻을 지닌 과거분사 released가 적합하다.

어휘	according to ~에 따르면 release 출시하다, 풀다 export 수출하다

해석	1월 10일에 발표된 자료에 따르면, 우리 회사는 작년에 20억 달러에 달하는 제품을 수출했다.

정답	(B)

선지에 감정을 나타내는 분사가 있고, 문제에 아래의 구조가 등장하면 빈칸은 과거분사의 자리이다!

1) '사람 주어 + be 동사 + ------'

2) '주어 + 동사 + 사람 목적어 + ------'

▶ 사람이 주어나 목적어로 등장할 경우 그 사람이 어떠한 감정을 느끼는 쪽이 되므로 수동적인 입장이 된다. 수동적인 입장을 표현할 경우에는 과거분사를 사용한다.

EX 5 Speed Trans is ------ to announce that we offer a 10% discount to daily commuters.

(A) please

(B) pleasing

(C) pleased

(D) to please

☀ 이렇게 해결해요!

빈칸이 사람 주어에 해당하는 회사와 be동사 뒤에 나와 있고, please라는 감정이나 기분 동사의 현재분사나 과거분사의 형태를 포함한 여러 어형이 제시되고 있으므로 빈칸에는 please의 현재분사나 과거분사 중 한 가지를 선택해야 한다. 따라서 사람 주어가 등장하며 사람 목적어가 나타나지 않으므로 빈칸에는 please의 과거분사 형태인 pleased가 와야 한다.

어휘 offer A to B A를 B에게 제공하다 commuter 통근자

해석 Speed Trans는 일일 통근자들에게 10% 할인 혜택을 제공하게 되었음을 발표하게 되어 기쁘게 생각합니다.

정답 (C)

EX 6 New companies must find out what customers want and what makes them -------.

(A) satisfy
(B) satisfaction
(C) satisfying
(D) satisfied

🔆 이렇게 해결해요!

빈칸이 동사인 makes와 사람 목적어인 customers를 뜻하는 대명사 them 뒤에 나와 있으므로 새로운 회사와 고객과의 관계를 생각해 본다. 고객이 새로운 회사에 의해 만족이 되는 상황으로 봐야 하기 때문에 빈칸에는 목적어와 수동의 관계인 과거분사가 필요하다. 따라서 정답은 satisfied이다.

어휘	find out 파악하다, 발견하다
해석	새로운 회사들은 고객들이 원하는 바와 그들을 만족시키는 것이 무엇인지를 필히 파악해야 한다.
정답	(D)

🚩 정답 공식 ④

선지에 분사가 있고, 문제에 아래의 구조가 등장하면 빈칸은 현재분사의 자리이다!

1) '사물 주어 + be동사 + -------'

2) '주어 + 동사 + 사물 목적어 + -------'

▶ 사물이 주어나 목적어로 등장할 경우 그 사물이 감정을 느끼게 하는 쪽이 되므로 능동적인 입장이 된다. 능동적인 입장을 표현할 경우에는 현재분사를 사용한다.

◉ 출제 빈도가 높은 감정/기분 동사 정리

감정/기분 동사의 분사 형태를 결정하는 문제를 풀이하는 방식은 생각 외로 간단하다. 주어가 감정이나 기분을 느끼는 입장이면 과거분사 형태가 적합하다. 반면에 누군가 그러한 감정이나 기분이 들도록 만들면 현재분사 형태가 적합하다.

- **confuse** 혼란스럽게 만들다
- **disappoint** 실망하게 만들다
- **excite** 흥분하게 만들다
- **fascinate** 매혹시키다
- **satisfy** 만족하게 만들다
- **please** 기쁘게 만들다
- **delight** 기쁘게 만들다
- **embarrass** 당황하게 만들다
- **exhaust** 지치게 만들다
- **interest** 흥미를 갖게 만들다
- **surprise** 놀라게 만들다
- **overwhelm** 압도하다

EX 7 The employment statistics are ------- many young people.

(A) disappointed
(B) disappointing
(C) disappoint
(D) to disappoint

☀ 이렇게 해결해요!

빈칸이 사물 주어인 The employment statistics와 be동사 are 뒤에 나와 있으며, 선지에는 감정이나 기분 동사인 disappoint의 현재분사나 과거분사 형태까지 모두 제시되고 있으므로, 빈칸에는 사물 주어와 be동사 are와 함께 쓰일 수 있는 감정/기분 동사의 현재분사가 필요하다. 그러므로 '실망시키는'이란 뜻의 현재분사인 disappointing이 정답이다.

> **어휘** employment statistics 고용 통계 자료   disappoint 실망시키다
>
> **해석** 그 고용 통계 자료가 많은 젊은 사람들을 실망시키고 있다.
>
> **정답** (B)

EX 8 The job of the personnel director is quite demanding because the amount of work is very -------.

(A) overwhelming
(B) overwhelmed
(C) overwhelm
(D) to overwhelm

🌟 이렇게 해결해요!

빈칸이 사물 주어인 the amount와 be동사 is 뒤에 나와 있으며, 선지에는 감정이나 기분 동사인 overwhelm의 현재분사나 과거분사 형태까지 모두 제시되고 있으므로, 빈칸에는 사물 주어와 be동사 is와 함께 쓰일 수 있는 감정/기분 동사의 현재분사가 필요하다. 그러므로 '압도적인'이란 뜻의 현재분사인 overwhelming이 정답이다.

어휘 personnel director 인사 담당 이사　overwhelm 압도하다

해석 업무의 양이 압도적으로 많아서 인사 담당 이사의 직무는 상당히 힘들고 까다롭다.

정답 (A)

1. A ------- plan is unveiled for the new convention center which will be erected on the site of the former city hall.

   (A) revise
   (B) revision
   (C) revised
   (D) revising

2. Our unique labels ------- usually make it easier for customers to distinguish our products from those of other competitors.

   (A) attach
   (B) attached
   (C) attachment
   (D) attaching

3. Our marketing experts can get shoppers ------- by offering them a lot of different benefits.

   (A) excite
   (B) exciting
   (C) excitement
   (D) excited

4. The new laptop computer models ------- by BK Electronics last week gains huge popularity all over the world.

   (A) launch
   (B) launched
   (C) launching
   (D) being launched

5. We are very ------- to let you know that your recent application for a construction permit has finally been approved.

   (A) delight
   (B) delighted
   (C) delighting
   (D) to delight

▶ 정답 및 해설은 322쪽

분사구문

☑️ 출제 경향

분사구문 관련 문제는 분사구문 내에서의 분사 어형을 묻는 문제와 분사구문과 함께 쓰이는 부사절 접속사에 대해 묻는 문제가 주류를 이루고 있다. 분사구문 내의 분사 어형도 앞서 학습한 분사 어형 문제들처럼 타동사에서 분사로 변형된 형태를 중심으로 출제되기 때문에, 기본적으로 목적어 유무를 통해 분사 어형을 결정하는 방식, 즉, 목적어가 있으면 현재분사, 목적어가 없으면 과거분사 형태가 된다는 기준점은 다를 것이 없다. 아울러 분사구문 내 어형 문제는 과거분사보다 현재분사가 정답으로 출제되는 경우가 압도적으로 많다는 경향도 함께 알아두도록 한다.

🚩 정답 공식 ❶

선지에 분사가 있고, 문제에 '------- + 목적어, 주어 + 동사 ~' 구조 가 등장하면 빈칸은 현재분사의 자리이다!

▶ 분사구문은 '부사절 접속사 + 주어 + 동사 ~'로 이어지는 부사절 구조에서 부사절 접속사와 주어가 생략되고 동사가 분사 형태로 바뀐 구문을 일컫는다. 본래 부사절이 완전한 구조의 주절 앞 혹은 뒤에서 주절 전체를 수식하는 역할을 했었던 만큼 분사 구문도 이와 동일한 기능을 행하게 된다. 이러한 분사구문 다음에 목적어가 등장하면 현재분사가 정답이라고 단적으로 숙지해 두도록 하자.

------- his mistake, Mr. Wilson sincerely apologized to her clients in New York.

(A) Realize
(B) Have realized
(C) Realizing
(D) Realized

☀ 이렇게 해결해요!

빈칸이 목적어 앞에서 완전한 구조의 주절과 함께 등장하고 있으므로 빈칸은 분사구문이 나와야 할 자리임을 알 수 있다. 따라서 빈칸에는 목적어를 취할 수 있는 분사 어형인 현재분사가 와야 하므로 정답은 Realizing이 적합하다.

어휘   sincerely 진심으로   apologize 사과하다   client 손님, 고객

해석   Wilson 씨는 자신의 실수를 깨닫고 New York에 있는 고객들에게 진심이 담긴 사과를 하였다.

정답   (C)

EX 2   ------- office supplies along the interstate highway, the company's truck broke down.

(A) Delivering
(B) Delivered
(C) Deliver
(D) Having delivered

☀ 이렇게 해결해요!

빈칸이 목적어 앞에서 완전한 구조의 주절과 함께 등장하고 있으므로 빈칸은 분사구문이 나와야 할 자리임을 알 수 있다. 따라서 빈칸에는 목적어를 취할 수 있는 분사 어형인 현재분사가 와야 하므로 정답은 Delivering이 적합하다.

어휘	office supplies 사무용품 interstate 주와 주 사이의 deliver 배달하다, 데리고 가다
해석	주간 고속도로를 따라 사무용품을 배송하는 동안, 회사 배송 트럭은 고장이 났다.
정답	(A)

📕 정답 공식 ❷

선지에 분사가 있고, 문제에 '------- + 수식어구, 주어 + 동사 ~'의 구조가 등장하면 빈칸은 과거분사의 자리이다!

▶ 분사구문 뒤에 목적어 대신 수식어구가 곧바로 등장하면 분사구문에는 과거분사가 나와야 한다는 사실을 단적으로 숙지해 두도록 하자.

EX 3 ------- properly, the new energy control system will save electricity and reduce the costs for lightings.

(A) Use
(B) Used
(C) Have used
(D) Using

☀️ 이렇게 해결해요!

빈칸이 완전한 구조의 주절 앞에서, 목적어가 아닌 수식어인 부사 properly 앞에 등장하고 있으므로 빈칸은 분사구문의 자리임을 알 수 있다. 아울러 빈칸 뒤에 목적어가 아닌 부사인 properly가 나와 있으므로 빈칸에는 목적어가 없이 수식어와 함께 쓰일 수 있는 분사 어형인 과거분사가 와야 한다. 따라서 Used가 정답이다.

어휘	properly 적절하게, 적당하게 electricity 전기, 전력 reduce 줄이다, 축소하다
해석	적절하게 사용된다면, 새로운 에너지 조절 시스템은 전기를 절약하고 조명에 소요되는 비용을 감소시킬 것이다.
정답	(B)

EX 4 ------- with other company in the field, our company has excellent technical support.

(A) Comparing
(B) Compares
(C) Compared
(D) Comparison

☀ 이렇게 해결해요!

빈칸이 완전한 구조의 주절 앞에서, 목적어가 아닌 수식어구인 with other company 앞에 등장하고 있으므로 빈칸은 분사구문의 자리임을 알 수 있다. 아울러 빈칸 뒤에 목적어가 아닌 부사구인 with other company가 나와 있는 만큼 빈칸에 는 목적어가 없이 수식어와 함께 쓰일 수 있는 분사 어형인 과거분사가 와야 한다. 따라서 과거분사인 compared가 정답이다.

> **어휘** excellent 우수한, 뛰어난
>
> **해석** 그 업계의 다른 회사와 비교했을 때, 우리 회사는 기술 지원이 뛰어나다.
>
> **정답** (C)

🚩 정답 공식 ❸

선지에 분사가 있고, 문제에 아래의 구조가 등장하면 빈칸은 분사의 자리이다!

1) '부사절 접속사 + <u>현재분사</u> + 목적어, 주어 + 동사 + ~'

2) '부사절 접속사 + <u>과거분사</u> + 수식어구, 주어 + 동사 + ~'

▶ 분사 앞에 부사절 접속사는 본래 생략되는 것이 원칙이지만, 부사절 접속사가 생략되었을 때 분사구문의 내용을 명확하게 이해하기 어려워지는 경우에는 부사절 접속사를 생략하지 않고 그대로 두어 분사구문의 내용 이해를 도모하게 된다. 이때 부

사절 접속사가 포함된 분사구문에서 부사절 접속사로는 시간 부사절 접속사(when, while, after, before)와 조건 부사절 접속사(if, once, unless)가 등장한다. 이 중 when, while, unless의 출제 비중이 높은 편이다.

▶ 어느 경우든 목적어의 유무가 분사 어형을 결정짓는 주요 기준임은 동일하며 또한 토익에서 시간 부사절 접속사는 대개 '현재분사 + 목적어' 구조를 취하며, 반면에 조건 부사절 접속사는 '과거분사 + 수식어구' 구조를 취하는 경향이 있음을 필히 숙지하고 문제를 풀이하도록 한다.

EX 5 When ------- the market analysis report, please remember to include only the important market information.

(A) compiling
(B) compile
(C) compiled
(D) compilation

☀ 이렇게 해결해요!

빈칸이 시간 부사절 접속사인 When과 목적어인 '시장 분석 보고서'란 뜻의 market analysis report라는 복합명사 사이에 나와 있으므로 빈칸에는 목적어를 취할 수 있는 현재분사가 적합하다. 따라서 '작성하는, 집계하는'이란 뜻을 지닌 현재분사 compiling이 정답이다.

어휘 compile 작성하다, 집계하다 **market analysis report** 시장 분석 보고서

해석 시장 분석 보고서를 작성할 때 중요한 시장 정보만 포함시키는 것을 잊지 마세요.

정답 (A)

EX 6 No expert appraisal should be made of my real estate property unless ------- by the real estate transaction law.

(A) require
(B) required
(C) requiring
(D) requirement

☀ 이렇게 해결해요!

빈칸이 조건 부사절 접속사인 unless와 수식어인 전치사구 by the real estate transaction law 사이에 나와 있으므로 빈칸에는 과거분사 형태가 적절하다. 따라서 '요구되는'이란 뜻의 과거분사인 required가 정답이다. 특히 as나 unless 뒤에 과거분사 형태의 어형을 묻는 문제가 자주 제시된다는 특징도 함께 숙지하도록 한다.

어휘 appraisal 평가, 판단 property 부동산, 재산 transaction 거래, 매매, 처리

해석 부동산 거래법에 의하여 요구되지 않는다면, 내 부동산에 대한 전문가의 감정은 불필요하다.

정답 (B)

👊 한 가지만 더!

분사구문에서 부사절 접속사를 묻는 경우도 있다. 분사구문이라 할지라도 경우에 따라서 분사 앞에 부사절 접속사가 제시될 수 있다. 이는 부사절 접속사가 생략되지 않고, 오히려 그 구문의 뜻을 강조하기 위해 간혹 사용되곤 한다. 따라서 토익에서는 선지에 전치사와 부사절 접속사를 제시하고 분사구문 앞에 올바른 품사를 묻는 유형으로 출제된다는 점도 꼭 숙지해 두도록 하자.

EX 7 These experts can help you learn how to prevent injuries ------- improving your performance on the field.

(A) while
(B) by
(C) within
(D) otherwise

☀ 이렇게 해결해요!

빈칸이 V-ing 형태인 improving 앞에 있으므로 자칫 전치사를 고르는 문제로 오인하기 쉽다. 하지만 전치사를 넣었을 때 의미가 부적절하다면 바로 부사절 접속사가 포함된 분사구문과 관련된 문제임을 인식해야 한다. 이러한 부분은 대체로 선지에 while, when, unless 등이 제시된 경우에 더욱 그러하다. 빈칸 앞에 이 전문가들이 당신이 부상을 예방하는 방법을 배우도록 돕는다고 제시되어 있고, 빈칸 뒤에 현장에서 성과를 향상시킨다고 언급되어 있으므로 빈칸에는 동시 상황을 나타내는 부사절 접속사 while이 적합하다.

어휘   prevent 막다, 방해하다   injuries 상처, 부상   performance 실적, 공연, 연주

해석   이 전문가들은 당신이 현장에서의 성과를 향상시키면서 부상을 예방하는 방법을 배우도록 도울 수 있다.

정답   (A)

1. Be considerate of others and turn off your mobile phone ------- watching a movie in our theater.

   (A) although
   (B) while
   (C) however
   (D) from

2. ------- in the heart of the city, our office building offers excellent opportunities to enjoy a magnificent night view.

   (A) Located
   (B) Locating
   (C) Locates
   (D) Have been located

3. Please always use extra caution when ------- bread pans or glass bowls from your microwave oven.

   (A) remove
   (B) removes
   (C) removed
   (D) removing

4. The new car is more efficient and economical than conventional vehicles, ------- that it is powered by electricity and solar energy.

   (A) consider
   (B) considering
   (C) considered
   (D) will consider

5. The analyst said Kamon Pharmaceutical Group increased its global sales by 16 percent, ------- with 5 percent in the same period last year.

   (A) comparing
   (B) compared
   (C) compares
   (D) will compare

▶ 정답 및 해설은 323쪽

접속사

☑️ 출제 경향

절과 절을 연결해 주는 접속사에는 크게 명사절 접속사, 형용사절 접속사, 그리고 부사절 접속사로 나눌 수 있다. 명사절 접속사란 문장에서 주어나 목적어 역할을 하는 명사절을 이끄는 접속사를 말한다. 명사절 접속사의 종류에는 that, what, if, whether, 의문사(who, what, which, how, where, when), 복합관계대명사 (whatever, whoever, whichever) 등이 있지만 토익에서는 whether를 묻는 문제가 압도적으로 많이 출제되고 있다. 또한 소위 관계대명사라 불리는 형용사절 접속사는 특히 who, which, whose, 이렇게 세 가지 접속사를 집중적으로 묻는 경향이 있다. 부사절 접속사는 조건, 이유, 양보, 목적, 시간 등의 다양한 관계로 종속절을 이끄는 역할을 하며, 이 중에서도 특히 조건, 양보, 시간 등을 묻는 부사절 접속사가 많이 등장하는 편이다.

🚩 정답 공식 ①

선지에 명사절 접속사인 whether나 that이 있고, 문제에 아래와 같은 구조가 등장하면 빈칸은 명사절 접속사 whether나 that의 자리이다!

1) 'Whether + 주어 + 동사 + ~ + 단수동사'
2) 'It + be동사 + 과거분사 + that + 주어 + 동사'

▶ 문두에 빈칸이 있고, 바로 다음에 주어와 동사가 연결이 되고, 뒤에 또 다른 동사가 등장한다면 빈칸은 명사절 접속사 자리이다. 접속사 중에서 유일하게 주어의 역할을 할 수 있는 것이 명사절 접속사인데, 말하자면 '명사절 접속사 + 주어 + 동사 + ~' 자체가 문장의 주어 역할을 하며, 그 뒤에 실질적인 문장의 동사가 오는 구조이다. 하지만 이와 달리 whether와 비슷한 의미의 if는 문두에 나올 수 없고 목적어 자리에

만 나올 수 있다는 점도 유의해야 한다. 또한 명사절이 주어 역할을 하여 주어가 길어지게 되면 문두에는 It이란 가주어가 나오고 진주어는 문장 뒤쪽에 놓이게 된다. 이러한 구조의 절은 명사절 접속사 that을 묻는 문제로 출제가 된다.

EX 1 ------- the match will be postponed tomorrow is very important to us.

(A) In case
(B) As
(C) Whether
(D) How

☀ 이렇게 해결해요!

문두에 빈칸이 있고, 주어와 동사가 나온 다음 다시 is라는 be동사가 연결되어 있다. '------- + 주어 + 동사 + ~ + 동사 + ~'의 구조이므로 빈칸에는 명사절 접속사가 들어가야 한다. 따라서 정답은 Whether이다.

어휘 postpone 연기하다

해석 그 시합이 내일로 연기될지는 우리에게 매우 중요한 사항이다.

정답 (C)

EX 2 It is expected ------- the new trade center will be a renowned new landmark for our city.

(A) and
(B) for
(C) that
(D) why

☀ 이렇게 해결해요!

빈칸이 be동사인 is와 과거분사 expected와 진주어인 명사절 the new trade

center will be a renowned new landmark for our city 사이에 나와 있으므로 빈칸에는 명사절 접속사 that이 와야 함을 알 수 있다.

> **어휘** renowned 명성, 유명한
>
> **해석** 새로운 무역센터는 우리 도시의 새로운 유명한 랜드마크가 될 것으로 기대된다.
>
> **정답** (C)

한 가지만 더!

간혹 선지에 명사절 접속사 that과 what이 동시에 등장하여 그 구분이 모호한 경우가 있다. 이럴 때는 that과 what 뒤의 문장 구조를 보고 구분하면 된다. 즉, that 뒤에는 완전한 구조의 절이 오지만, what 뒤에는 불완전한 구조의 절이 와야만 한다. 따라서 that과 what 중에서 정답을 선택해야 하는 문제가 나오면 빈칸 뒤의 구조를 보고 판단하면 된다.

EX 3 Some technically advanced equipment helps scientists predict ------- is going on with the weather.

(A) what
(B) that
(C) nothing
(D) how

이렇게 해결해요!

빈칸 앞에는 타동사가, 그리고 빈칸 뒤에는 주어가 빠진 불완전한 구조의 절이 나오며, 선행사는 등장하지 않고 있다. 선지에는 that과 what이 함께 등장하고 있으므로 둘 중 하나의 접속사가 정답일 가능성이 매우 높다. 따라서 선행사가 없고 주어가 없는 불완전한 구조의 절이 이어지고 있으므로, 빈칸에는 명사절 접속사인 what이 와야 한다. 아울러 that과 how는 완전한 구조의 절과 함께 해야 하므로 이들은 모두 오답으로 소거해야 한다.

어휘   technically 기술적으로   predict 예측하다, 예언하다

해석   기술적으로 발전한 일부 장비는 과학자들이 향후 날씨가 어떻게 될 것인지 예측할 수 있
도록 도움을 준다.

정답   (A)

📕 정답 공식 ❷

**선지에 who, which, whose, that 등이 있고, 문제에 아래와 같은 구조
가 등장하면 빈칸은 who, which, whose, that 등의 자리이다!**

1) '사람 명사 + who / that + 동사 + ~'

2) '사물 명사 + which / that + (주어) + 동사 + ~'

3) '사람 명사 / 사물 명사 + whose + 명사 + ~'

▶ 형용사절 접속사, 특히 관계대명사라 불리는 접속사는 사람 명사나 사물 명사
를 선행 명사로 취하는 특징이 있다. 사람 명사를 선행 명사로 취하는 경우 who,
whom, that이, 사물 명사를 선행 명사로 취하는 경우 which, that이, 사람 명사와
사물 명사를 모두 선행 명사로 취하며 소유 상태를 나타내는 경우 whose가 적절하
다. 선행 명사가 사람 명사이며, 뒤이어 주어와 동사가 등장하면 주격 who, 동사만
등장하면 목적격 whom이 와야 하며, that은 격에 따른 형태의 차이가 없으므로 주
격이든 목적격이든 동일하게 쓰인다. 선행 명사가 사물 명사인 경우에도 격에 따른
접속사 형태의 차이가 없으므로 어느 경우든 which가 온다는 점을 숙지하도록 한다.

EX 4   The board appointed Mr. McGowan, a banking expert -------
joined our bank last year, as new branch manager.

(A) who

(B) which

(C) that

(D) those

🔆 이렇게 해결해요!

빈칸 앞 선행사가 '전문가'란 뜻을 지닌 사람 명사인 expert이며, 빈칸 뒤는 동사인 joined부터 등장하는 불완전한 구조의 절이 등장하고 있다. 따라서 빈칸에는 주격인 형용사절 접속사 who가 와야 한다.

어휘 appoint 지명하다 branch manager 지점장

해석 이사회는 작년에 우리 은행에 입사한 은행 전문가인 McGowan 씨를 새로운 지점장으로 임명했다.

정답 (A)

EX 5 Choi & Kim Inc. will hire a financial expert ------- responsibility is taking good care of accounting for the company.

(A) who
(B) whose
(C) what
(D) that

🔆 이렇게 해결해요!

빈칸 앞에는 선행사인 사람 명사 expert가, 빈칸 뒤에는 명사가 이어지고 있으므로, 빈칸에는 whose가 적절하다. (A)의 who는 선행사로 사람 명사를 취하지만 빈칸 뒤에는 바로 동사가 이어져야 한다. (C)의 what은 선행사를 취하지 않는 접속사이므로 오답이며, (D)의 that은 사람 명사를 선행사로 취할 수 있지만 이 또한 빈칸 뒤에 주어나 동사가 바로 이어서 나와야 하므로 오답이다.

어휘 accounting 회계

해석 Choi & Kim 사는 회사의 회계를 적절하게 관리해 줄 재정 전문가를 채용할 예정이다.

정답 (B)

EX 6 The company, ------- has rapidly been growing for the last five years, hopes to become one of the world's top 10 automobile manufacturers.

(A) why
(B) whose
(C) which
(D) those

☀ 이렇게 해결해요!

빈칸 앞에는 선행사인 사물 명사 company가, 빈칸 뒤에는 주어가 빠진 불완전한 절이 등장하고 있으므로, 빈칸에는 which가 와야 한다. 무엇보다 those는 접속사의 기능을 할 수 없고, whose는 완전한 구조의 절과 함께 쓰이며, why는 사물 명사를 선행사로 취하지 않고 완전한 구조의 절과 함께 나오는 접속사이므로 이들은 모두 오답이다.

어휘   rapidly 빠르게   automobile manufacturer 자동차 제조업자

해석   최근 5년간 급성장하고 있는 이 회사는 세계 10대 자동차 제조업체가 되길 바라고 있다.

정답   (C)

▶ 정답 공식 ③

선지에 부사절 접속사(When, If, Although, As 등)가 있고, 문제에 '------- + 주어 1 + 동사 1 + ~, 주어 2 + 동사 2 + ~'의 구조가 등장하면 빈칸은 부사절 접속사의 자리이다!

▶ 부사절 접속사는 부사 역할을 하지만 접속사의 성질을 가지고 있어 완전한 두 문장을 연결해 준다. 즉, '부사절 접속사 + 주어1 + 동사1 + ~, 주어2 + 동사2 + ~'의 구조이다.

EX 7 ------- Mr. Winston was on the mend, he was not allowed to leave the hospital.

(A) Due to
(B) Although
(C) Unfortunately
(D) However

☀ 이렇게 해결해요!

빈칸이 주절을 수식하는 부사절 앞에 나와 있으므로 빈칸에는 주절과 부사절을 이어 주는 부사절 접속사가 필요하다. 아울러 선지에서 접속사는 유일하게 Although만 제시되고 있으므로 빈칸에는 Although가 적절하다.

> **어휘** on the mend (질병·곤경에서) 회복 중인 be allowed to do ~하도록 허가 받다
>
> **해석** 비록 Winston 씨가 회복 중인 상태였지만, 퇴원이 허락되지 않았다.
>
> **정답** (B)

EX 8 The manufacturing plant stopped operating ------- the company moved to Slovenia.

(A) if
(B) in addition
(C) owing to
(D) when

☀ 이렇게 해결해요!

빈칸이 절과 절 사이에 나와 있으므로 빈칸은 접속사가 필요한 자리임을 알 수 있다. 따라서 일단 정답의 범위는 접속사인 (A)와 (D)로 좁혀진다. 그런데 문맥상 (A)는 어색하므로 (D)를 정답으로 선택할 수 있다.

어휘	operate 가동하다, 작용하다

해석   그 회사가 Slovenia로 이전하면서 그 제조공장은 가동을 중단했다.

정답   (D)

1. Foreigners ------- will be staying for more than one month should have visas for visitors.

   (A) who
   (B) when
   (C) that
   (D) which

2. It is anticipated ------- the new highway will be able to carry many commuters and will reduce traffic congestion by about 15 percent in our city.

   (A) that
   (B) but
   (C) therefore
   (D) what

3. ------- our company will be a leading company will depend on the efficient operation for quality management system.

   (A) If
   (B) Which
   (C) Whether
   (D) For

4. Customers should read our return policy ------- is printed at the bottom of the sales receipt.

   (A) they
   (B) whose
   (C) which
   (D) what

5. The central bank, ------- first priorities are price stability and maximum employment, was established almost seventy years ago.

   (A) their
   (B) whose
   (C) that
   (D) whichever

▶ 정답 및 해설은 324쪽

출제 빈도 **매회 평균 1.01**개

등위접속사 & 상관접속사

☑️ 출제 경향

접속사 중에서 등위접속사, 즉 and, but, or, yet, for, nor, so를 통한 병렬 또는 병치 구조의 문제와 등위접속사를 활용한 상관접속사, 즉, either A or B, both A and B, neither A nor B, not A but B, not only A but also B, between A and B 등은 요령만 잘 숙지해 놓는다면 해석 없이도 직관적으로 정답을 고를 수 있는 대표적인 유형이다.

🚩 정답 공식 ①

> **선지에 등위접속사인 and나 but이 있고, 문제에 각각 '긍정 표현 + ------- + 긍정 표현'이나 '긍정 표현 + ------- + 부정 표현'이 등장하면 빈칸은 and나 but의 자리이다!**

▶ 등위접속사는 기본적으로 병렬[병치] 구조를 지향하므로 등위접속사를 사이에 두고 '단어 + 등위접속사 + 단어', '구 + 등위접속사 + 구', '절 + 등위접속사 + 절'의 구조를 취하게 된다. 아울러 단어와 단어를 대등하게 이어줄 때는 두 단어들의 품사가 동일해야 한다. 등위접속사 중에서는 주로 and, but, or가 정답으로 제시되는 경향이 있음을 필히 알아두도록 한다.

✊ 한 가지만 더!

그러나 모든 등위접속사가 그러한 구조를 취하는 것이 아니라 and(그리고), but(그러나), or(또는), yet(그러나)만 그러하며, for(~이기 때문에), nor(~와 …과 모두 아닌), so(그러므로)의 경우, 단어와 구는 대등하게 이어줄 수 없고, 오직 절과 절만을 대등하게 연결하는, 즉, '절 + 등위접속사 + 절'이란 구조만을 구성하는 것이 가능하다. 특히 nor의 경우 양자 부정을 뜻하므로 긍정문이 아닌 부정문이 그 앞에 와야 한다.

- **There is no telling** how much it will cost **nor** how long it will take to complete the construction of a new bridge. 새로운 교량을 완공하는데 비용이 얼마나 소요될 것인지 그리고 기간이 얼마나 걸릴 것인지는 알려진 바 없다.

EX 1 In recent years, some Asian countries have seen economic growth ------- political stability.

(A) and
(B) for
(C) so
(D) but

☀️ 이렇게 해결해요!

빈칸을 전후하여 긍정적 의미의 명사구인 economic growth와 political stability 가 대등하게 연결되어 있으므로, 빈칸에는 and가 와야 한다. 아울러 for와 so는 절 과 절만을 대등하게 연결해 주며, but은 역접 관계를 뜻하는 등위접속사이므로 이들 은 모두 오답으로 소거해야 한다.

어휘 stability 안정(성)

해석 최근 몇 년간, 몇몇 아시아의 국가들은 경제 성장과 정치적 안정을 이뤄냈다.

정답 (A)

EX 2 The membership fee covers all training fees, ------- not costs for a couple of gym suits and towels.

(A) so
(B) but
(C) likewise
(D) nor

☀ 이렇게 해결해요!

빈칸을 전후하여 training fees란 명사와 costs란 명사가 서로 대등하게 연결되어 있으므로 빈칸에는 등위접속사가 필요하다. 또한 빈칸 뒤에 not이란 부정 표현이 제시되었으므로 빈칸에는 역접 관계의 등위접속사인 but이 와야 한다.

어휘 cover 포함하다 a couple of 둘의, 몇 개의 gym suit 운동복, 체육복

해석 회원비에는 모든 교육비들이 포함되지만 2벌의 운동복들과 수건들에 대한 비용은 포함되지 않는다.

정답 (B)

▌◀ 정답 공식 ❷

선지에 등위접속사인 or가 있고, 문제에 '선택 동사(choose / select) + 단어 + ------- + 단어'나 '시점 / 기간 / 장소 + ------- + 시점 / 기간 / 장소'의 구조가 등장하면 빈칸은 등위접속사 or의 자리이다!

▶ 등위접속사 중에서 and, but과 함께 자주 출제되는 등위접속사는 바로 or이다. 특히 선택을 요청하는 동사인 choose나 select 또는 두 가지의 선택 사항 중 한 가지를 선택해야 하는 상황에서 쓰이며, 두 가지 선택 사항으로는 구체적인 시점이나 시기 또는 장소가 언급되는 경우가 많다.

EX 3 You'll have to choose between a business trip to London ------- a quarterly board meeting.

(A) both
(B) and
(C) or
(D) yet

☀️ 이렇게 해결해요!

빈칸 앞에 동사는 선택한다는 뜻을 지닌 choose가 나와 있으며, 빈칸을 전후하여 a business trip to London과 a quarterly board meeting이라는 두 개의 명사가 대등하게 연결되고 있으므로 빈칸에는 or라는 등위접속사가 와야 한다.

> **어휘**   quarterly 분기별의; 계간지
>
> **해석**   당신은 London 출장이나 분기별 이사회 중 하나를 선택해야 할 것입니다.
>
> **정답**   (C)

EX 4   Some city officials said that it will take about three ------- four years to build a new international airport.

(A) but
(B) or
(C) over
(D) next

☀️ 이렇게 해결해요!

빈칸 전후에 three와 four years, 즉, 두 개의 기간이 대등하게 연결되어 있으므로 빈칸에는 등위접속사가 필요하다. 따라서 3년 혹은 4년이란 기간을 언급할 수 있는 or가 정답이다.

> **어휘**   official 공무원
>
> **해석**   몇몇 시 공무원들은 새로운 국제 공항을 건설하는데 대략 3년이나 4년 정도가 소요될 것이라 말했다.
>
> **정답**   (B)

🚩 정답 공식 ❸

선지에 either나 or가 있고, 문제에 각각 '------- + A + or + B' 또는 'either + A + ------- + B'의 구조가 등장하면 빈칸은 either나 or의 자리이다!

▶ either A or B는 짝을 이루는 상관접속사이므로 문제에 위와 같은 구조가 제시되면 우선 상관접속사 문제로 판단해야 한다.

EX 5 The company will relocate its headquarter to ------- San Francisco or Boston to lower its corporate tax rate.

(A) both
(B) between
(C) whether
(D) either

🔆 이렇게 해결해요!

빈칸 뒤에 or가 나와 있으므로 빈칸에는 or와 함께 쓰여 상관접속사를 구성할 수 있는 either가 와야 한다.

> **어휘** relocate 이전하다, 이동하다   corporate tax rate 법인세율
>
> **해석** 그 회사는 법인세율을 낮추기 위해서 본사를 San Francisco나 Boston으로 이전할 것이다.
>
> **정답** (D)

🏴 정답 공식 ④

선지에 neither나 nor가 있고, 각각 '------- + A + nor + B' 또는 'neither + A + ------- + B'의 구조가 등장하면 각각 neither와 nor가 정답이다!

▶ neither A nor B는 짝을 이루는 상관접속사이므로 문제에 위와 같은 구조가 제시되면 우선 상관접속사 문제로 판단해야 한다.

EX 6 People use some energy sources such as atomic energy and coal-fired energy, which are ------- clean nor green.

(A) with
(B) both
(C) neither
(D) as well as

☀ 이렇게 해결해요!

빈칸 뒤에 clean nor green이 나와 있으므로 빈칸에는 nor와 함께 쓰여 상관접속사를 구성할 수 있는 neither가 와야 한다.

> **어휘** atomic energy 원자력 에너지 coal-fired energy 화력 에너지
>
> **해석** 사람들은 원자력 에너지와 화력 에너지와 같은 일부 에너지원을 사용하고 있는데, 이는 깨끗하지도 친환경적이지도 않다.
>
> **정답** (C)

정답 공식 ⑤

선지에 both나 and가 있고, 문제에 각각 '------- + A + and + B' 또는 'both + A + ------- + B'의 구조가 등장하면 빈칸에는 both나 and가 정답이다!

▶ both A and B는 짝을 이루는 상관접속사이므로 문제에 위와 같은 구조가 제시되면 우선 상관접속사 문제로 판단해야 한다.

EX 7 According to the article, the new musical show will be played in ------- Korean and English.

(A) both
(B) either
(C) between
(D) yet

☀ 이렇게 해결해요!

빈칸 뒤에는 Korean and English가 나와 있으므로 빈칸에는 and와 함께 쓰여 등위 상관접속사를 구성할 수 있는 both가 와야 한다.

어휘 article 기사

해석 그 기사에 따르면, 새로운 뮤지컬 공연은 한국어와 영어, 2개 국어로 진행될 것이다.

정답 (A)

선지에 not only나 but (also)가 있고, 문제에 각각 '------- + A + but (also) + B' 또는 'not only + A + ------- + B'의 구조가 등장하면 빈칸에는 not only나 but (also)가 정답이다!

▶ not only A but (also) B는 짝을 이루는 상관접속사이므로 문제에 위와 같은 구조가 제시되면 우선 상관접속사 문제로 판단해야 한다. also는 생략이 가능하다는 점에 유의한다.

EX 8 Our new energy drinks are very tasty and nutritious for ------- patients but also healthy people.

(A) both
(B) not only
(C) even
(D) whether

☀ 이렇게 해결해요!

빈칸 뒤에 patients but also healthy people이 나와 있으므로 빈칸에는 but also 와 함께 쓰여 등위 상관접속사를 구성할 수 있는 not only가 와야 한다.

어휘	tasty 맛있는 nutritious 영양이 풍부한
해석	우리의 새로운 에너지 음료는 환자들뿐만 아니라 건강한 사람들에게도 매우 맛있으며 영양이 풍부하다.
정답	(B)

앞서 배운 스킬을 사용하여 최대한 신속하고 효율적으로 문제를 풀이하자.

1. Please be aware that flight tickets and accommodations are included in the new tour package, ------- meals are not.

   (A) but
   (B) so
   (C) and
   (D) likewise

2. In order to make a new atmosphere, some hotel employees will redecorate their suites for the upcoming weeks ------- months.

   (A) and
   (B) yet
   (C) nor
   (D) or

3. At international electronics fairs, many companies showcase their new products ------- exchange information.

   (A) and
   (B) nor
   (C) but
   (D) for

4. Bella Cosmetics has branches in Shanghai and Busan to provide online ordering for both domestic ------- international customers.

   (A) or
   (B) and
   (C) even
   (D) as well as

5. The new catalogue will ------- be e-mailed or faxed to our regular customers and potential customers on a regular basis.

   (A) not only
   (B) either
   (C) whether
   (D) both

▶ 정답 및 해설은 325쪽

17강

함께 짝지어 다니는 접속사

출제 빈도 매회 평균 0.35개

✔ 출제 경향

접속사 중에는 특수한 문장 구조와 결합하여 독특한 형태의 의미를 나타내는 접속사들이 있다. 대표적인 것이 바로 whether (or not)이나 so ~ that 등이다. 출제 비중이 그리 높지는 않지만 그 형태가 단조로우므로 만약 이러한 형태의 구조가 등장한다면 곧바로 정답을 찍을 수 있도록 훈련해 두어야 한다.

🚩 정답 공식 ❶

> 선지에 whether 또는 how, what 등이 있고, 문제에 '------- (+ or not) + to부정사'의 구조가 등장하면 빈칸은 whether, how, what 등의 자리이다!

▶ 접속사 why와 if를 제외하고 who, whom, which, what, when, where, how, whether는 뒤이어 등장하는 '주어 + should + 동사원형' 형태의 절을 간단하게 to부정사 형태로 압축하여 표현하는 것이 가능하며, 주로 동사 뒤에서 목적어 역할을 하는 용례와 관련된 문제가 출제되고 있다. 그러므로 '------- (+ or not) + to부정사' 구조가 제시되는 경우 빈칸에는 위에서 언급된 접속사들이 와야 한다. 그 중 whether/how/what의 출제 비중이 상당히 높다고 할 수 있다.

EX 1 The board will ultimately decide ------- to provide free lunch to employees in the factory.

(A) both
(B) with respect
(C) whether or not
(D) in addition

☀ 이렇게 해결해요!

빈칸 뒤에 to부정사인 to provide가 나와 있으므로 선지 중에 빈칸에 적합한 것은 whether or not밖에 없다. 아울러 '~에 대한, ~에 관한'이란 뜻의 with respect to, 그리고 '추가적인, 덧붙여'란 뜻의 in addition to는 모두 전치사이므로 to 이후에 동사원형이 아니라 명사 혹은 동명사가 적합하다는 점에 주의해야 한다. 간단한 원리만 알고 있으면 쉽게 풀리지만 원리를 모른다면 한없이 어렵게 느껴지는 대표적인 유형이므로 꼭 관련 구문들을 익혀두도록 한다.

어휘 ultimately 최종적으로, 궁극적으로

해석 이사회에서는 최종적으로 공장의 직원들에게 무료 점심 식사를 제공할 것인지 여부를 결정할 것이다.

정답 (C)

EX 2 The company hasn't decided yet ------- to handle the problem.

(A) in addition to
(B) how
(C) that
(D) if

☀ 이렇게 해결해요!

빈칸 뒤에 to부정사인 to handle이 나와 있으므로 선지 중에 빈칸에 적합한 것은 how밖에 없다. how는 to부정사와 결합하여 '~하는 방법'이라는 뜻을 나타낼 수 있다. 아울러 (A)의 in addition to는 전치사이므로 to 이후에 명사 혹은 동명사가 적합

하며, that은 명사절 접속사 혹은 관계대명사로 쓰여 그 뒤에 절로 연결이 되어야 한다. 또한 if도 명사절 접속사나 조건 부사절 접속사로 쓰이므로 그 뒤에 절과 연결이 되어야 한다.

어휘   handle 취급하다, 다루다

해석   회사는 아직 그 문제를 어떻게 다룰 것인지 결정하지 못했다.

정답   (B)

🚩 정답 공식 ❷

선지에 so that이 있고, 문제에 '------- + 주어 + can / may + 동사원형'의 구조가 등장하면 빈칸은 so that의 자리이다!

▶ 아울러 'so that + 주어 + can/may + 동사원형' 표현은 목적이나 의도를 뜻하는 부사절 접속사이며, 유사 표현에는 'in order that + 주어 + can/may + 동사원형'이 있다. 문제에서 '------- + 주어 + can/may + 동사원형'의 구조로 출제가 되어 주로 so that을 묻지만 뒤이은 조동사(can/may) 자리에 빈칸을 두고 알맞은 조동사를 묻는 경향도 있으니 이 구문 자체를 통째로 숙지해 두어야 한다.

> **EX 3** The city will create a safe environment for tourists ------- they can enjoy shopping pleasantly.
>
> (A) while
> (B) so that
> (C) as if
> (D) but also

☀️ 이렇게 해결해요!

빈칸이 절과 절 사이에 나와 있으므로, 접속사의 자리임을 알 수 있으며, 또한 빈칸 뒤에 조동사 can이 등장하고 있으므로 빈칸에는 목적이나 의도의 뜻을 지닌 부사절 접속사 so that이 와야 한다는 사실을 파악할 수 있다.

> **어휘**   create 창조하다   enjoy -ing ~하는 것을 즐기다
>
> **해석**   그 도시는 관광객들이 즐겁게 쇼핑을 할 수 있도록 안전한 환경을 조성할 것이다.
>
> **정답**   (B)

EX 4   The guest speaker should speak a little louder ------- we can hear him.

    (A) not only

    (B) but

    (C) so that

    (D) either

☀️ 이렇게 해결해요!

빈칸이 절과 절 사이에 나와 있으므로, 접속사의 자리임을 알 수 있으며, 또한 빈칸 뒤에 조동사 can이 등장하고 있으므로 빈칸에는 목적이나 의도의 뜻을 지닌 부사절 접속사 so that이 와야 한다는 사실을 파악할 수 있다.

> **어휘**   guest 손님   louder 더 큰
>
> **해석**   초청 연사는 우리가 그의 연설 내용을 제대로 들을 수 있도록 더 크게 말해야 한다.
>
> **정답**   (C)

🚩 정답 공식 ❸

선지에 that이 있고, 문제에 'so + 형용사 / 부사 + ------- + 주어 + 동사'의 구조가 등장하면 빈칸은 that의 자리이다!

▶ 'so + 형용사/부사 + that + 주어 + 동사 + ~'은 결과를 뜻하는 부사절 접속사로, 문제에서 'so + 형용사/부사 + ------- + 주어 + 동사 + ~' 구조로 출제가 되어 주로 that을 묻는 경우가 많이 등장한다. 'so ~ that ---'을 '너무 ~하므로 ---하다'의 관용적인 표현으로 숙지해 두도록 하자.

EX 5 The new office desk is so heavy ------- it needs three people to carry it.

(A) too
(B) that
(C) what
(D) if

☀ 이렇게 해결해요!

빈칸 앞에 'so + 형용사'가 연결되었으므로 so ~ that 구문임을 간파해야 한다. 따라서 정답은 (B)이다. 이런 유형의 문제는 나오자마자 해석할 필요도 없이 3초 이내에 정답을 찍고 넘어가야 상대적으로 다른 문제에 할애할 시간을 많이 확보할 수 있게 된다.

어휘   heavy 무거운 carry 옮기다, 이동하다

해석   그 새 사무용 책상은 너무 무거워서 옮기려면 세 사람이 필요하다.

정답   (B)

EX 6 Ms. Witherspoon gave me compliments so sincerely ------- I thanked her very much after the meeting.

(A) as to
(B) what
(C) can
(D) that

☀ 이렇게 해결해요!

빈칸 앞에 'so + 부사'의 형태가 나왔으므로 so ~ that 구문임을 간파해야 한다. 따라서 정답은 (D)이다.

> **어휘** compliment 칭찬; 칭찬하다 sincerely 진심으로
>
> **해석** Witherspoon 씨가 진실하게 나를 칭찬해서 나는 회의가 끝난 후 그녀에게 큰 감사의 인사를 건넸다.
>
> **정답** (D)

✌ 한 가지만 더!

'so + ------- + that + 주어 + 동사 + ~' 구조로 출제되어 빈칸에 형용사 어형 혹은 부사 어형 중 어떠한 어형이 적합한지 택일할 것을 묻는 문제의 출제 빈도 또한 높다는 점을 알아두어야 한다. so ~ that 앞의 동사가 be, become이라면 so 뒤에는 형용사, 일반동사라면 so 뒤에는 부사가 와야 한다.

EX 7 The new municipal museum is so ------- that many visitors come to it on weekdays.

(A) popularity
(B) populous
(C) popular
(D) popularly

☀ 이렇게 해결해요!

빈칸이 so와 that절 사이에 나와 있으므로 빈칸에는 형용사 혹은 부사 어형 중 한 가지 어형을 선택해야 한다. 만약 so 뒤에 형용사와 부사 중 무엇을 선택해야 할지 묻는다면 문제를 빠르고 수월하게 풀이할 수 있는 단서는 바로 so 앞에 위치한 동사에 있다. 이 동사가 형용사 보어를 요하는 동사인 be, become이라면 so 뒤에는 보어 역할을 하는 형용사가 와야 하며, 일반동사인 경우에는 so 뒤에 동사를 수식하는 부사가 와야 한다. 빈칸에 앞서 형용사를 주격 보어로 취하는 be동사인 is가 등장하고

있으므로 빈칸에는 형용사인 '유명한, 인기가 많은'이란 뜻의 popular가 와야 한다.

어휘　municipal 도시의 populous 인구가 많은

해석　새로운 시립 박물관은 너무 인기가 좋아서 많은 방문객들이 주중에 그곳을 방문한다.

정답　(C)

CHECK-UP TEST

앞서 배운 스킬을 사용하여 최대한 신속하고 효율적으로 문제를 풀이하자.

1. The market analysis data was so
   valuable ------- Ms. Susan Kang,
   our head analyst, was given a
   special bonus.

   (A) such as
   (B) that
   (C) therefore
   (D) which

2. The board members have not
   reached an agreement on ------- to
   enter the American market.

   (A) in case
   (B) while
   (C) whether
   (D) in addition

3. The packaging ------- most
   manufacturers currently use to ship
   their products to their customers
   will certainly fill up landfills.

   (A) what
   (B) which
   (C) as if
   (D) that

4. We would like to arrange a meeting
   tomorrow ------- we may discuss
   the sales strategies of our new
   products in China.

   (A) so that
   (B) as if
   (C) such as
   (D) after

5. ------- the beef consumption
   increases, some farming
   companies need more farmlands
   to raise more cows.

   (A) If
   (B) Despite
   (C) That
   (D) Regardless of

▶ 정답 및 해설은 326쪽

18강

비교 구문

☑ 출제 경향

비교 구문은 원급보다는 비교급과 최상급이 집중적으로 출제가 되고 있다. 따라서 비교 구문은 비교급 및 최상급 관련 빈출 문제 유형을 중심으로 시험에 대비하는 것이 현명하다. 원급, 비교급, 최상급을 나타내는 주요 표현들만 몇 가지 익혀놓으면 쉽게 해결이 가능한 유형이므로 이들 유형을 꼭 숙지해 두어야 한다.

▶ 정답 공식 ①

선지에 형용사의 최상급이 있고, 문제에 'the / 소유격 + ------ + 명사 + ~ + in / of / among ~'의 구조가 등장하면 빈칸은 최상급 형용사의 자리이다!

▶ 최상급 형용사는 셋 이상 비교 대상 중에 가장 돋보이는 대상을 묘사하며, 그 앞에는 정관사 또는 소유격 대명사가 나오게 된다. 따라서 선지에 형용사나 부사의 원급, 비교급, 최상급 어형 등이 제시된 상태에서 이러한 구조의 문제가 등장하면 무조건 최상급 형태를 정답으로 선택해야 한다. 아울러 in/of/among 등으로 연결되는 전치사구 또한 빈칸에 최상급 형태의 형용사가 와야 함을 알려주는 단서라는 점도 숙지하도록 한다.

EX 1 The expert said the exhibition is one of the ------- fairs for the computer industry in the world.

(A) prominent
(B) most prominent
(C) prominently
(D) more prominently

☀ 이렇게 해결해요!

빈칸 앞에 정관사(the)가 나와 있고, 그 뒤에는 fairs라는 명사가 등장하고 있으므로 빈칸에는 최상급 형용사인 most prominent가 와야 한다. 또한 in the world라는 전치사구도 빈칸에 최상급 형용사가 나와야 함을 알려주는 단서임을 알 수 있다.

어휘	expert 전문가 exhibition 전시, 전시회 prominent 뛰어난, 유명한
해석	그 전문가는 그 전시회가 전 세계 컴퓨터 산업에 관한 가장 유명한 박람회 중 하나라고 언급했다.
정답	(B)

EX 2 Among the applicants, Ms. Witherspoon is the ------- one for our head accountant position.

(A) qualified
(B) more qualified
(C) most qualified
(D) qualification

☀ 이렇게 해결해요!

빈칸 앞에 정관사(the)가 나와 있고, 그 뒤에는 앞서 언급된 applicant를 받는 대명사인 one이 등장하고 있으므로 빈칸에는 최상급 형용사인 most qualified가 와야 함을 알 수 있다. 또한 셋 이상의 지원자들을 의미하는 among the applicants란 전치사구가 빈칸에 최상급 형용사가 나와야 함을 알려주고 있다.

어휘   applicant 지원자, 신청자

해석   지원자들 중에서, Witherspoon 씨가 우리 수석 회계사직에 가장 적격이다.

정답   (C)

정답 공식 ➋

선지에 than이나 비교급 형태의 형용사나 부사가 있고, 문제에 아래의 구조가 등장하면 빈칸은 than이나 비교급 형태의 형용사나 부사의 자리이다!

1) '비교급 + <u>than</u> + 비교 대상'

2) 'be / become + <u>형용사</u> + than + 비교 대상'

3) '일반동사 + <u>부사</u> + than + 비교 대상'

▶ 비교급 전치사 than은 그 앞에 -er나 more로 이어지는 비교급 형태의 형용사와 함께 쓰인다. 또한 비교급에서 be나 become 다음에는 형용사, 일반동사 다음에는 부사가 온다는 사실도 꼭 기억해야 한다. 아울러 be동사와 expected/anticipated/thought와 같은 과거분사 형태의 어휘 사이에 빈칸이 있으면 비교급 형태가 나온다는 사실도 꼭 숙지하도록 하자.

EX 3 The chief executive officer needs to choose a location for the new factory ------- than he did last time.

(A) careful
(B) more careful
(C) more carefully
(D) most carefully

☀ 이렇게 해결해요!

빈칸이 than 앞에 나와 있으며, 빈칸 앞에 be/become이란 동사가 아닌 choose란 일반동사가 등장하고 있으므로 빈칸에는 부사의 비교급 형태인 more carefully가 와야 한다.

어휘 chief executive officer 최고 경영자 location 위치, 부지

해석 최고 경영자는 이전보다 더욱 신중하게 새로운 공장 부지를 선택해야 할 필요가 있다.

정답 (C)

EX 4 Our house lawyer is ------- about foreign business laws and court cases than others in rival companies.

(A) knowingly
(B) knowledgeable
(C) most knowledgeable
(D) more knowledgeable

☀ 이렇게 해결해요!

빈칸이 than 앞에 나와 있으며, 빈칸 앞에는 be동사인 is가 등장하고 있으므로 빈칸에는 형용사인 knowledgeable의 비교급 형태인 more knowledgeable이 와야 한다.

어휘 lawyer 변호사, 법률가 court case 소송 판례

해석 우리 사내 변호사는 경쟁사의 사내 변호사들보다 외국 상법과 소송 판례들에 관해 더 박식하다.

정답 (D)

EX 5 According to the financial statement, our company's revenue for this year's third quarter was far greater than -------.

(A) expect

(B) expectation

(C) expected

(D) expecting

✺ 이렇게 해결해요!

빈칸이 비교급 전치사 than 뒤에 나와 있고, expect의 적절한 어형을 묻고 있으므로 빈칸에는 expected란 과거분사 형태가 와서 예상된 것보다 수익이 더 많다는 문맥을 구성할 수 있도록 해야 한다. 아울러 be동사와 than 다음에 expected/anticipated/thought과 같은 과거분사 형태가 나와서 비교급을 형성한다는 점을 숙지해 두어야 한다.

어휘   financial statement 재무제표   revenue 수익, 수입

해석   재무제표에 따르면, 우리 회사의 올 3분기 수익은 예상된 것보다 훨씬 더 많았다.

정답   (C)

🚩 정답 공식 ❸

선지에 비교급 수식부사 a lot, much, even, far, still 등이 있고, 문제에 아래의 구조가 등장하면 빈칸은 비교급 수식부사의 자리이다!

1) 'very / so / quite + 형용사 또는 부사'

2) 'much / far / even / still / a lot + 비교급 형용사 또는 비교급 부사'

3) 'even / the single + 최상급'

▶ 형용사나 부사의 원급을 수식하는 부사와 비교급을 수식하는 부사가 서로 다르다. 형용사나 부사의 원급은 '매우, 몹시'에 해당되는 의미를 지닌 부사들이 수식한다. 형용사나 부사의 원급을 수식하는 대표적인 부사로는 very, so, quite 등이 있다.

▶ 형용사나 부사의 비교급은 '더 ~한 상태'이기 때문에 '매우, 몹시'가 아닌 '훨씬'이란 의미를 지니거나 이와 유사한 의미의 부사가 수식해야 한다. 대표적인 비교급 수식 부사로서는 much, far, even, still, a lot 등이 있다. 형용사나 부사의 비교급 수식 부사를 묻는 문제의 출제 빈도는 매우 높으며, 이 중 토익에서는 주로 much, even, far 등을 중점적으로 묻는 경향이 있음을 함께 알아두도록 한다. 아울러 비교급 수식 부사가 나온 이후 빈칸에는 비교급 형태의 형용사나 부사가 와야 한다.

▶ 최상급 강조 표현에 관한 문제는 출제 빈도가 지극히 낮고, 간간히 even이나 the single 정도가 출제되는 수준이므로 이 정도만 익혀두어도 충분하며, 무엇보다 원급/비교급 수식 가능 부사들의 종류를 중심으로 숙지하는 것이 바람직하다.

EX 6 A variety of incentives to foreign investors will help our domestic companies be ------- more productive.

(A) much
(B) many
(C) very
(D) hardly

☀ 이렇게 해결해요!

빈칸 뒤에는 more productive라는 비교급 형태의 형용사가 나와 있으므로 빈칸에는 비교급 형태의 형용사를 수식할 수 있는 부사가 와야 한다. 따라서 much가 정답이다.

어휘	a variety of 다양한 ~ incentive 장려책, 우대책 investor 투자자 domestic 국내의 productive 생산적인
해석	해외 투자가들을 유치할 수 있는 다양한 장려책들은 국내 기업들이 훨씬 더 생산적일 수 있도록 도움을 줄 것이다.
정답	(A)

EX 7 Budget estimates must be written ------- more clearly to avoid costly errors in the future.

(A) even
(B) many
(C) very
(D) quite

☀ 이렇게 해결해요!

빈칸이 비교급 형태의 부사인 more clearly 앞에 나와 있으므로 빈칸에는 비교급 형용사나 비교급 부사를 수식할 수 있는 부사가 필요하다. 따라서 even이 정답이다.

어휘	budget estimates 예산 추정액 costly 많은 돈이 드는, 대가가 큰
해석	예산 추정액은 향후에 손실이 막대한 오류를 피하기 위해 훨씬 더 명확하게 작성되어야만 한다.
정답	(A)

📕 정답 공식 ❹

선지에 형용사나 부사가 있고, 문제에 아래의 구조가 등장하면 빈칸은 형용사나 부사의 자리이다!

1) '주어 + be동사 + as + ------- + as + ~'
2) '주어 + 자동사(타동사 + 목적어) + as + ------- + as + ~'

▶ as ~ as 동등비교 구문은 두 개의 비교 대상이 서로 대등한 상태임을 표현한다. as와 as 사이에는 형용사 또는 부사가 나올 수 있으므로 토익에서는 이때 형용사와 부사 중에서 무엇을 선택할 것인지 묻는 문제가 자주 출제되고 있다.

▶ 형용사와 부사 중에서 선택할 때 기준점은 'as + ------- + as' 앞에 나오는 동사가 된다. 이때 동사는 정동사나 준동사의 여부를 가릴 필요는 없다. 즉, 어떠한 형태의 동사든 'as + ------- + as'의 앞에 나오는 첫 번째 동사가 기준이라는 것이다. 이 동사가 be/become/remain이라면 빈칸에는 형용사가, 그 외의 동사가 등장한다면 빈칸에는 부사가 나와야 한다.

EX 8 Retaining loyal clients is as ------- as trying continuously to attract new clients.

(A) important
(B) importance
(C) more important
(D) importantly

🔆 이렇게 해결해요!

빈칸이 as와 as 사이에 나와 있고, 빈칸 앞에는 be동사인 is가 등장하고 있으므로 빈칸에는 형용사가 와야 함을 알 수 있다. 그러므로 정답은 important이다.

어휘 retain 유지하다, 보유하다, 간직하다 continuously 지속적으로, 꾸준히 attract 이끌다, 유혹하다

해석 단골 고객을 유지하는 것은 신규 고객을 유치하려 지속적으로 노력하는 것만큼 중요하다.

정답 (A)

EX 9 We will send you the requested sample product as ------- as possible.

(A) quick
(B) quickly
(C) more quick
(D) most quickly

☀ 이렇게 해결해요!

빈칸이 as와 as 사이에 나와 있으므로, 원급과 관련된 구문이다. 그런데 as ~ as 앞의 동사가 be동사나 become 동사이면 as ~ as 사이에 형용사가, 그 밖의 동사이면 as ~ as 사이에 부사가 와야 하므로 정답은 (B)이다.

어휘	requested 요청된 as ~ as possible 가능한 한 ~하게
해석	요청하신 샘플 상품을 가능한 한 빨리 고객님께 보내드리겠습니다.
정답	(B)

🚩 정답 공식 ❺

선지에 as, as many, as much가 있고, 문제에 아래의 구조가 등장하면 빈칸은 as, as many, as much의 자리이다!

1) 'as + 형용사/부사 + as + ~'

2) 'as many + 가산 복수명사 + 수식어 + as + ~'

3) 'as much + 불가산명사 + 수식어 + as + ~'

▶ 토익에서는 동등비교 구문과 관련하여 as와 함께 동등비교 구문을 구성하는 또 다른 as를 묻거나 as 뒤에 가산 복수명사나 불가산명사와 함께 쓰이는 many 또는 much라는 수량사를 묻는 문제도 출제될 수 있다.

- Our new bus has almost **as many** seats **as** an ordinary subway car with 55 seats. 우리의 새로운 버스는 55개의 좌석을 지닌 일반 지하철 차량만큼 많은 좌석들을 보유하고 있다.

EX 10 The old parts in the delivery truck should be replaced ------- quickly as possible.

    (A) as
    (B) one
    (C) many
    (D) such

☀ 이렇게 해결해요!

빈칸이 quickly as 앞에 나와 있으므로, 빈칸에는 as ~ as 비교 구문의 형태를 구성할 수 있도록 as가 와야 한다.

> **어휘**   replace 대체하다, 대신하다   as ~ as possible 가능한 ~한[~하게]
>
> **해석**   배송 트럭에 있는 오래된 부품들은 가능한 빨리 교체되어야 한다.
>
> **정답**   (A)

EX 11 Surprisingly, Bella Motors manufactures ------- cars as General Auto and Haru Motors put together.

    (A) most of
    (B) many
    (C) as many
    (D) more than

☀ 이렇게 해결해요!

빈칸이 가산 복수명사와 as 앞에 나와 있으므로, 빈칸에는 as many가 와야 한다. 이때 가산 복수명사가 등장하면 as many를, 불가산명사가 등장하면 as much를 선택해야 한다.

어휘   surprisingly 놀랍게도

어휘   surprisingly 놀랍게도

해석   놀랍게도 Bella Motors 사는 General Auto 사와 Haru Motors 사의 자동차 생산량을 합친 것만큼 많은 자동차를 제조하고 있다.

정답   (C)

EX 12   Mr. Watson wants to start his own company, so he is saving up ------- money as possible.

(A) as many
(B) as much
(C) much
(D) a lot of

☀️ 이렇게 해결해요!

빈칸 뒤에 as possible이라는 표현을 통해 원급 비교 구문임을 알 수 있다. 그런데 빈칸이 불가산명사와 as 앞에 나와 있으므로, 빈칸에는 as much가 와야 한다.

어휘   save up 모으다, 저축하다

해석   Watson 씨는 창업을 원하기 때문에 최대한 많은 돈을 저축하고 있다.

정답   (B)

1. Water is the ------- most important natural resource people should preserve to survive on this earth.

(A) something
(B) much
(C) single
(D) very

2. In a few cities, there is no upper speed limit to allow people to travel as ------- as possible.

(A) efficient
(B) more efficient
(C) efficiently
(D) more efficiently

3. The deregulation of the market for electricity supply has been ------- effective than anticipated.

(A) most
(B) as
(C) much
(D) less

4. According to the report, 'The Snow Princess' is the ------- cosmetics item in the local market.

(A) expensive
(B) more expensive
(C) expensively
(D) most expensive

5. Due to the global economic slowdown, many local businesses failed to provide ------- job opportunities for college graduates as possible.

(A) as many
(B) much
(C) the most
(D) so many

▶ 정답 및 해설은 327쪽

19강 재귀대명사

✅ 출제 경향

재귀대명사와 관련된 유형에서는 목적어로 쓰이는 용례와 완전한 절과 함께 강조어로 쓰이는 용례, 그리고 재귀대명사 관용 표현에 대해서 묻는 문제가 골고루 출제되고 있다. 따라서 재귀대명사의 정확한 용도를 숙지하는데 집중하며, 재귀대명사의 일부 관용 표현까지 학습하여 재귀대명사 관련 문제를 풀이하는데 큰 어려움이 없게끔 대비하도록 한다.

🚩 정답 공식 ❶

선택지에 재귀대명사가 있고, 문제에서 아래의 구조가 등장하면 빈칸은 강조어 역할을 하는 재귀대명사의 자리이다!

1) '완전한 구조의 절 + -------'

2) 'to부정사(타동사) + 목적어 + -------'

▶ 완전한 구조의 절 뒤에는 대개 수식어인 부사가 붙는다. 그런데 대명사 중에서 유일하게 완전한 구조의 절과 함께 쓰이며, 부사 같은 수식어 역할을 하는 것이 있는데, 그것은 바로 재귀대명사이다. 이를 재귀대명사의 강조 용법(부사적 용례)이라고 하며, 이 경우 수식어 역할을 하는 관계로 생략도 가능하다.

재귀대명사의 종류

단수		복수	
주격 대명사	재귀대명사	주격 대명사	재귀대명사
I 나는	myself 나 자신	we 우리는	ourselves 우리 자신
you 당신은	yourself 당신 자신	you 당신들은	yourselves 당신들 자신
he 그는	himself 그 자신	they 그들은	themselves 그들 자신
she 그녀는	herself 그녀 자신		
it 그것은	itself 그 자체		

EX 1 To attend the international marketing seminar, you should complete an application form -------.

(A) you
(B) your
(C) yourself
(D) yours

☀ 이렇게 해결해요!

빈칸 앞에 주어와 동사, 그리고 목적어를 모두 지닌 완전한 구조의 절이 등장하고 있고, 대명사 중심의 선지들이 나열되어 있으므로, 빈칸에는 대명사 중에서 유일하게 완전한 구조의 절과 함께 쓰이며 수식어 역할을 할 수 있는 재귀대명사가 와야 한다. 따라서 yourself가 정답이다.

어휘 attend 참석하다, 참여하다 application form 신청서

해석 그 국제 마케팅 세미나에 참석하기 위해서는 직접 신청서를 작성해야만 한다.

정답 (C)

EX 2 Some employees often make little effort to seek the best solution -------.

(A) theirs
(B) they
(C) their own
(D) themselves

☀ 이렇게 해결해요!

빈칸 앞에 타동사인 seek의 to부정사 형태인 to seek과 이에 따른 목적어 the best solution이 나와 있다. 다시 말해서, 일종의 '타동사 + 목적어' 결합 구조 뒤에 빈칸이 있고, 선지는 대명사 중심으로 제시되고 있다. 따라서 빈칸에는 완전한 구조의 절과 함께 쓰이며, 수식어인 부사 역할을 할 수 있는 대명사인 재귀대명사 themselves가 와야 한다.

어휘	make little effort 노력을 등한시하다
해석	일부 직원들은 종종 최고의 해결책을 모색하기 위해 그들 스스로 들이는 노력을 등한시한다.
정답	(D)

🚩 정답 공식 ❷

선지에 재귀대명사가 있고, 문제에 '타동사 / 과거분사 + -------'의 구조가 등장하면 빈칸은 재귀대명사의 자리이다!

▶ 재귀대명사는 주어와 목적어가 동일 대상인 경우 타동사 뒤에서 타동사의 목적어 역할을 수행할 수 있으며, 이 경우를 재귀대명사의 재귀 용법(목적어 용례)이라고 한다. 이때 재귀대명사는 단순한 강조어 역할이 아니라 주어와 동일한 목적어 역할을 하고 있기 때문에 생략해서는 안 된다.

EX 3 Ms. Nina Lee proved ------- as one of the best entrepreneurs in Europe.

(A) she

(B) her

(C) hers

(D) herself

★ 이렇게 해결해요!

빈칸이 타동사인 proved 뒤에 나와 있고, 선지에는 여러 대명사들이 등장하고 있으므로 빈칸에는 proved의 목적어 역할을 할 수 있는 대명사가 필요하다. Nina Lee 씨가 유럽 최고의 사업가임을 입증한 대상은 타인이 아니라 바로 자기 자신이므로 빈칸에는 주어와 목적어가 동일한 대상임을 지칭할 때 사용할 수 있는 재귀대명사가 와야 한다. 따라서 herself가 정답이다.

어휘 entrepreneur 사업가

해석 Nina Lee 씨는 그녀가 유럽에서 최고의 사업가 중 한 사람임을 입증하였다.

정답 (D)

EX 4 He has to learn how to control ------- when interacting with people.

(A) his

(B) he

(C) himself

(D) him

★ 이렇게 해결해요!

빈칸이 타동사인 control 뒤에 나와 있고 선지에는 여러 대명사들이 등장하고 있으므로, 빈칸에는 control의 목적어 역할을 할 수 있는 대명사가 필요하다. 그가 사람들과 교류할 때 통제해야 하는 대상은 타인이 아니라 바로 자기 자신이므로 빈칸에는 주어와 목적어가 동일한 대상임을 지칭할 때 사용할 수 있는 재귀대명사가 와야 한다. 따라서 himself가 정답이다.

어휘 emotion 감정 interact 소통하다, 상호작용을 하다

해석 그는 사람들과 교류할 때 스스로 통제하는 방법을 배워야 한다.

정답 (C)

📕 정답 공식 ❸

선지에 재귀대명사가 있고, 전치사 뒤에 빈칸이 있다면 빈칸은 재귀대명사의 자리이다!

▶ 전치사 뒤는 전치사의 목적어를 요구하는 자리이다. 이때 주어와 전치사의 목적어가 서로 동일인이나 동일 대상이라면 빈칸에는 재귀대명사가 나오며, 재귀대명사의 관용 표현을 구성하게 된다. 재귀대명사의 대표적인 관용 표현으로는 by oneself 및 for oneself가 있다. 물론 전치사 뒤에는 명사나 동명사 등 다양한 품사가 나올 수 있지만 만약 선지에 재귀대명사가 등장했다면 이는 재귀대명사를 전치사의 목적어로 물어보는 문제임에 유의해야 한다.

(1) by oneself 외로이, 혼자서 (= on one's own)

- She can make a lot of healthy food **by herself**. (= She can make a lot of healthy food **on her own**.) 그녀는 직접 많은 건강식품을 만들 수 있다.

- He will travel across the world in his yacht **all by himself**.
그는 자신의 요트를 타고 전 세계를 전적으로 혼자서 일주할 것이다.

(2) for oneself 혼자 힘으로, 자기 자신을 위하여, 스스로

- He gives everything out, but keeps nothing **for himself**.
그는 모든 것을 나눠주지만 자신을 위해서는 아무것도 가지지 않는다.

EX 5 Without any support from the government, Mr. Keith has researched global warming by ------- for over five years.

(A) he
(B) him
(C) himself
(D) his own

☀ 이렇게 해결해요!

빈칸이 전치사 by 뒤에 나와 있고, 선지에는 대명사의 격들이 제시되어 있으므로 빈 칸에는 전치사 by의 목적어 역할을 할 수 있는 적절한 대명사가 필요하다. 정부로부터 아무런 지원이 없었다면 Keith 씨가 홀로 지구 온난화 현상에 대해 연구한 것임을 추정할 수 있으므로 빈칸 뒤에는 전치사 by와 함께 쓰여 '혼자서, 홀로'란 의미를 구성할 수 있도록 재귀대명사인 himself가 와야 한다.

> **어휘** support 지원, 지원하다 global warming 지구 온난화
>
> **해석** 정부로부터 어떠한 지원도 없이 Keith 씨는 5년 넘게 지구 온난화 현상에 대해 홀로 연구했다.
>
> **정답** (C)

EX 6 Ms. Jennifer worked for ------- in a women's group to protect the human rights of women.

(A) her
(B) hers
(C) herself
(D) she

☀ 이렇게 해결해요!

빈칸이 전치사 for 뒤에 나와 있고, 선지에는 대명사의 격들이 제시되어 있으므로 빈 칸에는 전치사 for의 목적어 역할을 할 수 있는 적절한 대명사가 필요하다. Jennifer 씨가 여성들의 인권을 보호하기 위해 스스로 헌신하며 일했다고 하므로 빈칸 뒤에는

전치사 for와 함께 쓰여 '스스로, 혼자의 힘으로'란 의미를 구성할 수 있도록 재귀대명사 herself가 와야 한다.

어휘 protect 보호하다

해석 Jennifer 씨는 여성들의 인권을 보호하기 위해 여성 단체에서 스스로 헌신하며 일했다.

정답 (C)

1. Since Ms. Fortman is going on her business trip next week, we will complete all remaining work on the market analysis report -------.

   (A) we
   (B) our
   (C) ourselves
   (D) us

2. With great mastery in painting and drawing, Mr. Ryan showed ------- to be an excellent artist.

   (A) he
   (B) himself
   (C) his
   (D) him

3. After her retirement, Ms. Ferguson has devoted ------- to her new life as tax accountant.

   (A) she
   (B) herself
   (C) her
   (D) hers

4. Some employees answered that they would rather settle their personal problems by ------- rather than talk to colleagues or bosses.

   (A) they
   (B) them
   (C) themselves
   (D) theirs

5. As the demands on our everyday lives increase, the time that we have for ------- decreases.

   (A) we
   (B) us
   (C) our
   (D) ourselves

▶ 정답 및 해설은 328쪽

20강

출제 빈도 매회 평균 **0.08**개

가정법

☑️ 출제 경향

토익에서 가정법을 묻는 유형의 출제 빈도는 상당히 낮은 편이다. 또한 출제가 된다 하여도 대부분 가정법 과거나 가정법 과거완료의 기본 형태를 묻는 유형으로 출제가 되기 때문에 상대적인 난이도는 낮은 편이다. 따라서 가정법에서는 가정법 과거와 가정법 과거완료의 기본 구조를 숙지하는 정도로 파악해도 충분하므로 이 구조만이라도 확실하게 익혀놓도록 하자.

🚩 정답 공식 ①

문제에 아래의 구조가 등장하면 빈칸은 'had + P.P.'나 'would / could / should / might have + P.P.'의 자리이다!

1) 'If + 주어 + had + 과거분사 + ~, 주어 + would / could / should / might have + 과거분사 + ~'

2) 'If + 주어 + had + 과거분사 + ~, 주어 + would / could / should / might have + 과거분사 + ~'

▶ 가정법 과거완료는 과거의 사실에 반대되는 내용을 언급하며, 조건절의 동사 어형이 'had + 과거분사', 주절의 동사 어형이 'would/could/should/might have + 과거분사'임을 알아두어야 한다. 가정법 과거완료 문제는 조건절과 주절에 위치한 동사 어형 중 하나를 제시하고 나머지 동사 어형을 묻는 방식으로 출제된다.

EX 1 If our company had released vegetarian food products, we
------- high sales in Europe.

(A) will enjoy
(B) had enjoyed
(C) would have enjoyed
(D) enjoyed

☀ 이렇게 해결해요!

조건절에 had released라는 과거완료 시제 형태가 나와 있으므로 이를 통해 가정법 과거완료 문장임을 알 수 있다. 따라서 주절의 동사 자리에는 조동사 과거 시제에 have와 과거분사가 조합된 형태인 would have enjoyed가 와야 한다.

> **어휘**   vegetarian 채식주의자
>
> **해석**   우리 회사에서 채식주의자를 위한 식품을 출시했었더라면, 유럽 지역에서 높은 매출을 올릴 수 있었을 것이다.
>
> **정답**   (C)

EX 2 If it ------- yesterday, the corporate outdoor event would have
been cancelled.

(A) rains
(B) has rained
(C) rained
(D) had rained

☀ 이렇게 해결해요!

주절의 동사 어형이 would have been cancelled, 즉, '조동사의 과거 시제 + have + 과거분사'가 조합된 형태이므로 가정법 과거완료 문장임을 알 수 있다. 따라서 조건절의 동사 자리에는 과거완료 시제 형태인 had rained가 와야 한다.

어휘   corporate 기업의, 회사의   cancel 취소하다

해석   만약 어제 비가 왔었더라면, 회사의 야외 행사는 취소가 되었을 것이다.

정답   (D)

🚩 정답 공식 ❷

문제에 아래의 구조가 등장하면 빈칸은 과거동사나 'would / could / should / might + 동사원형'의 자리이다!

1) 'If + 주어 + 과거동사, 주어 + would / could / should / might + 동사원형 + ~'

2) 'If + 주어 + 과거동사, 주어 + would / could / should / might + 동사원형 + ~'

▶ 가정법 과거는 현재나 미래의 사실에 반대되는 내용을 언급할 때 쓰인다. 조건절의 동사 어형이 과거 시제이며, 주절의 동사 어형은 'would/could/should/might + 동사원형'임을 알아두어야 한다. 가정법 과거 시제 문제는 조건절과 주절에 위치한 동사 어형 중 하나를 제시하고 나머지 동사 어형을 묻는 방식으로 출제된다. 아울러 가정법 과거 시제에서 be동사의 형태는 주어의 인칭에 상관 없이 항상 were가 나와야 한다는 점을 알아두도록 한다.

EX 3 If we had some more funds, it ------- no problem to expand our business to Asia.

(A) is
(B) will be
(C) would be
(D) has been

☀ 이렇게 해결해요!

조건절의 동사 어형이 had란 과거 시제 형태의 동사이므로 주절의 동사 어형 또한 조동사의 과거 시제와 동사원형이 조합된 형태여야 한다. 따라서 빈칸에는 would be 가 와야 한다.

어휘   fund 기금, 자금   expand 확장하다, 확대하다

해석   만약 우리가 더 많은 자금을 보유하고 있다면, 우리 사업을 아시아 지역까지 확장하는 것은 문제가 없을 것이다.

정답   (C)

EX 4   If the instructions manual ------- in detail, our assembly line workers could operate the new production equipment more easily.

(A) had been written
(B) were written
(C) being written
(D) will be written

☀ 이렇게 해결해요!

주절의 동사가 조동사와 동사원형이 조합된 형태인 could operate이므로 가정법 과거 시제 문장임을 알 수 있다. 가정법 과거 시제에서의 be동사는 항상 were가 나와야 하므로 빈칸에는 동사의 과거 시제 형태인 were written이 와야 한다.

어휘   instruction 설명서, 지침서   in detail 상세하게   assembly 조합, 조립

해석   만약 설명서가 좀더 자세하게 작성되어 있다면, 우리 생산 조립 라인에서 근무하는 직원들이 새로운 생산 기기를 좀더 수월하게 운용할 수 있을 것이다.

정답   (B)

1. If the company ------- its own stocks, the market value of them could have risen.

   (A) has not traded
   (B) had not traded
   (C) does not trade
   (D) won't be traded

2. If private companies didn't have their own accounting systems, they ------- efficiently managed by professional businessmen.

   (A) wouldn't be
   (B) won't be
   (C) hasn't been
   (D) hadn't been

3. If the building materials had arrived earlier, we ------- the construction deadline of November 23.

   (A) had met
   (B) will meet
   (C) have met
   (D) could have met

4. If stock prices -------, people would not have any investment opportunities to make large profits.

   (A) had not fluctuated
   (B) will not fluctuate
   (C) have not fluctuate
   (D) did not fluctuate

5. If our researchers had completed the clinical tests of the new medicine, it ------- by the government.

   (A) approves
   (B) was approved
   (C) had been approved
   (D) could have been approved

▶ 정답 및 해설은 329쪽

PART 5&6
어휘 문제
정답 공식

품사별 단짝 표현

☑ 출제 경향

흔히 PART 5&6에서의 어휘 문제를 잘 풀기 위해서는 어휘를 많이 알아야 한다고 생각할 수 있다. 물론 전적으로 맞는 말이다. 하지만 PART 5&6은 일종의 시간 싸움이다. 어휘를 많이 알아도 그 어휘들을 일일이 다 문제의 빈칸에 대응해 보고 풀어도 될 만큼 토익 시험에서의 시간 배분은 관대하지 않다. 또한 어휘를 다 알고 있어도 막상 선지의 어휘들을 대입해 보면 정답이 알쏭달쏭한 경우도 비일비재하다. 따라서 어휘를 많이 알고 있다는 전제하에 다음과 같은 정답 공식을 추가로 익혀놓는다면 좀더 정확하고 효율적으로 PART 5&6의 어휘 문제를 풀 수 있게 될 것이다.

▌ 정답 공식 ❶

명사 어휘는 그 앞이나 뒤의 전치사에서 단서를 찾아라!

▶ 명사나 동사 어휘 문제에서는 그와 연계되는 전치사를 단서로 문제가 풀리는 경우도 있다. 뿐만 아니라 전치사를 고르는 유형에서도 상당한 도움을 받을 수 있으므로 아래에 제시된 표현만이라도 꼭 숙지하도록 하자.

(1) '명사 + 전치사' 단짝 표현

- effect on ~에 대한 영향
- demand for ~에 대한 수요
- dispute over ~에 대한 논쟁
- experience in ~에서의 경험
- information about[on] ~에 대한 정보
- tax on ~에 대한 세금

- lack of ~의 부족
- profit[benefit] from ~으로부터 수익[혜택]
- increase in ~에서의 증가
- confidence in ~에 대한 신뢰
- change in ~에서의 변화
- access to ~에 대한 접근/접속
- contribution to ~에 대한 공헌
- exposure to ~에 대한 노출
- reaction to ~에 대한 반응
- alternative to ~에 대한 대안
- damage to ~에 대한 피해
- commitment to ~에 대한 약속/헌신
- resistance to ~에 대한 저항
- dedication to ~에 대한 헌신/전념
- solution to ~에 대한 해결책
- concern for ~에 대한 우려
- clarification for ~에 대한 설명
- attention to ~에 대한 관심
- advances in ~에서의 진보
- perspective on ~에 대한 관점
- enhancement to ~에 대한 증진
- instruction on ~에 관한 지시
- nomination of ~을 지명
- proximity to ~와 근접 거리
- amount of ~의 금액
- adjustment to ~에 대한 조정
- responsibilities of ~에 대한 책임
- factor in ~에 대한 요소
- recognition of ~에 대한 인정/인식
- note from ~의 메모
- certificate for ~에 대한 인증
- enthusiasm for ~에 대한 열정
- application for ~에 대한 신청서

- **industries in** ~의 산업
- **approach to** ~으로의 접근
- **approval from** ~으로부터의 승인
- **connection with** ~와의 연결
- **availability for** ~에 대한 가용성

EX 1 The professor along with his fellow researchers has made a remarkable ------- in biology.

(A) reaction
(B) reference
(C) advance
(D) recognition

☀ 이렇게 해결해요!

어휘 문제에서 빈칸 앞 또는 뒤에 전치사가 등장할 경우 전치사와 관련된 어휘 문제라는 것을 직감해야 한다. 빈칸 뒤 전치사(in)와 연관된 명사는 advance in(~에서 진보)으로 쓰이는 (C) advance뿐이다. (A)는 reaction to(~에 대한 반응), (D)는 recognition of(~에 대한 인정)로 연결된다.

어휘   along with ~와 함께 remarkable 두드러진, 놀랄 만한

해석   그 교수는 동료 연구원들과 함께 생물학에서 두드러진 진전을 이루어냈다.

정답   (C)

EX 2 The customers have required online ------- to their account information.

(A) access
(B) enthusiasm
(C) permit
(D) certificate

☀ 이렇게 해결해요!

선지에 명사들이 있고, 빈칸 뒤에 전치사가 제시되었으므로 전치사와 관련된 어휘 문제이다. (A)는 access는 to와 연결되어 '~으로의 접근'의 의미를 형성하므로 정답이다. (B)와 (D)는 각각 enthusiasm for(~에 대한 열정), certificate for(~에 대한 인증)로 이어진다. (C) permit이 명사일 때는 뒤에 to부정사가 와야 한다.

어휘	account information 계좌 정보 permit 허락, 승인, 허가(증); ~을 허가하다
해석	그 고객들은 그들의 계좌 정보를 온라인으로 접속할 수 있도록 요청했다.
정답	(A)

(2) '전치사 + 명사 + 전치사' 단짝 표현

- **as a result of** ~의 결과로
- **in accordance with** ~와 일치하여
- **in addition to** ~뿐만 아니라
- **in response to** ~에 응답으로
- **in line with** ~와 일치하여
- **in comparison with** ~와 비교하여
- **in favor of** ~을 찬성하여
- **in honor of** ~을 기념하여
- **on the basis of** ~을 바탕으로
- **with the exception of** ~을 예외로 하고
- **in consideration of** ~에 대한 보답으로 / ~을 고려해 볼 때
- **in light of** ~에 비추어 보면
- **in case of** ~할 경우에
- **in search of** ~을 찾아서
- **by means of** ~에 의해서
- **in compliance with** ~에 따라서
- **in conjunction with** ~와 협력하여
- **in advance of** ~보다 미리
- **in charge of** ~을 담당하는
- **in terms of** ~이라는 점에서
- **with[in] reference to** ~에 관하여

- in observance of ~을 준수하여 / ~을 기념하여
- on behalf of ~을 대표하여
- with respect[regard] to ~에 관하여
- in conformity with ~에 따라서
- on top of 게다가
- in the process of ~의 과정에
- in place of ~ 대신에
- in recognition of ~에 비추어, ~을 인정하여
- under the terms of ~의 조건하에
- for the convenience of ~의 편의를 도모하여
- for the maintenance of ~의 유지를 위해
- under the supervision of ~의 감독하에

EX 3 The municipal library will be closed on Thursday in ------- of the national holiday.

(A) convenience

(B) consistence

(C) behalf

(D) observance

✦ 이렇게 해결해요!

선지에 명사들이 있고, 빈칸이 전치사 사이에 제시되었으므로 '전치사 + ------- + 전치사' 유형의 어휘 문제이다. 빈칸이 in과 of 사이에 있으므로 'in + ------- + of' 에 적합한 표현을 구하면 된다. (D)는 in observance of(~을 준수하여)로 연결될 수 있다. 따라서 정답은 (D)이다. (A)는 for the convenience of(~의 편의를 도모 하여), (C)는 on behalf of(~을 위하여)로 연결된다.

어휘 municipal library 시립 도서관 national holiday 국경일

해석 국경일을 기념하여 그 시립 도서관은 목요일에 문을 닫을 것이다.

정답 (D)

EX 4 The number of moviegoers increased significantly in ------- with the same period last year.

(A) reference
(B) charge
(C) cooperation
(D) comparison

🌟 이렇게 해결해요!

세 단어로 구성된 전치사 문제로, 빈칸 앞뒤의 전치사와 어울리는 명사를 염두에 두어야 한다. (A)는 with reference to(~에 관하여), (B)는 in charge of(~을 담당하는)와 연결되는 명사이므로 적합하지 않다. (C)는 in cooperation with(~와 협력하여), (D)는 in comparison with(~와 비교하여)로 연결되지만 문맥상 '비교한다'는 표현이 적합하므로 (D)가 정답이다.

어휘	significantly 상당히
해석	영화 관객 수가 지난해 같은 기간과 비교해서 상당히 증가했다.
정답	(D)

🚩 정답 공식 ❷

명사와 형용사(분사) 어휘는 빈칸 앞 형용사(분사)나 빈칸 뒤 명사의 뜻에 주목하라!

▶ 문장에서 명사는 대개 형용사와 빈번하게 결합하는데, 형용사의 종류에 따라 자주 결합하는 명사들이 있다.

(1) '형용사 + 명사' 단짝 표현

01 additional 추가의, 부가적인

- additional charge 추가 요금
- additional information 부가 정보
- additional tax 부가 세금
- additional funds 추가 자금

02 confidential 기밀의, 비밀의

- confidential document 기밀 문서
- confidential information 비밀 정보

03 significant 중대한, 상당한 (= considerable, substantial)

- significant increase 상당한 증가
- significant improvement 상당한 개선
- significant measures 중대한 조치
- significant impact[effect] 중대한 영향
- significant gain 상당한 이익
- significant change 중대한 변화
- significant contribution 상당한 공헌

04 defective 결함 있는

- defective product 결함 있는 제품
- defective part 결함 있는 부품

05 routine 일상적인, 정기적인

- routine practice 일상적인 관행
- routine inspection(= maintenance) 정기 점검

06 durable 견고한, 내구성 있는

- durable goods[products] 내구재, 견고한 제품
- durable material 견고한 재료[물질]

07 innovative 혁신적인, 획기적인

- innovative **strategy** 혁신적인 전략
- innovative **solution** 혁신적인 해결책
- innovative **product** 혁신적인 제품
- innovative **approach** 혁신적인 접근법
- innovative **activity** 혁신적인 활동
- innovative **scheme** 혁신적인 계획
- innovative **technology** 혁신적인 기술
- innovative **way** 획기적인 방법

08 annual 연례의, 연간의

- annual **audit** 연례 감사
- annual **report** 연례 보고서
- annual **banquet** 연례 행사[만찬]
- annual **budget** 연간 예산
- annual **conference** 연례 회의

09 thorough 철저한 (= exhaustive)

- thorough **investigation[research]** 철저한 조사
- thorough **review** 철저한 검토
- thorough **revision** 철저한 수정

10 prior 먼저의, 이전의 (= advance)

- prior **authorization** 사전 승인
- prior **notice** 사전 통보

11 reliable 믿을 만한

- reliable **product** 믿을 만한 제품
- reliable **service** 믿을 만한 서비스
- reliable **quality** 믿을 만한 품질
- reliable **analysis** 믿을 만한 분석
- reliable **employee** 믿을 만한 직원

▪ reliable source 믿을 만한 자료

12 subsequent 차후의, 연속적인
▪ subsequent event 차후 행사
▪ subsequent change 연속적인 변화
▪ subsequent year 다음해

13 reasonable 합리적인 (= affordable)
▪ reasonable price 합리적 가격
▪ reasonable rates 합리적 비율

14 original 원래의, 독창적인
▪ original receipt 원천 영수증
▪ original condition 원래의 상태
▪ original style 독창적인 형태

15 comprehensive 포괄적인, 종합적인
▪ comprehensive coverage 포괄적인 보상범위
▪ comprehensive measures 포괄적인 조치
▪ comprehensive presentation 종합 발표
▪ comprehensive knowledge 종합 지식
▪ comprehensive review 종합 평가
▪ comprehensive benefit 종합적인 혜택
▪ comprehensive service 종합 서비스
▪ comprehensive testing 종합 시험

16 deliberate 신중한, 의도적인
▪ deliberate effort 신중한 노력
▪ deliberate reservation 신중한 예약
▪ deliberate choice 신중한 선택

17 accessible 접근할 수 있는, 이용 가능한, 사용하기 쉬운

- accessible **facilities** 이용 가능한 설비
- accessible **manual** 사용하기 쉬운 매뉴얼
- accessible **place** 접근할 수 있는 장소

18 technical 기술적인, 전문적인

- technical **problem** 기술적인 문제
- technical **description** 전문 설명서
- technical **expertise** 전문 지식

19 frequent 빈번한, 잦은

- frequent **loss of staff** 빈번한 인력 손실
- frequent **inspection** 잦은 점검
- frequent **visitor** 빈번한 방문객
- frequent **cause** 빈번한 원인

20 persuasive 설득력 있는

- persuasive **argument** 설득력 있는 주장
- persuasive **evidence** 설득력 있는 증거

21 upcoming 다가오는

- upcoming **event** 다가오는 행사
- upcoming **inspection** 차후 점검
- upcoming **year** 다음해

22 extensive 광범위한

- extensive **appraisal** 광범위한 평가서
- extensive **experience** 광범위한 경험
- extensive **evaluation** 광범위한 평가
- extensive **training** 광범위한 교육
- extensive **renovation** 광범위한 개조
- extensive **damage** 광범위한 피해

23 realistic 현실적인

- realistic alternative 현실적인 대안
- realistic chance 현실적인 기회
- realistic expectation 현실적인 기대
- realistic goal 현실적인 목표
- realistic attitude 현실적인 태도
- realistic representation 현실적인 주장

24 informative 유익한, 정보가 많은

- informative book 유익한 책
- informative lecture 유익한 강의
- informative booklet[pamphlet] 유익한 책자

25 revolutionary 혁신적인, 획기적인

- revolutionary design 혁신적인 디자인
- revolutionary idea 획기적인 아이디어
- revolutionary concept 혁신적인 개념
- revolutionary change 획기적인 변화

26 regular 정기적인, 규칙적인

- regular meeting 정기 회의
- regular schedule 정기 일정
- regular customer 단골 고객

27 inaccurate 부정확한

- inaccurate information 부정확한 정보
- inaccurate label 부정확한 라벨

28 seasonal 계절적인

- seasonal worker 계절 노동자, 임시 직원
- seasonal variation[change] 계절적인 변화

29 incidental 부수적인

- incidental **expense** 부대 비용
- incidental **benefit** 부가 혜택

30 possible 가능한, 단호한

- possible **solution** 가능한 해결책
- possible **improvement** 가능한 개선점
- possible **terms** 단호한 어조
- possible **measures** 단호한 조치

31 protective 보호하는, 보호용의

- protective **clothing** 방호복
- protective **equipment** 보호 장비
- protective **measures** 방호 방책

32 powerful 강력한, 뛰어난

- powerful **machine** 강력한 기계
- powerful **engine** 강력한 엔진
- powerful **computer** 뛰어난 컴퓨터

33 local 지역의, 현지의

- local **customs** 현지 세관
- local **supporter** 현지 지지자
- local **commuter** 현지 통근자

34 feasible 실현 가능한, 적당한

- feasible **method** 실현 가능한 방법
- feasible **alternative** 실현 가능한 대안

35 numerous 수많은

- numerous **problems** 수많은 문제
- numerous **patent holders** 수많은 특허권자

36 **attractive** 매력적인, 관심을 끄는

- attractive salary[remuneration] 매력적인 급여
- attractive architecture 매력적인 건축물

37 **broad** 넓은, 광범위한

- broad scope[range] 넓은 범위

38 **preventive** 예방적인

- preventive measures 예방 조치
- preventive strategy 예방책
- preventive medicine 예방 의학

39 **constant** 변치 않는, 끊임없는

- constant support 변치 않는 지원[지지]
- constant demand 끊임없는 수요

40 **impressive** 인상적인

- impressive qualifications 인상적인 자격 조건
- impressive event 인상적인 행사

EX 5 All employees in the company should submit receipts for
------- expenses to the accounting department.

(A) possible
(B) incidental
(C) impressive
(D) constant

☀ 이렇게 해결해요!

선지에 형용사들이 있고, '------- + 명사'의 구조이므로 명사 expenses와 어울리
는 형용사를 찾아야 한다. incidental expenses는 '부가 비용'이란 뜻으로, 문맥이

자연스럽다. (A)는 '가능한', (C)는 '인상적인', (D)는 '지속적인'이란 뜻으로 모두 부자연스럽다.

> **어휘** submit 제출하다   receipt 영수증   incidental 부수적인, 부가적인
>
> **해석** 그 회사의 모든 직원은 부수적 비용에 대한 영수증을 회계 부서에 제출해야 합니다.
>
> **정답** (B)

EX 6 Apart from ------- salaries, the company offers incentives at the end of each year.

(A) recent
(B) durable
(C) attractive
(D) feasible

☀ 이렇게 해결해요!

선지에 형용사들이 있고, '------- + 명사'로 연결되므로 salaries와 가장 어울리는 형용사를 골라야 한다. 선지 중에선 attractive salaries(매력적인 봉급)가 가장 잘 어울리므로 정답은 (C)이다.

> **어휘** apart from ~은 별도로 하고   salary 월급, 봉급   durable 내구성 있는, 견고한
> feasible 실현 가능한, 적당한
>
> **해석** 이 회사는 매력적인 급여와 별도로 매년 말에 인센티브를 제공합니다.
>
> **정답** (C)

(2) '분사 + 명사' 단짝 표현

- challenging task[role] 힘든 일[역할]
- growing company 성장하는 회사
- growing number 증가하는 수
- lasting impression 오래가는 인상
- leading company[supplier / manufacturer] 선도 회사[공급업체 / 제조업체]

- overwhelming order[success] 압도적인 주문[성공]
- preceding years 지난 몇 년
- upcoming conference 다가오는 회의
- rising demand 증가하는 수요
- closing shift 마감 근무조
- emerging company 떠오르는 회사
- existing equipment 기존 장비
- missing luggage 분실한 짐
- the following day 다음날
- increasing need 증가하는 수요
- promising members 전도유망한 회원들
- rewarding efforts 가치 있는 노력
- opposing opinion 반대 견해
- remaining staff 남아 있는 직원
- demanding supervisor 까다로운 상사
- encouraging remark 격려사
- presiding officer 사회자
- standing structure 직립 구조물
- rewarding career 보람 있는 직업
- appealing furniture 매력적인 가구
- outstanding qualification 뛰어난 자격
- attached document 첨부된 서류
- confirmed reservation 확인된 예약
- complicated problem 복잡한 문제
- damaged items[goods] 손상된 물건
- detailed information[instructions / schedule] 상세한 정보[설명서 / 일정]
- proposed plan[site / change] 제안된 계획[사이트 / 변경안]
- designated parking area 지정된 주차장
- discounted prices 할인된 가격
- enclosed brochure 동봉된 안내책자
- finished product 완제품
- handcrafted pieces 수제품
- informed decision 신중한 결정

- unexpected travel 예기치 않은 출장
- preferred means 선호되는 수단
- revised project[copy / contract / instructions]
  개정된 프로젝트[사본 / 계약서 / 설명서]
- qualified applicant 자격 있는 지원자
- limited time 제한된 기간
- unlimited miles[access] 무제한 마일리지[이용]
- written statement 서면 성명서
- estimated length 예상된 기간
- experienced employee 경험 많은 직원
- unforeseen circumstance 예기치 못한 상황
- prolonged exposure 장기 노출
- sophisticated equipment 정교한 장비
- working environment 근무 환경
- updated version 업데이트 버전
- concentrated effort 집중된 노력
- promising location 전도유망한 지역
- limited amount 제한 금액[한도액]
- marked improvement 현저한 개선
- detailed diagram 상세한 다이어그램
- improved technology 향상된 기술
- condensed version 응축된 버전
- desired effect 원하는 효과
- anticipated time 예상 시간

EX 7 Due to the ------- capacity of the restaurant, attendees must make a reservation in advance.

(A) occupied
(B) affixed
(C) limited
(D) subjected

☀️ 이렇게 해결해요!

빈칸 뒤 명사인 capacity와 가장 잘 어울리는 형용사를 선택한다. 문맥상 limited capacity(제한 용량, 수용량)가 가장 적합하므로 정답은 (C)이다. 나머지 (A), (B), (D)는 모두 어색하다. limited는 대개 capacity, coverage, quantities 등의 명사와 어울려 범위를 한정할 때 사용한다.

> **어휘**　due to ~ 때문에　capacity 용량　attendee 참석자, 참가자　make a reservation 예약하다　in advance 미리, 앞서서
>
> **해석**　식당의 수용 인원이 제한되어 있으므로 참석자는 사전에 예약해야 합니다.
>
> **정답**　(C)

EX 8 Creating new skills is the most ------- task for our team to do next year.

(A) growing
(B) increasing
(C) promising
(D) challenging

☀️ 이렇게 해결해요!

선지에 형용사형의 분사들이 있고, 문제에서 '------- + task'의 형태로 제시되어 있으므로 task와 가장 잘 어울리는 분사를 고르면 된다. (D)의 challenging은 task와 결합하여 '도전적인 과제'라는 뜻을 형성하므로 가장 적합하다. (A), (B), (C)는 문맥상 모두 어색하다.

> **어휘**　challenging 도전적인, 힘드는, 의욕을 돋우는　growing 증가하는　promising 전도유망한
>
> **해석**　새로운 기술을 창출하는 것은 내년도에 우리 팀이 수행해야 할 가장 도전적인 과제이다.
>
> **정답**　(D)

🚩 정답 공식 ❸

부사 어휘는 빈칸 앞뒤의 동사나 빈칸 뒤 형용사의 뜻을 보고 풀어라!

▶ 문장에서 부사는 그 수식 범위가 넓어 동사, 형용사, 부사, 문장 전체 등을 수식할수 있다. 하지만 이 중 동사와 형용사를 수식하는 비중이 압도적으로 높으므로 이와관련된 아래의 빈출 표현들을 모두 숙지해야 한다.

(1) '동사 + 부사' 단짝 표현

01 accurately 정확히, 정밀하게

- **reflect** accurately 정확히 반영하다
- **evaluate** accurately 정확히 평가하다
- **record** accurately 정확히 기록하다
- **explain** accurately 정확히 설명하다
- **determine** accurately 정확히 결정하다

02 favorably 유리하게, 순조롭게

- **receive** favorably 순조롭게 받다
- **view** favorably 유리하게 보다
- **regard** favorably 유리하게 간주하다

03 eventually 결과적으로, 결국

- **develop** eventually 결과적으로 개발하다
- **need** eventually 결과적으로 필요로 하다
- **renovate** eventually 결과적으로 개조하다
- **stabilize** eventually 결과적으로 안정시키다
- **release** eventually 결과적으로 출시하다
- **distribute** eventually 결과적으로 배포하다

04 fast 빠르게 (= rapidly, quickly)

- disappear fast 빠르게 사라지다
- approach fast 빠르게 접근하다

05 adequately 충분히, 적절하게 (= properly, appropriately)

- prepare adequately 충분히 준비하다
- wrap adequately 충분히 포장하다
- maintain adequately 충분히 유지하다
- connect adequately 충분히 연결하다
- operate adequately 충분히 운영하다
- align adequately 적절하게 정렬하다
- address adequately 충분히 다루다

06 occasionally 때때로, 가끔

- fail occasionally 가끔 실패하다
- perform occasionally 가끔 수행하다
- suffer ~ occasionally 가끔 ~으로 고생하다

07 heavily 매우, 몹시, 크게

- rely on ~ heavily ~에 몹시 의존하다
- rain heavily 몹시 비가 내리다
- discount heavily 크게 할인하다

08 simply 단지, 간단히

- complete simply 간단히 완성하다
- cut simply 간단히 자르다

09 individually 개별적으로, 단독으로 (= separately, respectively)

- consider individually 단독으로 고려하다
- enter individually 단독으로 입력하다

10 securely 단단히, 확실히 (=tightly)

- **fasten** securely 단단히 조이다[매다]
- **wrap** securely 단단히 포장하다
- **lock** securely 단단히 잠그다
- **attach** securely 단단히 부착하다
- **fix** securely 확실히 수리하다

11 continually 계속적으로

- **dump** continually 계속적으로 버리다
- **upgrade** continually 계속적으로 질을 높이다
- **innovate** continually 계속적으로 개혁하다

12 repeatedly 반복해서, 되풀이해서

- **demonstrate** repeatedly 반복해서 시연하다
- **request** repeatedly 반복해서 요청하다

13 significantly 상당히, 급격히 (=considerably, substantially, dramatically, drastically, sharply, markedly, tremendously)

- **improve** significantly 상당히 개선하다
- **increase** significantly 상당히 증가하다
- **raise** significantly 상당히 인상하다
- **decrease** significantly 급격히 감소하다
- **drop[fall]** significantly 급격히 하락하다
- **change** significantly 급격히 변화하다

14 finally 마침내, 결국

- **offer** finally 결국 제공하다
- **approve** finally 결국 승인하다
- **agree** finally 결국 동의하다
- **distribute** finally 결국 배포하다

15 strongly 강력히, 매우 (= highly)

- recommend strongly 강력히 추천하다
- object strongly 강력히 반대하다
- criticize strongly 강력히 비난하다
- rate strongly 매우 높이 평가하다
- influence strongly 매우 영향을 미치다

16 promptly 즉시, 바로 (= quickly, rapidly)

- answer promptly 즉시 답변하다
- report promptly 즉시 보고하다
- submit promptly 즉시 제출하다
- address promptly 즉시 처리하다
- deliver promptly 바로 배달하다
- handle promptly 바로 처리하다
- acquire promptly 바로 얻다
- grow promptly 바로 성장하다

17 exactly 정확하게, 엄밀히

- decide exactly 정확하게 결정하다
- know exactly 정확하게 알다
- correspond exactly 정확하게 일치하다

18 collaboratively 협력해서, 근면하게, 효과적으로 (= cooperatively, diligently, effectively)

- work collaboratively 협력해서 일하다

19 slowly 느리게, 서서히, 조금씩 (= slightly)

- decrease slowly 서서히 줄다
- improve slowly 서서히 발전하다
- decline slowly 느리게 감소하다
- increase slowly 조금씩 증가하다

20 steadily 지속적으로, 꾸준히 (= gradually, progressively)

- rise steadily 꾸준히 오르다
- progress steadily 꾸준히 진행되다
- decline steadily 꾸준히 감소하다

21 separately 따로따로, 단독으로

- make separately 따로따로 만들다
- order separately 따로따로 주문하다
- submit separately 따로따로 제출하다

22 noticeably 눈에 띄게, 현저하게 (= remarkably)

- rise noticeably 눈에 띄게 상승하다
- affect noticeably 눈에 띄게 영향을 미치다

23 directly 즉시, 바로

- report directly 즉시 보고하다
- reflect directly 즉시 반영하다
- submit directly 즉시 제출하다
- bill directly 즉시 청구하다
- contact directly 바로 연락하다

24 spontaneously 자발적으로 (= voluntarily)

- join spontaneously 자발적으로 참여하다
- take on ~ spontaneously 자발적으로 ~을 맡다
- recall spontaneously 자발적으로 회수하다

25 equally 동등하게 (= evenly)

- allocate equally 동등하게 할당하다
- distribute equally 동등하게 분배하다

26 conveniently 편리한 곳에

- be located conveniently 편리한 곳에 위치하다

- **be situated** conveniently 편리한 곳에 놓여 있다

27 **closely** 면밀히, 밀접하게

- **work** closely 면밀히 일하다
- **review** closely 면밀히 점검하다
- **examine** closely 면밀히 검사하다
- **monitor** closely 면밀히 감시하다
- **watch** closely 면밀히 감시하다

28 **intentionally** 고의로, 신중히, 의도적으로 (= deliberately, knowingly, purposely)

- **conceal** intentionally 고의로 숨기다
- **install** intentionally 신중히 설치하다

29 **respectfully** 친절하게, 정중하게, 기꺼이 (= nicely, kindly)

- **decline** respectfully 정중하게 거절하다
- **ask** respectfully 정중하게 요청하다
- **treat** respectfully 기꺼이 다루다
- **fill out** respectfully 기꺼이 작성하다

30 **clearly** 명확히

- **speak** clearly 명확히 말하다
- **mark** clearly 명확히 표시하다
- **display** clearly 명확히 게시하다

31 **carefully** 신중히, 주의 깊게

- **remove** carefully 신중히 제거하다
- **review** carefully 신중히 점검[검토]하다
- **listen to** carefully 신중히 듣다
- **check** carefully 주의 깊게 점검하다
- **read** carefully 주의 깊게 읽다

32 frequently 자주

- **visit** frequently 자주 방문하다
- **enter** frequently 자주 입력하다
- **withdraw** frequently 자주 인출하다

33 thoroughly 철저히

- **review** thoroughly 철저히 점검하다
- **check** thoroughly 철저히 검사하다
- **scrutinize** thoroughly 철저히 조사하다

34 widely 광범위하게, 폭넓게

- **accept** widely 광범위하게 받다
- **acknowledge** widely 폭넓게 인정하다
- **know** widely 폭넓게 알다
- **publicize** widely 폭넓게 공표하다

EX 9 Every store manager needs to know ------- what is causing the decline in sales.

(A) functionally
(B) mistakenly
(C) exactly
(D) carefully

☀ 이렇게 해결해요!

선지에 부사들이 있고, 문제에 'know + -------'의 형태로 제시되어 있으므로 know와 가장 잘 어울리는 부사를 고르면 된다. (C)의 exactly가 know와 결합하여 '정확하게 파악하다, 정확하게 알다'라는 뜻을 형성하므로 가장 적합하다. (A), (B), (D)는 문맥상 모두 어색하다.

decline 하락, 감소 functionally 기능적으로

해석 모든 매장 관리자는 판매 하락의 요인이 무엇인지 정확히 알아야 한다.

정답 (C)

EX 10 The travel agency's sales have decreased ------- compared to last year.

(A) respectfully
(B) cooperatively
(C) closely
(D) substantially

☀ 이렇게 해결해요!

선지에 부사들이 있고, 문제에 'decreased + -------'의 형태로 제시되어 있으므로 decreased와 가장 잘 어울리는 부사를 고르면 된다. (D)의 substantially가 decreased와 결합하여 '상당히 감소했다'라는 뜻을 형성하므로 가장 적합하다. (A), (B), (C)는 문맥상 모두 어색하다.

어휘 decrease 감소하다 substantially 상당히 cooperatively 협력적으로 closely 면밀히, 밀접하게

해석 그 여행사의 매출이 작년에 비해 크게 감소했다.

정답 (D)

---

(2) '부사 + 형용사' 단짝 표현

01 soon 곧, 바로 (= shortly, immediately, right, just, directly, instantly, promptly)

- soon **after** ~ 직후
- soon **afterwards** ~ 직후
- soon **thereafter** ~ 직후
- soon **before** ~ 직전

02 **largely** 주로 (= primarily, mainly, chiefly)

- largely because (of) 주로 ~ 때문에
- largely depend[rely] (upon) 주로 ~에 의존하다
- largely responsible 주로 담당하는
- largely determined 주로 결정되는

03 **well** 훨씬, 잘

- well below 훨씬 낮은
- well over 훨씬 높은
- well attended 출석률이 좋은
- well received 반응이 좋은
- well deserved 자격이 충분한

04 **nearly** 거의, 대략

- nearly complete 대략 완성한
- nearly finished 거의 끝난
- nearly three hours 대략 3시간
- nearly every 대략 모든
- nearly all 대략 모든

05 **recently** 최근에

- recently hired 최근에 고용된
- recently reflected 최근에 반영된

06 **particularly** 특(별)히 (= specifically, specially)

- particularly designed 특별히 고안된
- particularly small 특히 작은
- particularly distinctive 특별히 특이한
- particularly important 특히 중요한

07 **heavily** 매우, 몹시, 크게

- heavily dependent 매우 의존하는

- heavily **discounted** 대폭 할인된

08 **properly** 제대로, 적절히
- properly **aligned** 제대로 정렬된
- properly **connected** 제대로 연결된

09 **highly** 매우
- highly **motivated** 매우 의욕이 강한
- highly **ambitious** 매우 야망에 찬
- highly **qualified** 매우 자격을 갖춘
- highly **recommended** 매우 권장 받은
- highly **competitive** 매우 경쟁력 있는
- highly **effective** 매우 효과적인

10 **previously** 이전에
- previously **scheduled** 이전에 계획된
- previously **assigned** 이전에 배정된
- previously **unable** 이전에 할 수 없는
- previously **offered** 이전에 제안된

11 **readily** 즉시, 손쉽게
- readily **available** 즉시 이용 가능한
- readily **accepted** 손쉽게 용인된

12 **extremely** 매우, 극단적으로 (= excessively, exceptionally)
- extremely **popular** 매우 인기 있는
- extremely **difficult** 매우 어려운
- extremely **high (prices)** 매우 높은 (가격)
- extremely **concerned** 매우 관심을 갖는

13 **extraordinarily** 유별나게, 특별히, 이례적으로 (= exceptionally)
- extraordinarily **high (demand)** 유별나게 높은 (수요)

- extraordinarily **valuable** 유별나게 소중한
- extraordinarily **productive** 유별나게 생산적인

14 **relatively** 상대적으로, 비교적

- relatively **small** 비교적 작은
- relatively **inexperienced** 비교적 경험 없는
- relatively **high** 비교적 높은
- relatively **difficult** 비교적 어려운
- relatively **low** 비교적 낮은
- relatively **severe** 비교적 심한

15 **considerably** 상당히, 꽤 (= substantially, significantly, remarkably, fairly)

- considerably **critical** 상당히 비판적인
- considerably **effective** 상당히 효과적인
- considerably **inexpensive** 상당히 저렴한
- considerably **extensive** 상당히 광범위한
- considerably **affordable** 상당히 저렴한
- considerably **higher** 상당히 더 높은

16 **mutually** 상호적으로

- mutually **beneficial** 상호 이익이 되는
- mutually **incompatible** 상호 양립할[호환될] 수 없는
- mutually **acceptable** 서로 받아들이는
- mutually **agreeable** 상호 동의하는

17 **completely** 완전히

- completely **unexpected** 완전히 예상 못한
- completely **unbiased** 완전히 편견이 없는
- completely **independent** 완전히 독립적인
- completely **different** 완전히 다른

18 increasingly 점점, 더욱

- increasingly **popular** 점점 인기 있는
- increasingly **full** 점점 가득 찬
- increasingly **important** 점점 중요한
- increasingly **stringent** 점점 엄격한
- increasingly **competitive** 점점 경쟁력 있는

19 radically 근본적으로

- radically **different** 근본적으로 다른

20 clearly 명확히

- clearly **visible** 명확히 보이는

21 fully 완전히, 충분히

- fully **operational** 충분히 가동하는

22 noticeably 눈에 띄게, 현저하게

- noticeably **different** 눈에 띄게 다른
- noticeably **consistent** 눈에 띄게 일관된

23 consistently 지속적으로, 일관되게

- consistently **strong** 지속적으로 강한
- consistently **clear** 일관되게 명확한

EX 11 Because of the ------- growing rate of immigration, the government decided to update its foreign policy.

(A) usually
(B) thoroughly
(C) very
(D) rapidly

☀ 이렇게 해결해요!

선지에 부사들이 있고, 문제에 '------- + 형용사(분사)'의 형태로 제시되어 있으므로 growing과 가장 잘 어울리는 부사를 고르면 된다. (D)의 rapidly가 growing을 수식하며 '빠르게 증가하는'이라는 뜻을 형성하므로 가장 적합하다. (A), (B), (C)는 문맥상 모두 어색하다.

> **어휘** rapidly growing 빠르게 증가하는 immigration 이민 update its foreign policy 외교 정책을 수정하다 usually 보통은 thoroughly 완전히(= completely), 주의 깊게 (= carefully)

> **해석** 빠르게 증가하는 이민자 수 때문에 정부는 외교 정책을 수정하기로 결정했다.

> **정답** (D)

EX 12 All ------- requested orders will be processed after May 10.

(A) personally
(B) modestly
(C) absolutely
(D) previously

☀ 이렇게 해결해요!

선지에 부사들이 있고, 문제에 '------- + 형용사(분사)'의 형태로 제시되어 있으므로 requested와 가장 잘 어울리는 부사를 고르면 된다. (D)의 previously가 requested를 수식하며 '이전에 요청된'이라는 뜻을 형성하므로 가장 적합하다. (A), (B), (C)는 문맥상 모두 어색하다.

> **어휘** personally 직접 modestly 겸손하게 absolutely 절대적으로

> **해석** 이전에 요청된 모든 주문은 5월 10일 이후에 처리됩니다.

> **정답** (D)

📐 정답 공식 ④

자동사는 빈칸 뒤 전치사에서 단서를 찾아라!

▶ 자동사는 뒤에 목적어를 동반하려면 반드시 전치사를 대동해야 한다. 하지만 자동사의 종류에 따라 결합하는 전치사가 한정되어 있으므로 이들을 모두 한 단어의 개념으로 알아두도록 하자.

- object to ~에 반대하다
- respond to/reply to ~에 응답하다
- comply with ~에 따르다, ~을 준수하다
- deal with ~을 다루다
- participate in ~에 참가하다
- contribute to ~에 기여하다
- agree to/agree with ~에 동의하다 / ~와 동의하다
- inquire into ~에 문의하다
- apply to ~에 적용되다
- apply for ~을 신청하다
- search for ~을 찾다
- register for ~에 등록하다
- concentrate on/focus on ~에 집중하다
- account for ~을 설명하다
- belong to ~에 속하다
- consist of ~으로 구성되다
- contend with ~와 다투다
- sit in/sit on ~에 앉다
- withdraw from ~에서 인출하다
- enroll in ~에 등록하다
- subscribe to ~을 구독하다
- aim at ~을 겨냥하다
- negotiate with ~와 협상하다
- specialize in ~을 전문으로 하다

- **react to** ~에 반응하다
- **collaborate on / collaborate with** ~에 협력하다 / ~와 협력하다
- **assist with** ~을 돕다
- **interfere with** ~을 방해하다
- **interfere in** ~에 간섭하다
- **apologize for / apologize to** ~을 사과하다 / ~에게 사과하다
- **benefit from** ~으로부터 이익을 얻다
- **proceed with** ~을 진행시키다
- **refrain from** ~을 삼가다
- **consult with** ~와 상담하다
- **wait for** ~을 기다리다
- **dispose of** ~을 처분하다
- **compete with** ~와 경쟁하다
- **cope with** ~에 대응하다
- **meet with** ~와 만나다
- **coincide with** ~와 일치하다
- **allow for** ~을 허용하다
- **meet with** ~와 만나다

EX 13 When the subcontractor was unable to ------- with the
timeline, the Krina Corporation had no choice but to annul
the contract.

(A) adhere
(B) comply
(C) abide
(D) cling

☀️ 이렇게 해결해요!

to부정사 뒤에 빈칸이 있으므로 빈칸은 동사의 자리이며, 전치사 with를 취할 수 있
는 동사를 찾아야 한다. (A)와 (D)는 전치사 to를, (C)는 전치사 by를 동반한다. 그런
데 문맥상 '(규정 등을) 지키다, 준수하다'라는 의미를 이루어야 하므로 (B)가 정답이
다. (A)의 adhere는 to와 결합하여 '~을 고수하다, ~에 집착하다'의 뜻을 나타내고,

(C)의 abide는 by와 결합하여 '(법률 · 규정 등을) 지키다'의 뜻을 나타낸다. 또한 (D)의 cling은 to와 결합하여 '~에 달라붙다, ~에 집착하다'란 뜻을 나타낸다.

> **어휘** subcontractor 하청업체 be unable to do ~할 수 없다 comply with ~을 지키다[준수하다] timeline 정해진 시간 have no choice but to do ~할 수밖에 없다 annul the contract 계약을 취소하다
>
> **해석** 하청업체가 일정을 준수할 수 없었을 때, Krina 사는 계약을 취소할 수밖에 없었다.
>
> **정답** (B)

EX 14 Companies with advanced functions will ------- in the Expo.

(A) participate
(B) start
(C) make
(D) include

☀️ 이렇게 해결해요!

빈칸이 will 다음에 있으므로 빈칸은 동사의 자리이며, 전치사 in을 취할 수 있는 동사를 찾아야 한다. (A)의 participate는 in과 결합하여 '~에 참가하다'란 뜻을 나타낼 수 있으므로 정답은 (A)이다.

> **어휘** function 기능 participate in ~에 참가하다
>
> **해석** 발전된 기능을 앞세운 회사들이 엑스포에 참가할 예정이다.
>
> **정답** (A)

타동사는 빈칸 뒤 명사에서 단서를 찾아라!

▶ 타동사는 바로 그 뒤에 목적어인 명사를 취할 수 있는데, 이 타동사와 잘 어울리는 명사들도 어느 정도 그 범위가 정해져 있다.

01 contact ~에게 연락하다

- contact **our company** 우리 회사에 연락하다
- contact **me** 나에게 연락하다
- contact **sales department** 영업부에 연락하다

02 make ~(을) 하다

- make **a payment** 지불하다
- make **a decision** 결정하다
- make **a reservation** 예약하다
- make **an appointment** 약속하다
- make **an inquiry** 문의하다
- make **(an) allowance for** 고려하다
- make **a request** 요청하다
- make **a speech** 연설하다
- make **a contribution** 공헌하다
- make **an attempt** 시도하다
- make **an effort** 노력하다
- make **a remark** 말하다

03 implement ~을 시행하다 (= fulfill)

- implement **a project** 프로젝트를 시행하다
- implement **a program** 프로그램을 시행하다
- implement **a plan** 계획을 시행하다
- implement **a policy** 정책을 시행하다

- implement **procedures** 절차들을 시행하다

04 **take** ~을 취하다, ~을 발휘하다

- take **action** 조치를 취하다
- take **measures[steps]** 조치를 취하다
- take **precautions** 예방 조치를 취하다
- take **effect** 효력을 발휘하다

05 **hold** ~을 개최하다

- hold **a conference** 회의를 개최하다
- hold **a seminar** 세미나를 개최하다
- hold **a workshop** 워크숍을 개최하다
- hold **a session** 세션을 개최하다

06 **retain** ~을 보유하다, ~을 간직하다

- retain **a right** 권리를 보유하다
- retain **a receipt** 영수증을 간직하다
- retain **a permit** 허가증을 보유하다
- retain **a document** 서류를 간직하다
- retain **a name** 이름을 보유하다
- retain **a letter** 편지를 간직하다

07 **obtain** ~을 얻다, ~을 획득하다

- obtain **permission** 허가를 얻다
- obtain **information** 정보를 얻다
- obtain **certification** 자격증을 획득하다
- obtain **a contract** 계약을 얻다
- obtain **special rates** 특별 요금을 얻다
- obtain **approval** 승인을 얻다
- obtain **insurance** 보장을 획득하다[보험에 가입하다]

08 launch ~을 출시하다, ~에 착수하다

- launch a new product 신제품을 출시하다
- launch a campaign 캠페인에 착수하다
- launch an inquiry 조사에 착수하다

09 confirm ~을 확인하다

- confirm a conference call 화상회의를 확인하다
- confirm an itinerary 일정을 확인하다
- confirm a reservation[an appointment] 예약을 확인하다
- confirm an invitation 초청을 확인하다
- confirm attendance 출석률을 확인하다

10 show ~을 보여주다

- show an identification card 신분증을 보여주다
- show a badge 배지를 보여주다

11 accommodate ~을 수용하다

- accommodate a party 사람들을 수용하다
- accommodate people 사람들을 수용하다

12 address ~을 다루다, ~을 해결하다

- address a problem[an issue] 문제를 다루다

13 conduct ~을 행하다

- conduct a survey[research] 조사를 하다
- conduct an opinion poll 여론조사를 하다
- conduct a study 연구를 하다

14 meet ~을 충족시키다

- meet the demands[needs] 수요를 충족시키다
- meet the requirements 요건을 충족시키다
- meet the deadline 마감일을 충족시키다

- meet the expectation 기대를 충족시키다

15 follow ~을 따르다

- follow procedures 절차를 따르다
- follow steps 조치를 따르다
- follow instructions 지시 사항을 따르다
- follow precautions 예방 조치를 따르다

16 boost ~을 북돋우다

- boost production 생산을 북돋우다
- boost sales 판매를 북돋우다

17 arrange ~을 준비하다, ~을 정하다

- arrange a replacement 대체 물품을 준비하다
- arrange an appointment 약속을 정하다
- arrange a schedule 일정을 정하다

18 enhance ~을 향상시키다

- enhance the efficiency 효율성을 향상시키다
- enhance the quality 품질을 향상시키다
- enhance the reputation 명성을 향상시키다
- enhance the productivity 생산성을 향상시키다

19 gain ~을 얻다

- gain a reputation 명성을 얻다
- gain recognition 인정을 얻다
- gain access to 접근 권한을 얻다
- gain approval 승인을 얻다

20 forward ~을 보내다

- forward materials 자료를 보내다
- forward a document 문서를 보내다

21 establish ~을 확립하다

- establish a security policy 보안 정책을 확립하다
- establish a relationship 관계를 확립하다
- establish a safety guideline 안전 기준을 확립하다

22 attract ~을 끌다, ~을 유치하다

- attract a professional 전문가를 유치하다
- attract attention 관심을 끌다
- attract a customer 고객을 끌다
- attract a tourist 관광객을 유치하다

23 present ~을 제시하다

- present a photo identification 사진이 부착된 신분증을 제시하다
- present a receipt 영수증을 제시하다

24 renew ~을 갱신하다

- renew (a) subscription 구독을 갱신하다
- renew a contract 계약을 갱신하다

25 release ~을 발표하다, ~을 공개하다

- release figures 수치를 발표하다
- release a new product 신제품을 공개하다
- release a statement 성명서를 발표하다

26 increase ~을 증가시키다

- increase sales 판매를 증가시키다
- increase production 생산량을 증가시키다
- increase effectiveness 효율성을 증가시키다

27 assume ~을 맡다

- assume responsibility 직무를 맡다
- assume a position 직위를 맡다

28 announce ~을 발표하다, ~을 알리다

- announce **the opening** 시작을 알리다
- announce **sales figures** 판매 수치를 발표하다
- announce **changes** 변화를 알리다
- announce **a performance** 공연을 알리다
- announce **expansion** 확장을 알리다

29 foster ~을 촉진하다

- foster **sales** 판매를 촉진하다
- foster **production** 생산을 촉진하다
- foster **relations** 관계를 촉진하다

30 develop ~을 개발하다, ~을 발전시키다

- develop **procedures** 절차를 발전시키다
- develop **a new product** 신제품을 개발하다
- develop **a strategy** 전략을 개발하다
- develop **a new process** 새 공정을 개발하다

31 alleviate ~을 경감시키다 (= relieve)

- alleviate **the pain[suffering]** 고통을 경감시키다
- alleviate **a problem** 문제를 경감시키다
- alleviate **congestion** 교통 정체를 경감시키다
- alleviate **traffic** 교통량을 경감시키다

32 operate ~을 가동하다, ~을 작동시키다

- operate **equipment** 장비를 가동하다
- operate **assembly line** 조립 라인을 작동시키다

33 raise ~을 제기하다, ~을 올리다, ~을 높이다

- raise **a question** 문제를 제기하다
- raise **subscription rates** 구독료를 높이다
- raise **awareness** 인식을 높이다

34 undergo ~을 받다, ~을 겪다

- undergo **training** 교육을 받다
- undergo **renovation** 보수공사를 겪다
- undergo **a change** 변화를 겪다

35 waive ~을 포기하다, ~을 면제하다

- waive **the tax** 세금 청구를 포기하다
- waive **the penalty** 벌금을 면제하다

36 perform ~을 이행하다

- perform **an experiment** 실험을 이행하다
- perform **a role** 역할을 이행하다
- perform **a task** 업무를 이행하다

37 include ~을 포함하다

- include **a workshop** 워크숍을 포함하다
- include **a session** 세션을 포함하다
- include **an event** 행사를 포함하다

EX 15 Employees should ------- their missions faithfully in accordance with the company policy.

(A) operate
(B) perform
(C) increase
(D) renew

☀ 이렇게 해결해요!

빈칸이 목적어 missions 앞에 있으므로 missions와 어울리는 동사를 선택해야 한다. (B)의 perfom은 목적어 missions와 결합하여 '임무를 수행하다'의 뜻을 이룰 수 있으므로 (B)가 정답이다. 문맥상 (A), (C), (D)는 어색하다.

어휘 perform 수행하다, 공연하다, 연주하다 faithfully 충실하게   in accordance with ~와 조화를 이루어, ~에 따라   renew ~을 갱신하다

해석 직원들은 회사 정책에 따라 충실하게 임무를 수행해야 합니다.

정답 (B)

EX 16 The sales department will establish an active marketing plan this year to ------- consumer awareness.

(A) increase
(B) develop
(C) expect
(D) raise

☀ 이렇게 해결해요!

빈칸이 목적어 consumer awareness 앞에 있으므로 그와 어울리는 동사를 선택해야 한다. (D)의 raise는 목적어 consumer awareness와 결합하여 '소비자 인식을 높이다'의 뜻을 이룰 수 있으므로 (D)가 정답이다. 문맥상 (A), (B), (C)는 어색하다.

어휘 establish 설립하다, 수립하다 awareness 인식 raise ~을 올리다, ~을 높이다

해석 영업부서는 소비자 인식을 높이기 위해 올해 적극적인 홍보 계획을 수립할 예정이다.

정답 (D)

CHECK-UP TEST

앞서 배운 스킬을 사용하여 최대한 신속하고 효율적으로 문제를 풀이하자.

1. To overcome fierce -------, you need to develop innovative products.

(A) improvement
(B) competition
(C) foundation
(D) attention

4. We have to ------- the contract by the end of this month and report it to the finance team.

(A) renew
(B) adhere
(C) affect
(D) cause

2. I reached the ------- that there was an error in some of the content of the paper.

(A) conclusion
(B) procedure
(C) authority
(D) emergency

5. Keep in mind that prolonged ------- to UV light can cause skin cancer.

(A) improvement
(B) attention
(C) investment
(D) exposure

3. The CEO made a ------- donation to charity at the end of the year.

(A) quick
(B) generous
(C) stubborn
(D) successful

▶ 정답 및 해설은 330쪽

선지만으로
정답의 단서를 파악하는 요령

☑️ 출제 경향

PART 5&6에 제시되는 어휘 문제를 풀다 보면 완벽하게 모든 어휘의 뜻을 이해하고 풀 수 있는 문제도 있지만 그렇지 않은 경우도 허다하다. 이럴 경우에는 유용하게 활용될 수 있는 편법을 통해 정답의 범위를 좁혀나갈 수 있다.

🚩 정답 공식 ❶

동사 어휘 문제에선 오답 소거 방식을 사용하라!

▶ 어휘 문제는 문법 공식처럼 명확하게 틀린 것과 맞는 것을 분류해 내기가 쉽지 않다. 왜냐하면 그 뜻을 대입해 보면 어느 정도 의미가 그럴 듯하게 통하는 선지들이 나올 수 있기 때문이다. 동사 어휘 문제에서 이러한 경우를 맞닥뜨렸다면 처음부터 정답을 고르기보다 확실한 오답을 하나둘씩 소거해 나가는 방법도 유용하다.

> **EX 1** If you want to return this product, you need to ------- a reason why you are returning it.
>
> (A) speak
> (B) give
> (C) remit
> (D) affect

☀️ 이렇게 해결해요!

문장에 선지의 동사들을 대입시켰을 때 확신이 들 만한 정답이 보이지 않을 때는 다음과 같은 단계의 오답 소거 방식을 고르는 방식도 생각해 볼 수 있다.

STEP 1 | 문맥상 도저히 맞지 않는 것을 먼저 오답으로 분류한다

(D) affect는 '~에 영향을 미치다, ~인 양 꾸미다'의 의미이므로 문맥상 어울리지 않는다.

STEP 2 | 자동사와 타동사의 분류로 오답을 소거한다

(A) speak는 자동사이므로 뒤에 to와 결합해야 한다. 따라서 정답에서 제외한다.

STEP 3 | 단어의 특성상 어울리는 목적어를 선택한다

(C) remit은 타동사이지만 그 의미상 목적어로 돈과 관련된 것이 제시되기 마련이다. 그런데 'give a reason(이유를 설명하다)'은 자연스러운 표현이므로 정답은 (B)가 된다.

> **어휘**   remit 송금하다, 면제하다
>
> **해석**   이 제품을 반품하려면 반품 사유를 제시해야 합니다.
>
> **정답**   (B)

> **EX 2** Tamphenol will ------- the client when the goods are ready for shipment at the agreed location.
>
> (A) notify
> (B) announce
> (C) forward
> (D) speak

☀️ 이렇게 해결해요!

문장에 선지의 동사들을 대입시켰을 때 확신이 들 만한 정답이 보이지 않을 때는 다음과 같은 단계의 오답 소거 방식을 고르는 방식도 생각해 볼 수 있다.

STEP 1 | 문맥상 도저히 맞지 않는 것을 먼저 오답으로 분류한다

(B) announce는 '~을 발표하다'의 의미이므로 문맥상 어울리지 않는다. (C) forward도 동사로 '~을 전송하다'의 의미이므로 문맥상 the client를 목적어로 취할 수 없다.

(D) speak는 자동사이므로 목적어를 취하려면 speak to ~로 연결되어야 한다. 따라서 정답에서 제외한다.

STEP 3 | 단어의 특성상 어울리는 목적어를 선택한다

(A) notify는 '공지하다, 알리다'의 의미이므로 목적어로 사람이나 업체 등이 올 수 있다. 여기서도 notify the client(고객에게 공지하다)의 의미가 형성되므로 정답은 (A)가 된다.

> **어휘** notify 공지하다, 알리다   shipment 선적
>
> **해석** Tamphenol은 합의된 장소에서 상품을 선적할 준비가 되면 고객에게 알린다.
>
> **정답** (A)

🚩 정답 공식 ❷

선지만으로도 정답의 범위를 최대한 줄여라!

▶ 어휘 문제에선 선지의 품사나 뜻만으로 어느 정도 정답의 범위를 축소할 수 있다. 다음과 같은 공식을 익혀 최대한 정답의 확률을 높이는 것도 하나의 유용한 풀이 전략이 될 수 있다.

(1) 선지에 뜻이 엇비슷한 어휘 한 쌍이 있으면 둘 중 하나가 정답이다.

동일한 품사로 이루어진 선지 4개 중 동의어는 아니지만 문맥상 뜻이 엇비슷한 한 쌍이 있으면 둘 중 하나가 정답이다.

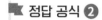

1. (A) release   (B) delivery   (C) supply   (D) transportation

➡ 각각의 의미를 살펴보면, (A)는 '석방, 해제', (B)는 '배달', (C)는 '공급', (D)는 '수송'이다. 그런데 (B)와 (D)는 동일한 의미는 아니지만 '전달'이라는 큰 맥락에서는 유사한 의미를 내포하고 있으므로 이 중에서 정답을 선택한다.

2. (A) moderately   **(B) evenly**   (C) extremely   (D) dramatically

➡ 각각의 의미를 살펴보면, (A)는 '알맞게', (B)는 '대등하게', (C)는 '매우', (D)는 '상당히'이다. 여기에서 (C)와 (D)는 각각 '매우'와 '상당히'의 의미로, 그 의미가 유사하기 때문에 이 중에서 정답을 선택한다.

3. (A) escalation   **(B) subtraction**   (C) expansion   **(D) estimation**

➡ 각각의 의미를 살펴보면, (A)는 '단계적 확대', (B)는 '공제', (C)는 '규모의 확장', (D)는 '견적'이다. 여기에서 (A)와 (C)는 '확장, 확대, 확산'이라는 개념 안에서 의미가 유사하므로 이 중에서 정답을 선택한다.

EX 3   Mr. Silva ------- the chandelier's light bulb on the ceiling with a new one.

    (A) replaced
    (B) planned
    (C) converted
    (D) selected

🔆 이렇게 해결해요!

동사를 고르는 어휘 문제이다. 일단 선지에서 비슷한 의미의 단어를 찾아본다. (A) replaced와 (C) converted는 뜻이 비슷한 단어들이므로 이 둘 중에 정답이 숨어 있다. 문맥상 '전구를 교체하다'가 더 적합하므로 정답은 (A)이다. 이처럼 유사한 맥락의 선지가 동시에 등장할 때는 이 둘 중에서 정답을 고르면 된다.

어휘   replace 교체하다, 대체하다   light bulb 전구   convert 변환하다, 바꾸다

해석   Silva 씨는 천장에 달린 샹들리에의 전구를 새 것으로 교체했다.

정답   (A)

(2) 선지에 다음과 같이 뜻이 대조되는 어휘 한 쌍이 나오면 둘 중 하나가 정답이다.

선지 중에서 뜻이 대조되는 어휘 한 쌍이 나오면 나머지 선지는 무시하고 이 둘 중에서 문맥을 통해 알맞은 것을 정답으로 선택한다.

1. (A) close   (B) place   (C) open   (D) view

➡ 각각의 의미를 살펴보면, (A)는 '닫다', (B)는 '놓다', (C)는 '열다', (D)는 '여기다, 보다'이다. 이 중에서 close와 open은 서로 상반된 의미를 지니고 있으므로 (B)와 (D)는 정답에서 제외하고, 이 두 개의 선지에서 정답을 선택한다.

2. (A) relatively   (B) temporarily   (C) continually   (D) already

➡ 각각의 의미를 살펴보면, (A)는 '상대적으로', (B)는 '일시적으로', (C)는 '지속적으로', (D)는 '이미'이다. 이 중에서 temporarily와 continually는 서로 상반된 의미를 지니고 있으므로 (A)와 (D)는 정답에서 제외하고, 이 두 개의 선지에서 정답을 선택한다.

3. (A) connection   (B) division   (C) variety   (D) unity

➡ 각각의 의미를 살펴보면, (A)는 '연결, 접속', (B)는 '분할, 분리, 분열', (C)는 '다양성', (D)는 '통합, 통일'이다. 이 중에서 division과 unity는 서로 상반된 의미를 지니고 있으므로 (A)와 (C)는 정답에서 제외하고, 이 두 개의 선지에서 정답을 선택한다.

EX 4 ------- completing your resume, submit it to the Human Resources department.

(A) Because of
(B) After
(C) Prior to
(D) Whenever

☀ 이렇게 해결해요!

일단 선지들 간의 관계를 살펴보도록 하자. 선지를 보면 뜻이 서로 대조되는 (B) After와 (C) Prior to가 보인다. 따라서 둘 중 하나가 정답임을 직감한다. 문맥상 이력서 작성을 마친 후 제출해야 하므로 정답은 (B)이다.

> **어휘** complete 완성하다, 마치다 resume 이력서 prior to ~에 앞서서
>
> **해석** 이력서 작성을 마친 후 인사 부서에 제출하십시오.
>
> **정답** (B)

▚ 정답 공식 ❸

> ### 선지에 뜻과 품사가 모두 동일한 어휘가 한 쌍이 있다면 둘 다 오답으로 소거해라!

▶ 선지 중 다음과 같이 뜻과 품사가 모두 동일한 어휘가 나온다면 둘 다 오답으로 분류해도 무방하다.

1. (A) largely   (B) hardly   (C) rarely   (D) initially

➡ 우선 각각의 뜻을 살펴보면, (A)는 '크게, 주로', (B)는 '거의 ~ 아니다', (C)는 '거의 ~ 아니다', (D)는 '처음에는'이다. 그런데 hardly와 rarely는 둘 다 '거의 ~ 아니다'라는 의미의 부사로 쓰인다. 따라서 그 뜻과 품사가 모두 동일하므로 일단 이 두 선지는 오답으로 분류한다.

2. (A) complaint   (B) point   (C) attention   (D) summary

➡ 우선 각각의 뜻을 살펴보면, (A)는 '불평, 고소', (B)는 '요점, 의견', (C)는 '주목, 관심', (D)는 '요약, 개요'이다. 이 중에서 point와 summary는 모두 명사로, '요점, 요지'의 뜻을 지니고 있다. 따라서 그 뜻과 품사가 모두 동일하므로 일단 이 두 선지는 오답으로 분류한다.

3. (A) due to   (B) even though   (C) as far as   (D) while

➡ 우선 각각의 뜻을 살펴보면, (A)는 '~ 때문에', (B)는 '비록 ~일지라도', (C)는 '~하는 한', (D)는 '~이긴 하지만, ~에도 불구하고'이다. 그런데 even though와 while은 부사절 접속사로, '~이지만, ~임에도 불구하고'라는 양보의 의미를 나타낼 수 있다. 물론 while은 이 외에도 '~하는 동안'이라는 뜻도 있지만 아무튼 even though와 동일한 뜻을 지니고 있으므로 같은 계열로 분류할 수 있다. 따라서 그 뜻과 품사가 모두 동일하므로 일단 이 두 선지는 오답으로 분류한다.

EX 5 The ------- for improving education and training must be completed by the end of this month.

(A) proposal

(B) advantage

(C) complaint

(D) benefit

☀️ 이렇게 해결해요!

선지들 간의 관계를 먼저 살펴보면 (B) advantage와 (D) benefit은 '이익, 혜택'이라는 동일한 뜻을 지니고 있다. 따라서 이 두 선지는 정답에서 우선 배제한다. 문맥상 정답으로 적합한 것은 (A) proposal이다.

어휘   proposal 제안(서) improve 개선하다, 향상시키다 complaint 불평, 불만

해석   교육과 훈련 개선에 대한 그 제안서는 이달 말까지 완료되어야 한다.

정답   (A)

▶ 정답 공식 ④

빈칸 앞 또는 뒤에 대조 어구가 발견되면 선지의 품사부터 파악해라!

▶ 문제에서 대조 및 역접을 뜻하는 등위접속사(but, yet), 접속부사(however), 부사절 접속사(although, though, while), 또는 양보의 전치사(despite, in spite of) 등이 나왔다면 선지의 품사부터 확인한다. 그리고 문제에서 선지의 품사와 동일한 품사를 찾아 어떤 선지가 그 품사와 대조되는 뜻인지 파악하여 정답으로 선택한다.

EX 6 He was still ------- as to which career to choose, but his colleagues had already made a clear decision.

(A) uncertain
(B) simple
(C) significant
(D) obvious

☀ 이렇게 해결해요!

위의 문제에서 대조 어구(but)가 제시되었고, 선지의 품사는 형용사이다. 그렇다면 but 이하의 구문에서 형용사를 찾아본다. 그리고 but 이하의 구문에서 찾은 형용사 clear와 대조되는 단어를 선지에서 찾으면 된다. 따라서 정답은 '불명확한, 모호한;의 의미인 (A)가 된다. 이는 대조되는 어휘 한 쌍 중에 정답이 있다는 공식과도 일치되는 유형이다.

> **어휘** uncertain 불확실한 colleague 동료 significant 중요한, 상당한
>
> **해석** 그는 어떤 직업을 선택해야 할지 여전히 불확실했지만 그의 동료들은 이미 명확한 결정을 내렸다.
>
> **정답** (A)

문제에서 제시된 동사의 문장 구조에서 정답의 단서를 찾아라!

▶ 동사는 그 문장의 구조를 이루는 뼈대이다. 그리고 어떤 동사가 쓰였느냐에 따라 문장 구조가 이루어지는 경우가 많다. 따라서 문장의 동사별로 자주 쓰이는 문장 구조를 익혀놓는다면 정답을 고르는 데 상당한 도움을 받을 수 있다. 그리고 이 공식은 동사 어휘뿐만 아니라 다른 품사를 구하는 문제에서도 적용될 수 있다. 다음의 한 예를 보도록 하자.

> **EX 7** He asked many questions ------- me in constructing the institute.
>
> (A) in
> (B) for
> (C) to
> (D) of

☀ 이렇게 해결해요!

위 문제는 문맥에 맞는 전치사를 묻는 문제이다. 언뜻 해석의 내용으로 비추어 보아 '~에게'라는 뜻이 들어가야 하는데, 일반적으로 이 뜻에 해당하는 전치사를 to라고 알고 있는 경우가 많다. 하지만 이 문제에서 제시된 문장은 'ask + (직접)목적어 + of + (간접)목적어로 이루어진 3형식 구문이다. 즉, 원래 He asked me many questions ~.라는 4형식 구문이 3형식으로 바뀐 구문인데, 동사가 ask일 때는 이러한 경우 to me가 아니라 of me로 연결이 된다. 이는 동사의 구조를 알고 있는 경우라면 쉽게 풀 수 있지만, 그 구조를 모른다면 여간 난해한 문제가 아니다. 따라서 아래에 있는 동사의 문장 구조라도 확실히 익혀놓도록 하자.

어휘   ask A of B B에 대해 A에게 묻다   construct 건설하다, 건축하다

해석   그는 내게 그 기관 설립에 관하여 많은 질문을 던졌다.

정답   (D)

(1) '동사 + 목적어 + that절'의 구조

동사 inform, notify, advise, remind, assure, convince, tell, persuade, instruct 등은 목적어 다음에 that절을 취하는 동사들이다.

inform 알리다
notify 알리다
advise 충고하다
remind 깨닫게 하다
assure 보장하다   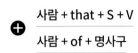 사람 + that + S + V
convince 확신시키다   사람 + of + 명사구
tell 말하다
persuade 설득하다
instruct 지시하다
warn 경고하다

EX 8 The earthquake in Japan yesterday ------- us that humans are very vulnerable to the rage of nature.

(A) reminds
(B) mentions
(C) announces
(D) indicates

☀ 이렇게 해결해요!

빈칸에 적합한 동사 어휘를 묻고 있는 문제로 마치 전반적인 문맥에 적합한 동사 어휘를 묻는 문제로 출제된 것 같지만 사실 관건은 동사 뒤에 등장하는 간접목적어 us 와 명사절 접속사 that이 이끄는 직접목적어 역할을 하는 명사절 humans are very vulnerable to the rage of nature을 취할 수 있는 동사를 파악하는 데에 있다. 따라서 빈칸에는 reminds가 와야 한다.

어휘   earthquake 지진   vulnerable 취약한, 연약한

해석   어제 있었던 일본에서의 지진은 인간이 자연의 분노 앞에 얼마나 유약한 존재인지를 상기시켜주고 있다.

정답   (A)

EX 9   Our board members have already notified creditors ------- their intention and expect to meet early next month.

(A) for
(B) of
(C) with
(D) against

☀ 이렇게 해결해요!

빈칸에 적합한 전치사를 요하는 문제이다. 마치 문맥에 적합한 전치사를 묻는 문제로 출제된 것 같지만 사실 문제 해결의 관건은 동사에 있다. 동사인 notified는 목적어 뒤에 of 전치사구를 대동하는 동사이므로 빈칸에는 전치사 of가 와야 한다.

어휘   notify 알리다, 통지하다   intention 의도

해석   우리 이사진들은 이미 채권자들에게 그들의 의도를 전달했고 다음달 초에 채권자들과 만남을 가질 것으로 예상하고 있다.

정답   (B)

(2) '동사 + that절'의 구조

타동사 다음에 바로 that절이 나와 목적어로서 명사절을 이루는 동사가 있다.

indicate 나타내다
suggest 제안하다
recommend 권고하다
predict 예상하다
anticipate 기대하다
announce 발표하다
regret 후회하다
confirm 확인하다   ➕   that + S + V
mandate 명령하다
ensure 반드시 ~하게 하다
conclude 결론을 내리다
claim 주장하다
specify 명시하다
stipulate 명시하다
realize 깨닫다

EX 10 The CEO ------- that he would select a successor by tomorrow.

(A) forced
(B) announced
(C) offered
(D) advised

☀ 이렇게 해결해요!

that절로 이어지는 명사절을 목적어로 취하는 동사를 묻는 문제이다. (A)와 (D)는 모두 그 뒤에 '목적어 + to부정사'를 대동하는 동사들이다. 또한 (C)는 수여동사로 그 뒤에 간접목적어와 직접목적어를 동시에 취해야 한다. 따라서 that절로 이어지는 명사절을 목적어로 취할 수 있는 (B)가 정답이다. 어휘의 뜻을 몰라도 문장 구조만으로 정답의 단서를 파악할 수 있는 유형의 어휘 문제이다.

어휘 select 선정하다, 채택하다 successor 후임자

해석 그 CEO가 내일까지 후임자를 선임하겠다고 발표했다.

정답 (B)

(3) '동사 + IO(간접목적어) + DO(직접목적어)'의 구조
동사 뒤에 간접목적어와 직접목적어를 연결하는 수여동사의 유형을 알아두어야 한다.

offer 제공하다
grant 수여하다
award 수여하다
issue 발급하다
send 보내다   ➕ IO + DO
assign 할당하다
give 주다
buy 사다
bring 가지고 오다

EX 11 The city's mayor ------- citizens a new alternative to housing policy.

(A) claimed
(B) allowed
(C) offered
(D) persuaded

☀ 이렇게 해결해요!
문장의 구조는 주어와 동사, 그리고 간접목적어와 직접목적어로 이어지는 4형식 구문임을 알 수 있다. 따라서 동사의 자리인 빈칸에는 4형식 동사만이 허용될 수 있다. 선지 중 4형식 동사는 (C)뿐이다. (A)는 명사절을 목적어로 취하는 3형식 동사이며,

(B)와 (D)는 모두 '목적어 + to부정사'를 취하는 5형식 동사이다.

> **어휘**   mayor 시장   citizen 시민
>
> **해석**   그 시의 시장은 주택 정책에 대한 새로운 대안을 시민들에게 제안했다.
>
> **정답**   (C)

(4) '동사 + 목적어 + to부정사'의 구조

동사 뒤에 목적보어로서 to부정사를 취하는 동사들을 알아두어야 한다.

enable ~할 수 있게 하다
advise 충고하다
allow 허락하다
ask 요청하다
contract 계약을 맺다
direct 지시하다
expect 기대하다
force 강요하다   ➕ A + to do
instruct 지시하다
intend 의도하다
invite 초청하다
persuade 설득하다
prepare 준비하게 하다
remind 상기시키다
request 요구하다
require 요구하다

EX 12 Technological advancements have ------- staff members to communicate regardless of whether they are in the office or not.

(A) posted
(B) enabled
(C) decided
(D) expected

☀️ 이렇게 해결해요!

문장의 구조는 '동사 + 목적어 + to do'로 이어지는 5형식 구문이다. 따라서 동사의 자리인 'have + -------'에는 5형식 동사 형태가 들어가야 한다. 선지 중에선 (B)와 (D)를 고려할 수 있는데, (D)를 사용하려면 사람 주어가 나와야 하지만 문장의 주어 는 '기술 발전'이므로 (B)가 더 적합하다.

어휘 technological advancement 기술 발전 enable + 목 + to do …가 ~하는 것을 가능 하게 하다 staff members 직원들 communicate 의사소통하다 regardless of ~와 상관없이 post 게시하다, 게재하다

해석 기술 발전은 직원들이 사무실에 있든 없든 상관없이 의사소통을 가능하게 해주었다.

정답 (B)

1. Actually, insufficient effort was made by city officials in advance to ------- people of the road blocks and detour routes.

   (A) answer
   (B) complain
   (C) respond
   (D) inform

2. The expert ------- local people that all the money spent on building the facilities will be returned due to the surge in tourism during the international event.

   (A) confirms
   (B) approves
   (C) recommends
   (D) assures

3. The earthquake in Japan yesterday ------- us that humans are very vulnerable to the rage of nature.

   (A) reminds
   (B) mentions
   (C) announces
   (D) indicates

4. Rafting at a high level is not possible ------- the preliminary training course has been completed.

   (A) otherwise
   (B) therefore
   (C) unless
   (D) after

5. I ------- the agency to complete the facility work on time.

   (A) reminded
   (B) assign
   (C) confirm
   (D) inform

▶ 정답 및 해설은 330쪽

PART 6
주요 유형
정답 공식

출제 빈도 **매회 평균 1.39개**

접속부사

✅ 출제 경향

PART 6에서 유독 많이 등장하는 문법의 문제 유형이 있는데, 바로 접속부사이다. 접속부사는 말 그대로 접속사와 부사의 역할을 동시에 수행하는데, 문장과 문장을 유연하게 연결해 주는 역할을 한다. 지문 형식으로 등장하는 PART 6의 문제 유형에 적합한 문법 유형이므로 유독 PART 6에서만큼은 거의 매회 1문제 이상 출제될 정도로 비중이 높다. 따라서 접속부사의 용례와 종류를 철저히 숙지해 두도록 하자.

🚩 정답 공식

선지에 접속부사가 있고, 문제에 아래의 구조가 등장하면 빈칸은 접속부사의 자리이다!

1) 'S + V. 접속부사, S + V'

2) 'S + V. S + 접속부사 + V'

3) 'S + V, and + 접속부사 + S + V'

4) 'S + V: 접속부사, + S + V'

▶ 접속부사는 두 개의 절 사이에 위치하고 있다는 점에서 두 개의 절을 이어주는 접속사와 혼동하기 쉽지만 접속부사는 접속사가 아니라 두 절의 내용을 논리적으로 적절하게 이어주는 연결어 역할을 하는 부사임에 주의한다. 또한 접속부사는 접속부사 중에서 빈칸에 내용적으로 적절한 접속부사를 구분할 것을 요구하는 유형의 문제와 빈칸에 적합한 것이 접속사인지 혹은 접속부사인지 파악할 것을 요구하는 유형의 문제가 출제되고 있다.

● 주요 접속부사

다양한 접속부사 표현을 숙지하여 문맥에 적합한 접속부사를 택일할 수 있도록 함과 동시에 접속사와 접속부사를 확실히 구분할 수 있도록 숙지해야 한다.

- 역접 관계: But, However, Nonetheless, Nevertheless, Still, In fact
- 첨가/추가 관계: Moreover, Furthermore, Besides, In addition, Additionally
- 인과 관계: So, Therefore, Thus, Hence, Consequently, As a result
- 예시 관계: For example, For instance
- 조건 관계: Otherwise
- 전환 관계: On the other hand, By the way
- 환언 관계: In other words

▶ 역접 관계, 첨가/추가 관계, 인과 관계에 관한 접속부사의 출제 비중이 높으며 특히 however, moreover, furthermore, in addition, therefore, as a result, otherwise가 정답으로 출제되는 경우가 많다.

EX 1 letter

June 3

Mr. Wesley Burberry
Bella Chemicals
7411 West 12th Street
Queens, NY 11224

Dear Mr. Burberry,

We have pleasure in informing you that we are opening our branch in Queens next Tuesday, June 10. -------, we are able to reduce distribution costs. This can be passed on to our customers in the form of price reduction. We believe this will greatly benefit you and your company.

(A) By the way
(B) Otherwise
(C) As a result
(D) For instance

🔆 이렇게 해결해요!

선지를 통해 빈칸이 접속부사의 위치임을 알 수 있다. 빈칸 앞에 새로운 지점이 개설될 예정임을 밝히고 있으며, 빈칸 뒤에는 유통 비용을 절감하는 것이 가능하게 되었다는 내용을 언급하고 있다. 그러므로 빈칸에는 새로운 지점 개설로 인해 유통 비용의 절감이 가능하게 되었다는 결과를 제시하는 문맥을 구성할 수 있는 as a result가 와야 한다.

어휘 reduce 줄이다, 축소하다   distribution costs 유통 비용

해석 6월 3일

Mr. Wesley Burberry
Bella Chemicals
웨스트 12번가 7411
Queens, NY 11224

Burberry 씨께,

저희는 다음주 화요일, 6월 10일 Queens에 새로운 지점을 개설하게 되었음을 알려드리게 되어 기쁩니다. 그에 따른 결과로 저희는 유통 비용을 절감하는 것이 가능하게 되었습니다. 이는 우리 고객에게 가격 인하라는 형태로 전달될 수 있을 것으로 생각합니다. 저희는 이것이 귀하와 귀사에게 큰 혜택으로 작용할 것이라 믿습니다.

정답 (C)

EX 2 **E-mail**

To: Jane Rose <js@newenglandsteel.com>
From: Andrew Kim <ak@bkconstruction.com>
Date: April 5
Subject: About an order

Dear Ms. Rose,

I represent the BK Construction, which is going to build a new suspended bridge in Los Angeles next month. We are much interested in purchasing your newly developed steel cables.

Initially, we would like to place an order for a few cables. -------, could you offer us bulk discounts if we make big purchases next time?

(A) While
(B) However
(C) Therefore
(D) In addition

I look forward to hearing from you soon.

Sincerely,

Andrew Kim
President
BK Construction

☀ 이렇게 해결해요!

EX 1 과 마찬가지로 선지를 통해 빈칸이 접속부사의 위치임을 알 수 있다. 빈칸 앞에는 몇 개의 강철 케이블을 주문하겠다는 의사를 표현하고 있으며, 빈칸 뒤에는 대규모 주문을 하게 된다면 대량 구매에 따른 할인 혜택을 제공할 수 있는지 묻고 있다. 따라서 빈칸에는 소규모 주문에 대한 의사와 대량 구매에 따른 할인 혜택이라는 서로 상반되는 내용을 연결해 줄 수 있는 접속부사 However가 와야 한다.

해석 수신: Jane Rose<js@newenglandsteel.com>
발신: Andrew Kim<ak@bkconstruction.com>
날짜: 4월 5일
제목: 주문에 대해

Rose 씨께

저는 다음달 Los Angeles에서 새로운 현수교를 건설할 예정인 BK Construction 사를 대표하고 있습니다. 저희는 귀사에서 새로 개발된 강철 케이블을 구매하는데 큰 관심이 있습니다.

우선 저희는 몇 개의 강철 케이블을 주문하려 합니다. 그러나 저희가 다음에 대규모 주문을 하게 된다면 대량 구매에 따른 할인 혜택을 제공해 주실 수 있는지요?

곧 귀사로부터 답변을 듣길 기대합니다.

Andrew Kim
사장
BK 건설

정답 (B)

Questions 131-134 refer to the following e-mail.

To: David McDonald <dmcdonald@mimielectronics.com>

From: Isabella Choi <bellachoi@zenithtech.com>

Date: April 5

Subject: About your inquiry

Dear Mr. McDonald,

Thank you for your interest in Zenith Technologies. -------, I am afraid that
131.
we will not be able to supply you with the information you requested last
week.

-------. I feel that providing this kind of information to a particular individual
132.
would jeopardize the long-term relationships with our affiliates and retail
shops.

I ------- the March 1 issue of *San Jose Chronicle*. In the articles we do not
133.
reveal details on the matters you requested, I am sure that they will give you
some general ideas on how ------- laptop computers are manufactured.
134.

Thank you for your interest.

Very truly yours,

Isabella Choi

Product Development Director

Zenith Technologies

---

131. (A) Now that
(B) Nevertheless
(C) Furthermore
(D) In spite of

132. (A) I am pleased to offer you the position of Quality Control Manager.
(B) According to our policy, unauthorized personnel must not access confidential documents.
(C) Actually, we think our laptop computers still require more time for technical development.
(D) We have strict policy not to disclose manufacturing process to any outside entities.

133. (A) enclose
(B) have enclosed
(C) were enclosed
(D) will enclose

134. (A) our
(B) yours
(C) which
(D) their

Questions 135-138 refer to the following letter.

Garden Electronics Market

11800 Harder Blvd

Columbus, IL 61602

Ms. Kate Hudson

Della Electronics

110 Main Street

San Diego, CA 92110

Dear Ms. Hudson,

We are pleased to ------- your order of January 10.
135.

-------, because of unexpected shortage of computer chip supply, "Digital
136.
Computer Graphic Card" has been out of stock and we are unable to fill
your order at this time.

May substitute your order by the product called "Ultimate Computer Graphic Card"? It is the minor upgraded version of the graphic card you are looking for, and there is no big and outstanding between them. Please let us know how you feel about ------- proposal.
137.

138.

Sincerely yours,

Lisa Kim

Sales Director

Garden Electronics Market

135. (A) acknowledge
(B) place
(C) fulfill
(D) terminate

136. (A) Although
(B) However
(C) Thus
(D) In addition

137. (A) our
(B) its
(C) which
(D) one

138. (A) We will return your payment for this order.
(B) Thank you for giving us this opportunity to serve you.
(C) We look forward to serving you soon again.
(D) I am very confident you will find it was worth waiting.

▶ 정답 및 해설은 332쪽

출제 빈도 매회 평균 **2.36**개

시제

✔️ 출제 경향

PART 6에서 출제되는 문법 문제의 특징 중 한 가지는 PART 5의 시제 문제와는 달리 해당 문장에서 시제를 파악할 수 있는 관련 부사 표현이 제대로 등장하지 않는다는 사실이며, 이로 인해 PART 6의 시제 문제가 상대적으로 더 어렵게 느껴질 수밖에 없다. 따라서 PART 6는 시제 문제와 빈칸 내용 추론 문제에 대비하기 위해서라도 지문의 내용을 정독하는 것이 현명하다. 동시에 시제 관련 문제를 상대적으로 수월하게 풀이할 수 있는 몇 가지 방법이 있으므로 이를 소개한다.

🚩 정답 공식 ❶

선지에 미래 시제가 있고, 주절의 동사가 미래의 의미를 지니는 hope, expect(anticipate), announce와 같은 동사인 경우 빈칸에는 미래 시제의 동사가 와야 한다!

▶ 빈칸 주변에 시제를 파악할 수 있는 관련 부사 표현이 등장하지 않는 경우 PART 6에서 출제되는 동사의 시제 문제의 대부분은 미래 시제가 정답으로 출제된다. 특히 지문이 notice(공지), announcement(안내, 공지), letter(편지)인 경우 동사의 시제는 대부분 미래 시제가 출제된다.

EX 1 e-mail

To: Matthew Parker<mp@zenith.com>
From: Lisa Moore<lisamoore@kamonelectronics.com>
Date: June 20
Subject: About a discount

One of your competitors offered us the same products for
significantly low prices. Before we decide, we ------- you an
opportunity to renegotiate with discount rates on June 22.

(A) give
(B) gives
(C) have been given
(D) will give

☀ 이렇게 해결해요!

위 문장을 보면, 앞서 이메일을 보낸 날짜가 6월 20일이고, 가격 재협상을 할 수 있
는 날짜가 6월 22일이므로 빈칸에 나와야 할 동사 give의 시제는 미래 시제임을 알
수 있다.

어휘 competitor 경쟁자 significantly 상당히, 중요하게 renegotiate 재협상하다
discount rate 할인율

해석 수신: Matthew Parker<mp@zenith.com>
발신: Lisa Moore<lisamoore@kamonelectronics.com>
날짜: 6월 20일
제목: 할인에 대해

귀사의 경쟁사 중 한 곳에서 저희에게 동일한 제품에 대해 상당히 저렴한 가격을 제시했
습니다. 저희가 어느 곳에서 제품을 구매할지 결정하기에 앞서, 6월 22일에 귀사에게 할
인율에 관한 재협상을 할 수 있는 기회를 드리고자 합니다.

정답 (D)

January 10

Top Corporation
2524 North Street
Bakersfield, CA 93308

We have charged your Top Corporation account $7,311 under our standard terms of 30 days from the date of shipment. All payments must be in U.S dollars.

We confidently hope that you ------- with the fine quality of our products.

(A) satisfy
(B) were satisfied
(C) satisfying
(D) will be satisfied

☀ 이렇게 해결해요!

앞선 내용을 토대로 이미 주문한 제품을 발송했음을 알 수 있으므로 빈칸에는 발송한 제품에 대한 품질에 만족하길 바라는 내용이 나와야 한다. 또한 앞선 주절의 동사가 hope, 즉, 미래적 의미의 동사이므로 빈칸에는 역시 미래 시제를 지닌 동사가 와야 한다는 점을 파악할 수 있다. 따라서 정답은 미래 시제를 나타내는 (D)이다.

어휘 shipment 선적 confidently 확실하게

해석 1월 10일

Top Corporation
북가 2524
Bakersfield, CA 93308

일반적으로 선적 후 30일 이내에 지불하는 표준 조건으로 귀사 Top Corporation의 계좌에 7,311 달러의 지불을 청구하였습니다. 모든 지불은 필히 미화로 지급되어야 합니다.

당사 제품의 좋은 품질에 만족하시길 확신을 갖고 바라겠습니다.

정답 (D)

🚩 정답 공식 ②

선지에 조동사와 결합된 동사원형, 현재 시제, 현재진행 시제 등이 있고, 아래의 상황을 묻고 있다면 조동사와 결합된 동사원형, 현재 시제, 현재진행 시제가 정답이다!

1) 동사의 시제를 묻는 문장이 미래의 내용이라면 조동사와 동사원형이 조합된 형태의 동사가 와야 한다.

2) 동사의 시제를 묻는 문장의 내용이 확실한 미래 또는 일반적이고 보편적인 사실을 언급하고 있다면 정답은 현재동사이다.

3) 동사의 시제를 묻는 문장의 내용이 가까운 미래에 발생하는 일이나 행동을 언급하고 있다면 정답은 현재진행 시제이다.

▶ PART 6에서 출제되는 시제 문제의 대부분은 미래 시제가 정답으로 출제되는 경향이 있다. 그러나 문제의 시제가 미래 시제임에도 선지에 미래 시제가 등장하지 않는다면 현재 시제나 현재진행 시제 또는 will이 아닌 다른 조동사와 동사원형이 조합된 형태가 정답으로 제시될 수도 있음을 알아둬야 한다. 확실한 미래 또는 일반적이고 보편적인 사실은 현재 시제로 표현하며, 가까운 미래에 발생하는 일이나 행동 또한 현재진행 시제로 표현이 가능하다. 조동사 should, can, could, may, might, would like to, be going to, have to 등은 미래 시제를 표현하기에 충분하다.

✊ 한 가지만 더!

과거의 행동이 현재에도 영향을 미쳐 어떠한 결과를 도출하고 있는 의미인 경우 기간 표현이 없어도 과거 시제가 아니라 현재완료 시제를 정답으로 선택해야 한다. 아울러 현재완료 시제는 기간 표현(over / for/ in + (the past / the last) + 기간 / during / since)과 함께 등장하기도 하지만 PART 6에서는 이러한 기간 표현이 없이 현재완료 시제가 제시되는 경우가 더 많다는 사실도 함께 알아두도록 한다.

EX 3 announcement

To cope with the price increase of raw materials, we ------- the price of inorganic chemical products by 10%. This upcoming increase will affect all new contracts beginning July 1. But present inventory will be sold at current prices.

(A) raises
(B) must raise
(C) were raised
(D) have raised

We will do our best to provide high quality products at reasonable prices.

☀️ 이렇게 해결해요!

앞서 원자재 가격 인상에 대처하기 위한 조치임을 밝히고 있으며, 이후에는 향후에 있을 가격 인상을 언급하고 있다. 따라서 원자재 가격 인상으로 인해 피치 못하게 제품 가격을 인상할 수밖에 없다는 의미를 지니고 있으므로 빈칸에는 must raise가 와야 한다.

어휘	cope with ~에 대처하다 raw material 원자재 inorganic 무기질의 chemical 화학의 upcoming 다가오는 affect ~에 영향을 미치다 inventory 재고품
해석	원자재 가격의 인상에 대처하기 위해, 저희는 무기 화학 제품들의 가격을 10% 정도 인상할 수밖에 없습니다. 이 가격 인상은 7월 1일부터 시작하는 모든 신규 계약들에 적용됩니다. 하지만 재고품들은 현재 가격으로 판매될 것입니다. 저희는 적절한 가격에 고품질의 제품을 제공하기 위해 최선을 다하겠습니다.
정답	(B)

EX 4 **letter**

March 1

Ms. Mary McGowan
Brave Sound Technologies
25200 Harbor Road
Seattle, WA 98104

Dear Ms. McGowan,

We are really sorry that you have not yet received your order. I have instructed our delivery manager to immediately correct the situation.

We apologize for any inconvenience this delay ------- you.

(A) cause
(B) will cause
(C) has caused
(D) was caused

☀️ 이렇게 해결해요!

앞서 배송 지연이 발생하였고, 이에 대한 조치를 담당자에게 신속하게 취할 것을 요청했다는 내용이 제시되고 있다. 그리고 이전에 발생한 배송 지연이 현재까지 영향을 미치고 있는 불편함에 대해 사과하고 있으므로 빈칸에는 현재완료 시제인 has caused가 와야 한다.

어휘 instruct 지시하다, 지도하다   correct 고치다, 수정하다

해석 3월 1일

Ms. Mary McGowan
Brave Sound Technologies
하버로 25200
Seattle, WA 98104

McGowan 씨께,

저희는 귀하께서 아직까지 주문하신 제품을 수령하지 못한 점에 대해 매우 유감으로 생각합니다. 저는 배송 담당자에게 이러한 상황을 신속하게 해결하도록 지시했습니다.

저희는 배송 지연이 귀하에게 초래한 불편함에 대해 사과를 드리고자 합니다.

정답 (C)

EX 5 notice

September 13

Ms. Isabella Choi
Rumi Clothing
213 Orchard Avenue
Hayward, CA 94542

Dear Ms. Choi,

To avoid confusion with another company with a similar name, we
------- our name soon, Best Stylish Designs, to the following: Louis
Stylish Designs.

(A) changing
(B) had changed
(C) are changing
(D) would have changed

We have enjoyed our business with you and look forward to future
cooperation.

☀ 이렇게 해결해요!

유사한 사명을 지닌 타사와의 혼동을 피하기 위해 조만간 회사 사명을 변경할 것임을
통지하는 내용이 등장하고 있다. 그러나 선지에는 will 또는 다른 조동사를 이용하여
미래 시제를 표현하는 선지가 등장하지 않고 있으므로 빈칸에는 가까운 미래에 발생
할 일이나 행동을 나타낼 수 있는 현재진행 시제인 are changing이 와야 한다.

confusion 혼동, 혼란

9월 13일

Rumi Clothing
오처드가 213
Hayward, CA 94542

Choi 씨께,

유사한 사명을 지닌 타사와의 혼동을 피하기 위해서, 저희는 곧 현재의 사명인 Best Stylish Designs를 아래 사명인 Louis Stylish Designs로 변경하고자 합니다.

저희는 귀사와의 비즈니스에 감사하며 추후 협력을 기대하고자 합니다.

정답 (C)

Questions 131-134 refer to the following e-mail.

To: Charles_Carter@mckinzie.com

From: Clive_Darson@mimipromarketing.com

Date: August 15

Subject: Possible Visit

Dear Mr. Carter,

It was my pleasure to meet you after your great presentation ------- the
131.
California Marketing Conference last month. I think your presentation was

very -------. As mentioned before, I would like you to visit our company and
132.
present to all of our new marketing employees here.

I know the winter holiday season ------- right up. So, I think it would be
133.
difficult for you to set up a date for your presentation in the rest of the year.

-------. Please let me know if we can talk by phone next week.
134.

Sincerely,

Clive Darson

Chief Executive Officer

Mimi Professional Marketing

131. (A) among
(B) at
(C) of
(D) with

132. (A) inform
(B) informative
(C) information
(D) informant

133. (A) to come
(B) come
(C) has come
(D) is coming

134. (A) It is my privilege to be invited to address such an impressive gathering.
(B) I hope you will enjoy the winter holidays with your family very much.
(C) You can get a lot of great information from other people and hear different opinions and ideas.
(D) Perhaps we can speak sooner or later to schedule a suitable date after New Year's Day.

Questions 135-138 refer to the following letter.

BK Online Shopping Mall
983 Mission Blvd
San Francisco, CA 94538

June 25

Mr. David Eastwood
324 Pine Street
San Francisco, CA 94538

Dear Mr. Eastwood,

I am writing to let you know that the bicycle you inquired about is currently out of stock and can only be purchased with a special order. You can get your order ------- a week from today if you should pay for our express
135.
delivery service in advance.

Please reply to this letter or call me directly at 445-4332 at your earliest convenience and let me know ------- you still want to purchase the bicycle.
136.
If so, I will contact the manufacturer as quickly as possible. -------.
137.

I look forward to ------- from you.
138.

Regards,

Olivia Moore

Customer Service Manager

BK Online Shopping Mall

135. (A) by
    (B) over
    (C) within
    (D) between

136. (A) whether
    (B) what
    (C) even though
    (D) since

137. (A) Some highly customized bicycles are specifically designed for touring.
    (B) Then, you will be notified by e-mail when you can receive your dream bicycle.
    (C) We are considering expanding our business to include several other products.
    (D) The city will build new bicycle lanes to help its residents exercise.

138. (A) hear
    (B) hearing
    (C) being heard
    (D) heard

▶ 정답 및 해설은 334쪽

출제 빈도 **매회 평균 4.00개**

문장 삽입

☑ 출제 경향

문장 삽입 문제는 지문의 한 군데를 빈칸으로 두고 가장 적합한 문장을 고르는 유형으로, PART 5&6을 통틀어 가장 고난도 유형에 속한다. 매회 4문제씩 출제되고 있으며, 가장 중요한 요소는 빈칸 앞뒤 문장의 논리적 흐름이므로 일단 빈칸의 앞뒤 문장들을 차분히 읽고, 빈칸에 들어갈 만한 내용의 단서를 잡는 과정이 중요하다.

🚩 정답 공식

빈칸의 앞뒤 문장의 논리적 흐름을 파악하고, 내용적 관련이 없는 어휘나 표현이 제시되는 선지를 빠르게 오답으로 소거해 나가며 정답을 선택한다!

▶ 문장 삽입의 문제 유형은 빈칸이 지문 초반부, 중반부, 후반부에 등장하는 세 가지 형태가 존재하나 지금까지 출제된 경향을 살펴보면 대개 지문 중반부와 후반부에 빈칸이 제시되는 비중이 높은 편이다. 우선 문장 삽입은 빈칸의 앞뒤 문장에 대한 논리적 흐름을 파악하는 작업이 가장 중요하다. 그리하여 내용적 연관성이 없는 어휘나 표현이 제시되는 선지를 빠르게 오답으로 소거해 나가며 정답을 선택한다. 아울러 함께 출제된 다른 문제들을 먼저 풀이하고 난 후 가장 마지막으로 풀이하는 것이 바람직하다.

NOTICE

On Sunday, May 30, both Pine Street and Orchard Street will be closed to all traffic between the hours of 10:00 A.M. and 4:00 P.M. for the San Francisco International Marathon. -------.
135.

We sincerely apologize for the inconvenience. This annual international event has become increasingly popular for the last ten years.

135. (A) The city government purchased the land for the construction of superhighways.

(B) Experts expect the decision about the fare increase to occur fairly soon.

(C) We are responsible for ensuring the safety of the marathon players.

(D) We are entirely dependent on your voluntary support for the event.

☀ 이렇게 해결해요!

빈칸에 앞서 San Francisco 국제 마라톤 대회로 인해 도로들이 폐쇄될 것임을 밝히고 있으며, 빈칸 이후에는 이러한 불편함을 초래한 점에 대해 사과를 드린다는 내용이 등장하고 있다. 빈칸이 지문 초반부에 위치하고 있으므로 지문의 목적이나 주제 또는 이와 직접적으로 관련된 내용이 와야 한다. 따라서 지문의 목적이나 주제는 바로 마라톤 대회를 개최하여 도로 폐쇄와 같이 협조를 구해야 하는 내용을 공고함에 있으므로 빈칸에는 이 도로 폐쇄는 대회에 참석하는 마라톤 선수들을 위한 필수불가결한 조치임을 밝히는 내용이 와야 한다.

어휘   be closed to all traffic 교통이 전면 통제되다   annual 해마다, 연간

해석   공지

5월 30일 일요일에 Pine 가와 Orchard 가는 오전 10시에서 오후 4시까지 San Francisco 국제 마라톤 대회로 인해 폐쇄되어 자동차들이 이용할 수 없습니다. 저희는 대회에 참석하는 마라톤 선수들의 안전을 보장해야 할 책임이 있습니다.

저희는 불편함을 초래한 점에 대해 진심으로 사과를 드립니다. 이 연례 국제 행사는 지난

10년간 널리 알려졌습니다.

(A) 시 정부는 고속도로를 건설하기 위한 부지를 구입했습니다.

(B) 전문가들은 교통요금 인상에 대한 결정이 조만간 이뤄질 것으로 예상하고 있습니다.

(C) 저희는 대회에 참석하는 마라톤 선수들의 안전을 보장해야 할 책임이 있습니다.

(D) 저희는 행사를 위한 여러분의 자원봉사에 전적으로 의존하고 있습니다.

정답 (C)

EX 2

To: William Jackson <williamj@alaskafishing.com>
From: Kwang Soon Ha <ks@skfood.com>
Date: September 11
Subject: Missing cases

Dear Mr. Jackson,

Thank you for your delivery of 250 cases of "Pacific Ocean Tuna".
However, 10 cases of them were missing in delivery.

There were only 240 cases in the refrigerated container. ------- Since
136.

we must supply all of them to major supermarkets in Seoul, we
would like to receive missing cases as quickly as possible.

Sincerely,

Kwang Soon Ha

136. (A) Good habits include healthy eating, regular exercise and
healthy thinking.

(B) The group says tuna is endangered due to overfishing in
the Pacific Ocean.

(C) We need to ensure that delivery will not be delayed at the
post office.

(D) We are attaching the copies of relevant shipping
documents to validate our statement.

🌟 이렇게 해결해요!

빈칸 앞에서 태평양 참치가 담긴 250개의 상자 중 10개가 사라져 냉장 컨테이너에는 240개의 상자만이 있음을 언급하고 있으며, 빈칸 이후에는 250개 상자들 모두를 Seoul에 있는 대형 슈퍼마켓에 제공해야 하기 때문에 저희는 최대한 빨리 사라진 10개의 참치 상자를 수령하길 원한다는 내용이 제시되고 있다. 빈칸이 지문 중반부에 위치하고 있으므로 지문의 목적이나 주제에 관해 세부적으로 전개하거나 전달해야 하는 내용이 와야 한다. 따라서 사라진 10개의 참치 상자가 있고, 이를 상대에게 전달하고 신속하게 수령할 수 있도록 요청하는 것이 지문의 주제이므로 지문 중반부의 빈칸에는 10개의 상자가 사라졌다는 내용이 거짓이 아닌 사실임을 입증하기 위한 관련 서류를 첨부한다는 내용이 와야 한다.

어휘 make every effort (to) ~에 대해 갖은 노력을 다하다

해석 수신: William Jackson <williamj@alaskafishing.com>
발신: Kwang Soon Ha <ks@skfood.com>
날짜: 9월 11일
제목: 분실된 상자

Jackson 씨께,

"태평양 참치" 250상자 배송에 감사드립니다. 그런데 그 중 10상자가 배송 중에 분실되었습니다.

냉동 컨테이너에는 240상자뿐이었습니다. 저희 얘기를 입증하기 위해 관련 선적 서류의 사본을 첨부합니다. 저희는 전량을 서울의 대형 슈퍼마켓들에 공급해야 하기 때문에 가능한 한 신속하게 분실된 물량을 받고 싶습니다.

Kwang Soon Ha

(A) 좋은 습관에는 건강한 식사, 규칙적인 운동 및 건강한 사고가 포함된다.
(B) 그 단체는 참치가 태평양에서의 남획 때문에 멸종 위기에 처해 있다고 말한다.
(C) 우리는 배송이 우체국에서 지체되지 않도록 만전을 기해야 한다.
(D) 저희 얘기를 입증하기 위해 관련 선적 서류의 사본을 첨부합니다.

정답 (D)

Questions 131-134 refer to the following e-mail.

From: john_mendez@indigree.net
To: cody_ingram@netbiz.com
Date: July 12
Subject: Refund Information

Dear Mr. Ingram,

Thank you for your recent ------- with Indigree. We have received your
                                    131.
message regarding your refund request on the product "EZ vacuum." Our
records have indicated that you ordered two products, EZ vacuum and
Electro microwave, through our webpage on July 7th, but you are requesting
a refund for only the vacuum. ------- For your convenience, we ------- a
                                            132.   **133.**
return shipping label that you can print out and place on the package.
You will receive a refund for your item to the original payment method that
you used. Please ------- that refunds can take 7-15 days to process. We
                      134.
apologize for any inconvenience caused. Do not hesitate to contact us for
additional questions.

Sincerely,

John Mendez
Indigree Commerce

---

131. (A) inquiry
    (B) application
    (C) compliment
    (D) transaction

132. (A) We sincerely appreciate your informative feedback.
  (B) We have processed your refund request for that product.
  (C) Your order has been placed and will be shipped to your address in a week.
  (D) Please provide an explanation for your request so we can determine if a refund is eligible.

133. (A) attaches
  (B) have attached
  (C) were attached
  (D) will attach

134. (A) remind
  (B) assure
  (C) note
  (D) warn

Questions 135-138 refer to the following press release.

Last October, Blooming Cosmetics opened its retail store Floral Face in the heart of Kuala Lumpur, the capital of Malaysia. Conveniently ------- in
135.
the Pavilion Shopping Mall, the branch is the first of its kind in Southeast Asia. The recent export of Korean culture, mainly in the form of drama and entertainment programs, ------- to the increased demand for Korean
136.
products abroad. "Malaysians are strongly ------- by Korean cosmetic
137.
products because of their distinctive designs and effective properties that are well-known." said a representative from Blooming Cosmetics. "The overseas demand is growing steadily." -------.
138.

135. (A) Location
(B) Locate
(C) Located
(D) Locating

136. (A) lead
(B) has led
(C) led
(D) had led

137. (A) to appeal
(B) appealed
(C) appealing
(D) appeal

138. (A) Young Malaysians are excited for the opening of Floral Face in Kuala Lumpur.
(B) The CEO announced that their next target will be Singapore and Thailand.
(C) Analysts are skeptical that Korean cosmetics will succeed in Southeast Asian countries.
(D) Korean actors and actresses are gaining fame in other countries.

▶ 정답 및 해설은 336쪽

정답 및 해설

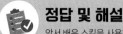

정답 및 해설

앞서 배운 스킬을 사용하여 최대한 신속하고 효율적으로 문제를 풀이하자.

2장 PART 5&6 문법 문제 정답 공식

01강 명사의 자리

| Check Up Test |

1. ★

해설 | 빈칸은 전치사와 수식어인 전치사구 사이에 나와 있으며, 빈칸 앞에는 정관사가 놓여 있다. 그러므로 빈칸에는 정관사의 수식을 받는 명사이자 전치사 from의 목적어 역할을 할 수 있는 명사가 와야 하므로 정답은 '회복'을 뜻하는 명사 recovery이다.

해석 | 연간 보고서에 따르면, 일부 중국 은행들은 국내 경제의 회복으로 인한 혜택을 누린 것으로 밝혀졌다.

어휘 | annual 연간, 해마다 benefit 이익; 혜택을 보다 recovery 회복 domestic 국내의 recover 회복하다

정답 | (D)

2. ★★

해설 | 빈칸이 동사인 caused 뒤쪽에 나와 있으며, 선지에는 부사 어형이 보이지 않으므로 빈칸에는 타동사 cause의 목적어 역할을 하는 명사가 필요하다. 그러므로 정답은 '피해'를 뜻하는 명사 damage이다.

해석 | 지난주에 남부 지역을 강타한 뇌우는 농가에 대한 피해와 정전을 초래했다.

어휘 | thunderstorm 뇌우 province 지방, 분야 cause A to B B에게 A를 초래하다 household 가정 electrical 전기의 outage 정전, 단수

정답 | (A)

3. ★

해설 | 빈칸이 소유격 대명사 뒤에 나와 있으므로 소유격 대명사의 수식을 받는 명사가 필요하다. 그러므로 빈칸에는 '사과'를 뜻하는 명사인 apology가 와야 한다.

해석 | 저희 사과의 표시이니, 저희 상점 어느 곳에서도 사용할 수 있는 50달러 상품권을 받아주시기 바랍니다.

어휘 | as a token of ~의 표시로 gift certificate 상품권 be free to do 자유롭게 ~하다 location 위치, 장소

정답 | (B)

4. ★★★

해설 | 빈칸이 '다양한'이란 뜻을 지닌 형용사 various 뒤에 나와 있으므로 빈칸에는 형용사 various의 수식을 받는 명사가 와야 한다. 다만 produce는 '농산물'을 뜻하는 명사, production은 '생산'을 뜻하는 명사, productivity는 '생산성'을 뜻하는 명사, 그리고 products는 '제품'을 뜻하는 가산 복수명사이므로 이 중 various와 문맥상 적합한 뜻을 지닌 명사를 선택해야 한다. 주어가 가전제품 매장이라는 점을 고려할 때, 정답은 '제품'을 의미하는 products가 가장 적합하다.

해석 | 우리 가전제품 매장에서는 현재 고객들에게 할부가 가능한 다양한 제품들을 판매하고 있다.

어휘 | appliance 설비, 장비 currently 현재 pay off 돈을 갚다, 성취하다 monthly installment 할부 produce 농산물; 생산하다 production 생산 productivity 생산성 product 제품, 상품

정답 | (D)

5. ★★★

해설 | 빈칸이 전치사 like와 부정관사(an) 뒤에 나와 있으므로 빈칸에는 명사가 와야 한다. 그런데 선지에는 '비서'를 뜻하는 사람명사인 assistant와 '도

움'을 뜻하는 일반명사 assistance가 동시에 제시되고 있다. 하지만 부정관사(an)가 등장하고 있다는 점을 고려할 때 빈칸에는 사람명사인 assistant가 와야 함을 알 수 있다. 아울러 assist는 '돕다'란 뜻을 지닌 동사이지만 스포츠에서 스코어를 기록하는데 주는 '도움'을 지칭하는 명사로도 쓰이는 것이 가능하다. 하지만 이는 스포츠 분야에서 제한적으로 쓰이는 것일 뿐, 일반적인 '도움'이란 뜻을 지닌 명사는 assist가 아니라 assistance임을 혼동하지 않도록 주의한다.

해석 | 새로 출시된 휴대전화는 감정을 표현할 뿐만 아니라 마치 비서처럼 사용자들을 위한 다양한 업무들을 수행한다.

어휘 | release 출시하다, 놓다, 풀어주다 **perform** 수행하다, 공연하다 **assistant** 비서 **assist** 돕다 **assistance** 도움

정답 | (D)

02강 동사와 준동사의 자리

| Check Up Test |

1. ★★

해설 | 빈칸 앞에 have라는 사역동사와 사람 목적어에 준하는 the country가 나와 있고, 선지에 동사원형인 export가 제시되고 있으므로 빈칸에는 사역동사의 목적격 보어 역할을 할 수 있는 동사원형이 정답임을 알 수 있다. 따라서 (A) export가 정답이다.

해석 | 국내 최대 규모의 새로운 유정 발견으로 인하여 내년에는 외국으로 석유를 수출할 수 있을 것이다.

어휘 | export 수출하다

정답 | (A)

2. ★★

해설 | 빈칸이 부사구 앞에 나와 있고, 선지에 to부정사 어형인 To reduce가 제시되고 있으므로 빈칸에는 준동사인 to부정사가 와야 한다. 따라서 빈칸에는 '인력 노동에 대한 의존을 줄이기 위해서'라는 목적이나 의도의 문맥을 구성할 수 있는 To reduce가 적합하다.

해석 | 인력 노동에 대한 의존을 줄이기 위해서, 공장 자동화 시스템이 우리 회사에 도입될 것이다.

어휘 | reduce 축소하다, 줄이다

정답 | (A)

3. ★★

해설 | 빈칸이 부사구 앞에 나와 있고, 선지에 분사 어형 Taking이 제시되고 있으므로 빈칸에는 분사 어형이란 준동사 형태가 와야 한다. 따라서 빈칸에는 '실패에 대한 책임을 진다'는 문맥을 구성하는 Taking이 정답이다.

해석 | 2분기에서의 부진한 매출이란 실패에 대한 책임을 지고, 그 최고 경영자는 사임하였다.

어휘 | resign 사임하다, 사퇴하다

정답 | (D)

4. ★

해설 | 빈칸이 have helped란 준사역동사와 목적어인 thousands of new employees 뒤에 나와 있으므로 빈칸에는 help란 준사역동사의 목적격 보어 형태가 와야 함을 알 수 있다. 아울러 help는 목적격 보어의 형태로 to부정사 및 동사원형 모두를 취할 수 있으므로 빈칸에는 동사원형인 find가 적절하다.

해석 | 지난 8년간 우리의 인사 담당 이사들은 수많은 신입사원들이 사내에서 적절한 직책을 맡을 수 있도록 도움을 주었다.

어휘 | personnel director 인사 담당 이사

정답 | (A)

5. ★★

해설 | 선지에는 여러 가지 형태의 정동사와 준동사가 함께 제시되고 있으므로, 정동사와 준동사를 구분하는 유형의 문제임을 가늠할 수 있다. 아울러 빈칸을 전후하여 동사는 started 하나만 등장하고 있기 때문에 빈칸에는 준동사가 나와야 함을 알 수 있다. 따라서 to meet이 정답이다.

해석 | 그 기사에 따르면, Murphy 씨는 더 많은 호텔들, 식당들, 그리고 쇼핑 센터들에 대해 증가하는

수요를 충족시키기 위해 사업을 시작했다.

어휘 | article 기사

정답 | (D)

03강 부사의 자리

| Check Up Test |

1. ★

해설 | 빈칸이 be동사와 '찾다, 물색하다'란 뜻을 지닌 자동사 search의 현재분사인 searching 사이에 나와 있으므로 빈칸에는 현재분사인 searching을 수식할 수 있는 부사가 필요하다. 그러므로 '적극적으로'란 뜻을 지닌 부사 actively가 정답이다.

해석 | 우리 회의실이 현재 보수공사 중이기 때문에, 주주 총회를 위한 새로운 장소를 적극적으로 물색 중이다.

어휘 | search for ~을 추구하다, ~을 찾다   venue 장소   stockholder 주주   renovate 개조하다, 보수하다

정답 | (B)

2. ★

해설 | 빈칸이 be동사와 '금지된'이란 뜻의 과거분사인 banned 사이에 나와 있으므로 빈칸에는 형용사 주격 보어의 역할을 하는 과거분사 banned를 수식하는 부사가 필요하다. 그러므로 '엄격하게'란 뜻을 지닌 부사 strictly가 정답이다.

해석 | 대기업 혹은 사업가들에게 정치 자금을 요청하는 것은 법으로 엄격하게 금지되어 있다.

어휘 | political 정치적인   fund 기금, 자금   corporation 기업, 법인   entrepreneur 사업가, 기업가   ban 금지; 금지하다   strict 엄격한

정답 | (D)

3. ★★

해설 | 빈칸이 '일하다, 근무하다'란 뜻으로, 목적어가 불필요한 대표적인 1형식 자동사인 work의 to부정사 형태인 to work 뒤에 나와 있으므로 빈

칸에는 to work를 수식할 수 있는 부사가 와야 함을 알 수 있다. 그러므로 '협력적으로'란 뜻의 부사 collaboratively가 정답이다.

해석 | 그 영업 과장 직책은 능숙한 소통 기술과 협력적으로 일할 수 있는 능력을 요구하고 있다.

어휘 | collaboratively 협력적으로   collaborate 협력하다   collaborative 협력적인, 협력의

정답 | (C)

4. ★★

해설 | 빈칸이 전치사 with과 동명사 influencing 사이에 나와 있으므로 빈칸은 동명사 influencing을 수식하는 부사가 적합하다. 따라서 빈칸에는 '지대하게, 위대하게'란 뜻의 부사인 greatly가 와야 한다.

해석 | Paul Cezanne, Vincent Van Gogh 그리고 Paul Gauguin과 같은 일부 프랑스 화가들은 현대 미술 사조에 지대한 영향을 미친 공로가 인정되고 있다.

어휘 | such as ~와 같은   credit 신용거래, 융자; ~한 공로를 인정하다   contemporary 동시대의, 현대의

정답 | (A)

5. ★★

해설 | 빈칸이 현재완료 시제를 통한 수동태 구조인 has been designed 뒤에 나와 있고, 수동태 구조를 취하는 절은 완전한 구조의 절이라 할 수 있으므로 빈칸에는 이러한 완전한 절과 함께 쓰일 수 있는 부사가 필요하다. 따라서 빈칸에는 '구체적으로, 상세하게'란 뜻을 지닌 부사 specifically가 와야 한다.

해석 | 새로운 제조 공정은 특별히 생산성과 수익성을 강화하기 위한 목적으로 고안되었다.

어휘 | manufacture 제조, 제조하다   enhance 높이다, 향상시키다   productivity 생산성   profitability 수익성

정답 | (C)

| Check Up Test |

1. ★

해설 | 빈칸이 '내놓다, 산출하다'란 뜻을 지닌 타동사 delivers와 '청소, 세탁'을 뜻하는 목적어인 cleaning 사이에 나와 있으므로 빈칸에는 명사 cleaning을 수식할 수 있는 형용사가 나와야 한다. 따라서 '우수한'이란 뜻을 지닌 형용사 exceptional이 정답이다.

해석 | 시험 결과에 따르면, Bella 세탁 세제가 지속적으로 아주 저온에서 우수한 세탁력을 보여주고 있다.

어휘 | according to ~에 따르면 laundry detergent 세탁 세제 consistently 지속적으로, 꾸준히 deliver 전달하다, 배달하다, 산출하다 exceptional 예외적인, 우수한

정답 | (C)

2. ★

해설 | 빈칸이 전치사 under와 '품질 관리'를 뜻하는 복합명사인 quality control 사이에 나와 있으므로 빈칸에는 복합명사를 수식하는 형용사가 필요하다. 그러므로 '강력한'이란 뜻을 지닌 형용사 powerful이 정답이다.

해석 | 미국 내 많은 제조업체들은 강력한 품질관리와 정부 규정을 준수하며 운영되고 있다.

어휘 | manufacturer 제조업체 operate 운영하다 quality control 품질 관리

정답 | (C)

3. ★

해설 | 빈칸이 주격 보어를 필요로 하는 대표적인 2형식 동사인 be동사 뒤에 나와 있으며, 동시에 Robbie 씨의 지식이 해박한 상태임을 표현해야 하므로 빈칸에는 주격 보어 역할을 할 수 있는 형용사가 필요하다. 따라서 빈칸에는 '광범위한, 넓은'이란 뜻을 지닌 형용사 extensive가 적합하다. 또한 extended란 과거분사 형태의 형용사는 시간이나 길이 등이 연장된 상태, 장기간에 걸친 상태를 뜻하므로 문맥에 어울리지 않는 오답임에 주의하도록 한다.

해석 | Robbie 씨가 컴퓨터 그래픽 분야에서의 경험은 일천하지만 컴퓨터 예술에 관한 지식은 굉장히 해박하다.

어휘 | extensive 광범위한, 대규모의 extend 확장하다 extension 확대, 연장

정답 | (D)

4. ★★

해설 | 빈칸이 목적격 보어를 취하는 5형식 동사 keep과 개인 정보와 인사 기록을 뜻하는 our personal information and personnel records란 목적어 뒤에 나와 있으므로 빈칸에는 개인 정보와 인사 기록을 비밀인 상태로 보관한다는 문맥을 구성할 수 있도록 형용사 목적격 보어가 와야 한다. 따라서 '비밀의, 기밀의'란 뜻을 지닌 형용사 confidential이 정답이다.

해석 | 우리 회사는 항상 지하 보관소에서 개인 정보 및 직원 기록을 기밀로 유지합니다.

어휘 | confidential 비밀의, 신뢰하는 underground 지하의 archive 기록 보관소; 기록 보관소에 보관하다 confidence 신뢰, 확신, 믿음 confident 자신감 있는, 확신하는

정답 | (C)

5. ★

해설 | 빈칸이 전치사 for 및 한정사인 정관사(the)와 '좌석, 직책'을 뜻하는 명사 seat 사이에 나와 있으므로 빈칸에는 명사 seat을 수식하는 형용사가 적합하다. 따라서 '비어있는'이란 뜻의 형용사인 vacant가 정답이다.

해석 | 주립 대학 지역 학군 이사회의 공석에 대한 후보 추천서는 다음주 화요일까지 제출되어야 한다.

어휘 | nomination 지명, 추천, 임명 vacant 비어있는 submit 제출하다 vacate 비우다, 떠나다 vacancy 결원, 공석

정답 | (D)

05강 전치사의 자리

| Check Up Test |

1. ★★

해설 | 빈칸 뒤에 통과해야 할 대상인 '보안 검색대'를 뜻하는 security detector가 등장하고 있으므로 빈칸에는 보안 검색대를 통과한다는 의미를 구성할 수 있는 전치사가 필요하다. 그러므로 '~을 지나서, ~을 통과하여'란 뜻의 전치사인 through가 적합하다.

해석 | 모든 승객은 비행기에 탑승하기에 앞서 보안 검색대를 필히 통과해야 한다.

어휘 | passenger 승객   security detector 보안 검색대

정답 | (B)

2. ★★

해설 | 빈칸은 '컴퓨터 바이러스가 증가했다'는 내용이, 빈칸 뒤에는 '지난 5년간'이란 숫자가 제시된 기간이 등장하고 있으므로 빈칸에는 '지난 5년간'이란 기간과 함께 쓰일 수 있는 전치사가 필요하다. 따라서 빈칸에는 '~ 동안, ~ 내내'란 뜻을 지닌 전치사 over가 적합하다.

해석 | 업계의 한 전문가에 따르면, 새로운 컴퓨터 바이러스의 수는 지난 5년간 급격하게 증가했다.

어휘 | expert 전문가   sharply 급격하게

정답 | (C)

3. ★★

해설 | 주절은 대부분의 이사진들이 이를 좋은 선택사항으로 생각한다는 내용이, 빈칸을 포함한 종속절은 가격을 인하하자는 내용이 등장하고 있으므로 빈칸에는 '가격 인하'라는 소재를 소개하는 내용의 명사 어휘가 필요하며, 아울러 이는 전치사 with / to와 함께 쓰일 수 있어야 한다. 따라서 빈칸에는 regard가 적합하다.

해석 | 정가를 인하하자는 것에 관해, 대부분의 이사진들은 좋은 선택사항으로 생각하고 있다.

어휘 | lower 인하하다, 낮추다   board members 이사진

정답 | (A)

4. ★★

해설 | 빈칸 뒤에는 공항 도착이 언급되어 있고, 이어지는 절은 영업 담당 이사가 사무실로 복귀할 것이란 내용이 제시되고 있으므로, 빈칸에는 '도착'을 뜻하는 명사 어휘와 함께 쓰여 도착한 상황을 나타낼 수 있는 전치사가 필요하다. 따라서 On이 적합하다.

해석 | 지역 공항에 도착하자마자, 영업 담당 이사는 외국 고객과 담화를 나누게 될 자신의 사무실로 복귀할 것이다.

어휘 | sales director 영업 담당 이사

정답 | (C)

5. ★★

해설 | 빈칸 뒤에는 그녀의 월 임대 수입에 대해 언급하고 있으며, 이어지는 내용은 그녀가 매달 연금을 받는다는 내용이므로, 빈칸에는 월 임대 수입뿐만 아니라 연금 수입도 있다는 문맥을 구성할 수 있는 전치사가 필요하다. 따라서 빈칸에는 '~ 외에도, ~ 이외에'란 뜻을 지닌 전치사 Aside from이 적합하다.

해석 | 그녀는 월 임대 수입 외에도 매달 연금을 받는다.

어휘 | monthly 월간, 달마다   pension 연금

정답 | (D)

06강 인칭대명사의 격

| Check Up Test |

1. ★

해설 | 빈칸이 목적격 관계대명사인 which와 동사인 can improve 사이에 나와 있으므로 빈칸에는 주어 역할을 해줄 수 있는 주격 대명사가 와야 한다. 그러므로 빈칸에는 they가 적절하다. 아울러 재귀대명사는 대명사라 할지라도 주어 자리에는 나올 수 없음을 알아두도록 한다.

해석 | 그 공장장은 제조 공정을 향상시킬 수 있는

몇 가지 방법을 고안해낼 것이다.

어휘 | come up with ~을 생산하다   ~을 제안하다
manufacturing process 제조 공정

정답 | (A)

2. ★

해설 | 빈칸이 타동사인 requires 뒤에 나와 있으므
로 빈칸에는 목적어 역할을 할 수 있는 목적격 대명
사가 필요하다. 따라서 빈칸에는 목적격 대명사인
us가 와야 한다. 또한 재귀대명사는 주어와 목적어
가 서로 동일한 대상일 때만 사용할 수 있으므로 정
답과 거리가 멀다.

해석 | 최근 사업 환경은 우리가 그간 컴퓨터 시장
에서 사업을 해 온 기존 방식을 새로운 관점에서 바
라보도록 요구하고 있다.

어휘 | require 요구하다, 요청하다   take a new
look 새로운 각도로 바라보다

정답 | (D)

3. ★★

해설 | 빈칸이 전치사 on 뒤에 나와 있으며, 선지에
소유격 대명사와 own이 함께 쓰인 their own이
제시되고 있으므로 (B)가 정답이다. 소유격 대명사
가 'own + (명사)'와 결합되거나 of / on과 own 사
이에 쓰일 수 있다는 점을 모른다면 해결하기가 쉽
지는 않으므로 이 구문을 반드시 숙지하고 있어야
한다.

해석 | 우리 회사의 부장들은 좀 더 독립적이고 스
스로 결정을 내려야 할 필요가 있다.

어휘 | independent 독립적인   make a decision
결정하다

정답 | (B)

4. ★

해설 | 빈칸이 목적격 관계대명사인 whom과 동사
hires 사이에 나와 있으므로 빈칸에는 동사 hires
의 주어 역할을 할 수 있는 주격 대명사가 필요하다.
그러므로 빈칸에는 she가 와야 한다. 아울러 재귀
대명사는 대명사라 하더라도 주어 자리에는 위치할
수 없으므로 정답으로 고려하지 않도록 한다.

해석 | 그 최고 경영자는 그 직책에 누구를 채용해
야 할지와 관련하여 어려운 결정을 내려야 하는 상
황에 직면하고 있다.

어휘 | chief executive officer 최고 경영자   face
with ~에 직면하다   hire 고용하다

정답 | (A)

5. ★

해설 | 빈칸이 전치사 뒤에 나와 있으므로 빈칸에는
전치사의 목적어 역할을 할 수 있는 목적격 대명사
가 필요하다. 따라서 목적격 대명사인 us가 정답이
다.

해석 | 우리가 세계 어느 곳에서 살든 간에, 나무들
과 야생동물들은 우리에게 매우 중요하다.

어휘 | wherever 어디에서 ~을 할지라도   wild life
야생동물

정답 | (C)

07강 태

| Check Up Test |

1. ★

해설 | 빈칸이 will be와 수식어구인 전치사구 to
around half an hour 사이에 나와 있으며, 목적어
는 제시되지 않았다. 따라서 빈칸에는 수동태를 구
성할 수 있는 과거분사가 필요하다. 그러므로 '감소
된'이란 뜻의 과거분사인 reduced가 정답이다.

해석 | 철도 부설 공사가 끝나고 나면, 이동 시간이
약 30분 정도로 줄어들 것이다.

어휘 | construction 건설, 건축   rail link 철도

정답 | (B)

2. ★★

해설 | 빈칸이 be동사와 수식어구인 전치사구 in
obesity 사이에 나와 있으며, 선지에는 involve
의 다양한 어형들이 제시되고 있다. involve는 3
형식 동사이며, 빈칸 뒤에 곧바로 수식어구가 나
와 있으므로 이 문장에선 수동태형이 적합하다. 따

라서 빈칸에는 수동태형을 만들 수 있는 과거분사 involved가 적합하다.

해석 | 운동 부족, 과잉 칼로리 섭취, 즉석 음식에 대한 지나친 의존이 비만과 관련되어 있다.

어휘 | intake 섭취, 흡입, 입학 인원수 reliance 의존, 의지

정답 | (A)

3. ★★

해설 | 빈칸이 be동사와 목적보어를 취하는 5형식 동사인 advise의 과거분사인 advised 뒤에 나와 있으므로 빈칸에는 목적보어인 to부정사가 와야 함을 알 수 있다. 그러므로 to learn이 정답이다.

해석 | 몇몇 직원들은 스페인어를 배워서 Spain에 있는 협력사들로부터 오는 원본 서류들을 읽도록 권유를 받을 것이다.

어휘 | advise A to do A에게 ~하도록 충고하다 original version of a document 원본 서류

정답 | (B)

4. ★★

해설 | 빈칸이 be동사와 목적보어를 취하는 5형식 동사인 expect의 과거분사인 expected 뒤에 나와 있으므로 빈칸에는 목적보어인 to부정사가 와야 함을 알 수 있다. 따라서 to continue가 정답이다.

해석 | 기상청의 일기 예보에 따르면, 무더위는 다음 주에도 지속될 것으로 예상되고 있다.

어휘 | weather forecast 기상 예보 heat wave 무더위

정답 | (A)

5. ★★

해설 | 빈칸이 be동사와 전치사구인 to distinguished authors and literary works 사이에 나와 있으며, 선지에는 4형식 동사인 award의 여러 어형이 등장하고 있다. 따라서 빈칸에는 4형식 동사의 수동태가 와야 하므로 과거분사인 awarded가 정답이다.

해석 | 올해부터 Andrew Kim Prize는 국적과 무관하게 우수한 작가들과 문학 작품들에 수여될 것이다.

어휘 | distinguish 구별하다 regardless of ~에 상관 없이, ~에도 불구하고

정답 | (B)

08강 시제

| Check Up Test |

1. ★★

해설 | 빈칸이 주절의 동사 자리에 나와 있으며, 부사절 접속사 before 뒤에 나온 동사의 시제가 과거 시제인 stepped이므로 빈칸에는 그 이전의 시제를 나타내는 과거완료 시제가 와야 한다. 따라서 had served가 정답이다.

해석 | Baker 씨는 지난주에 자신의 직책에서 사퇴하기 전까지 10년이 넘게 영업 이사로 근무해왔다.

어휘 | sales director 영업 이사

정답 | (A)

2. ★★

해설 | 빈칸에 앞선 주절의 동사인 will be purchased가 미래 시제이며, 빈칸 뒤 as soon as로 시작하는 시간 부사절의 동사 자리에 빈칸이 나와 있다. 시간이나 조건 부사절에서는 현재나 현재완료 시제가 미래나 미래완료 시제 대신 나오므로 빈칸에는 현재 시제 혹은 현재완료 시제 중 선택해야 함을 알 수 있다. 그런데 문맥상 주절에서 자금을 받는 완료 시점을 나타내므로 현재완료 시제인 have received가 와야 한다.

해석 | 본사로부터 자금을 받자마자 새로운 데스크톱 컴퓨터들이 구매될 것이다.

어휘 | purchase 구입하다, 구매하다 fund 자금, 기금

정답 | (D)

3. ★★

해설 | 대개 시간이나 조건을 나타내는 부사절에서는 현재 시제가 미래 시제를 대신하게 된다. 따라서 If절의 빈칸에는 현재시제가 들어가야만 하므로 (B)가 정답이다.

해석 | 서울에서 런던으로 가는 직항기가 없다면 우리는 미국에서 비행기를 갈아타야만 할 것이다.

어휘 | direct flight (항공기) 직항편 transfer 이전하다, 양도하다

정답 | (B)

4. ★★

해설 | 빈칸이 주절의 동사 자리에 나와 있으며, 빈칸 뒤에는 부사절 접속사인 since가 이끄는 절이 과거 시제인 was completed이다. Since 다음에 과거 시제로 연결되는 주절이 있다면, 부사절에서는 현재완료 시제가 나와야 한다. 따라서 정답은 has increased이다.

해석 | Georgia에 위치한 새로운 제조공장이 완공된 이후로 전체 자동차 생산량은 15% 이상 증가했다.

어휘 | vehicle 탈것, 자동차 increase 증가하다

정답 | (B)

5. ★★

해설 | 빈칸이 주절의 동사 자리에 나와 있으며, 뒤이어 시간 부사절 접속사인 by the time이 현재 동사인 get을 취하고 있으므로 빈칸에는 미래완료 시제가 와야 함을 알 수 있다. 따라서 will have started가 정답이다.

해석 | 우리가 Seattle 시 중앙부에 위치한 컨벤션 센터에 도착할 때쯤이면 그 국제회의는 시작했을 것이다.

어휘 | international conference 국제 회의

정답 | (B)

09강 부정대명사 & 부정형용사 & 기타 대명사

| Check Up Test |

1. ★★

해설 | 빈칸이 가산 단수명사인 company 앞에 나와 있으므로 빈칸에는 가산 단수명사를 취할 수 있는 단수 수량 부정형용사가 필요하다. 따라서 빈칸에는 each가 적합하다.

해석 | 그 두 회사들은 각 회사가 보유하고 있는 주식의 일부를 교환하는 방식을 통해 합병할 것이다.

어휘 | merge 합병하다 exchange 교환하다

정답 | (C)

2. ★★★

해설 | 빈칸이 불가산명사, 즉, 단수명사 형태인 controversy 앞에 나와 있으므로 빈칸에는 단수명사 형태인 불가산명사를 취하는 a great deal of가 와야 한다.

해석 | 새로운 경제 이론은 이미 많은 경제학자들 사이에서 상당한 논란을 불러 일으키고 있다.

어휘 | theory 학설, 이론 generate 발생시키다, 만들어내다 controversy 논란

정답 | (C)

3. ★★

해설 | 빈칸이 of the / 소유격 대명사 + 가산 복수명사 + 복수동사 + ~, 즉, of the proceeds from the concert were 앞에 나와 있으므로 빈칸에는 가산 복수명사와 함께 쓰일 수 있는 all이 적합하다.

해석 | 콘서트에서의 모든 수익은 그 시의 지역 자선단체와 비영리단체들에게 기부되었다.

어휘 | proceed 진행하다, 계속하다 charities 자선(단체), 관용

정답 | (A)

4. ★★

해설 | 빈칸이 가산 복수명사인 charity events 앞에 나와 있으므로 빈칸에는 복수 수량 부정형용사

가 적합하다. 따라서 빈칸에는 numerous가 와야
한다.

해석 | 우리 지역에는 빈곤한 사람들을 돕는 것을
목표로 하는 많은 정기 자선 행사들이 있다.

어휘 | aim 목적, 목표; ~을 목표로 하다

정답 | (D)

5. ★★

해설 | 빈칸이 주어 자리에 나와 있으므로, 빈칸에
는 주어 역할을 할 수 있는 명사나 대명사가 필요하
다. 아울러 뒤이은 동사가 복수동사인 have이므로
빈칸에는 복수로 취급 받는 대명사가 와야 함을 알
수 있다. 따라서 빈칸에는 most가 적절하다.

해석 | 현재의 무선 통신 기술 덕분에, 놀라운 디지
털 기기들은 대부분의 사람들이 예측한 것보다 훨
씬 더 빠른 속도로 등장하고 있다.

어휘 | thanks to ~ 덕분에, ~ 때문에 remarkable
놀라운, 주목할 만한 device 장치 predict 예견
하다, 예상하다

정답 | (D)

10강 문맥에 맞는 부사

| Check Up Test |

1. ★★

해설 | 빈칸이 숫자인 400 앞에 나와 있으므로 빈
칸에는 숫자를 직접적으로 수식할 수 있는 부사 어
휘가 필요하다. 따라서 빈칸에는 approximately
가 와야 한다. 아울러 every는 가산 단수명사, too
many는 가산 복수명사, 그리고 slightly는 상태,
수량, 규모, 정도 등이 미약한 수준을 언급하는 부사
이므로 모두 숫자를 직접적으로 수식하는 부사와는
거리가 멀다.

해석 | London에 위치한 새로운 극장은 각각 400
석과 250석 규모의 공연장을 보유하고 있다.

어휘 | contain 함유하다, 포함하다, 억누르다
approximately 대략, 약 respectively 각각, 제각
기

정답 | (D)

2. ★★

해설 | 빈칸이 after가 이끄는 전치사구 앞에 나와
있으므로 빈칸에는 after와 함께 쓰일 수 있는 부사
어휘가 나와야 한다. 그러므로 빈칸에는 after와 함
께 쓰여 '직후'란 의미를 구성할 수 있는 shortly가
적합하다.

해석 | 전채와 음료는 회사 시상식이 끝난 직후 모
든 직원들에게 제공될 것이다.

어휘 | appetizer 전채, 식욕을 돋우기 위한 것
awards 상, (보수) 인상, 수여하다 extremely 극
도로, 극히

정답 | (A)

3. ★★

해설 | 빈칸이 숫자인 100 앞에 나와 있으므로 빈칸
에는 숫자를 직접적으로 수식할 수 있는 부사 어휘
가 필요하다. 따라서 빈칸에는 only가 와야 한다.

해석 | 고속철도 체계로 인해, 한국에 있는 일부 대
도시들을 가는데 100분이면 충분하게 될 것이다.

어휘 | periodically 정기적으로, 주기적으로
metropolitan 대도시의, 수도의

정답 | (D)

4. ★★★

해설 | 빈칸이 현재 시제의 be동사와 drawing이란
현재분사 사이에 나와 있으므로 빈칸에는 부사인
already가 와야 한다.

해석 | 우리의 새로운 자동차 모델은 출시일로 예정
된 1월 10일이 되기 전에 이전에 이미 엄청난 주목
을 받고 있다.

어휘 | attention 집중, 주목 scheduled release
출시 예정

정답 | (D)

5. ★★★

해설 | 빈칸이 부정어인 not 뒤에 나와 있으며, 가능
하지 않다는 문맥과 함께 쓰일 수 있는 부사 어휘가
와야 하므로 빈칸에는 yet이 적합하다.

해석 | 많은 국가들이 필히 화석연료에 대한 의존도를 줄여야 하는 것은 사실이나, 아직 그것이 가능하진 않다.

어휘 | fossil fuel 화석연료

정답 | (B)

11강 to부정사

| Check Up Test |

1. ★

해설 | 빈칸이 expect라는 타동사와 목적어인 the central bank 뒤에 나와 있으므로 빈칸에는 목적격 보어의 역할을 할 수 있는 준동사 형태가 필요하다. 무엇보다 '예상하다, 기대하다'란 뜻의 expect란 타동사는 미래 의미를 지닌 동사이므로 뒤이은 목적어 혹은 목적격 보어의 형태로는 동일한 미래 의미를 지닌 to부정사가 적합하다. 따라서 빈칸에는 to lower가 적합하다.

해석 | 많은 경제학자들은 중앙은행이 경제성장을 이끌기 위해 내년에 금리를 인하할 것으로 예상하고 있다.

어휘 | economist 경제학자

정답 | (C)

2. ★★

해설 | 빈칸이 형용사 eligible 뒤에 나와 있으며, 형용사 eligible은 to부정사 형태를 취하는 형용사이다. 그러므로 빈칸에는 to부정사인 to apply가 와야 한다.

해석 | 현재 BK Motors 사에서 근무하는 직원이면 누구든 Parker 씨가 퇴사하여 공석인 직책에 지원할 수 있는 자격이 있다.

어휘 | currently 현재 vacant 비어 있는 apply 적용하다, 신청하다, 지원하다

정답 | (C)

3. ★★

해설 | '계획'을 뜻하는 명사 a plan은 to부정사구

의 수식을 받는 주요 명사이므로 빈칸에는 명사 a plan을 수식하는 to부정사 형태가 나와야 한다. 따라서 to send가 적합하다.

해석 | Zenith Electronics 사는 새로운 제조 공장에서의 생산이 원활하게 이뤄질 수 있도록 몇몇 전문가들을 파견할 계획이다.

어휘 | manufacturing plant 제조 공장 ensure ~을 보장하다, ~을 확실히 하다

정답 | (A)

4. ★★★

해설 | 빈칸 앞에는 to부정사의 의미상 주어를 나타내는 for Dr. Itoko가 있고, Since 뒤에는 가주어 it이 나와 있다. 따라서 빈칸은 가주어 it에 대한 진주어의 자리이므로 to부정사가 적합하다.

해석 | 이토코 박사가 신약을 검토하는 데 시간이 좀 걸릴 것이기 때문에, 그녀의 팀에게는 그때까지 새로운 조제법을 개발하라는 임무가 주어질 것이다.

어휘 | take some time for ~ to do …가 ~하는데 시간이 좀 걸리다 be assigned to do ~하라는 임무를 부여받다 develop new formulas 새로운 조제법을 개발하다 until then 그때까지

정답 | (B)

5. ★★★

해설 | 빈칸 뒤에는 동사원형인 be가 나와 있으며, 빈칸이 포함된 부사구가 완전한 절 앞에 있으므로 빈칸에는 목적이나 의도를 뜻하는 to부정사구가 필요하다. 그러므로 빈칸에는 In order to가 적합하다.

해석 | 사람들에게 더 많은 일자리를 제공하는 것이 가능할 수 있도록, 정부는 기업들이 투자를 확대하도록 권장할 것이다.

어휘 | be able to do ~할 수 있다 offer 제공하다, 제안하다 induce 유도하다, 권장하다 expand 확장하다, 확대하다

정답 | (D)

| Check Up Test |

1. ★★

해설 | 빈칸이 전치사 before 뒤에 나와 있으며, 빈칸 뒤에는 documents라는 별도의 목적어가 존재하므로 빈칸에는 일반명사가 아닌 목적어를 취하는 것이 가능한 동명사 형태가 와야 한다. 그러므로 submitting이 정답이다.

해석 | 필수 서류를 제출하기에 앞서, 모든 서류들을 꼭 순서에 맞게 정리해 주십시오.

어휘 | put in order 정돈하다   submit 제출하다 submission 제출

정답 | (D)

2. ★★

해설 | 빈칸이 전치사 to 뒤에 나와 있고, 빈칸 뒤에는 '주방용품'을 뜻하는 kitchen appliances라는 복합명사가 별도의 목적어 역할을 하고 있다. 따라서 빈칸에는 목적어를 취하는 것이 가능한 능동 형태의 동명사가 와야 하므로 manufacturing이 정답이다.

해석 | 그 회사는 적절한 가격으로 가정에서 사용하는 다양한 주방용품들을 생산하는 것에 전념하고 있다.

어휘 | be devoted to -ing ~에 전념하다   kitchen appliance 주방용품   affordable 가격이 알맞은, 입수 가능한, 적절한

정답 | (B)

3. ★★

해설 | 빈칸이 '제안하다'란 뜻을 지닌 타동사 suggested와 수식어인 전치사구 to the floor manager 뒤에 나와 있으며, suggest는 동명사를 목적어로 취하는 동사임을 고려해야 한다. 그러므로 closing이 적합하다.

해석 | 일부 직원들은 더 많은 외국 쇼핑객들을 유치하기 위해서 매장 관리자에게 상점의 폐장을 좀 더 늦출 것을 제안했다.

어휘 | floor manager 매장 관리자   attract 끌다,

유혹하다

정답 | (B)

4. ★

해설 | 빈칸이 '연기하다'란 뜻을 지닌 postpone의 to부정사 형태인 to postpone 뒤에 나와 있으며, 빈칸 뒤에는 '자연사 박물관'을 뜻하는 natural history museum이라는 별도의 목적어가 존재하고 있다. 따라서 빈칸에는 일반명사가 아닌 목적어를 취하는 것이 가능한 동명사가 와야 하므로 정답은 opening이다.

해석 | McGowan 씨는 악천후로 인해 새로운 자연사 박물관의 개장을 연기하는 수밖에 없었다.

어휘 | have no choice but to ~하지 않을 수 없다 postpone 연기하다   inclement 좋지 못한, 궂은

정답 | (B)

5. ★★

해설 | 빈칸이 전치사 to 뒤에 나와 있으며, 빈칸 뒤에는 '입장료'를 뜻하는 entrance fee가 나와 있으므로 빈칸에는 일반명사가 아니라 목적어를 취하는 것이 가능한 동명사가 와야 함을 알 수 있다. 그러므로 paying이 적합하다.

해석 | 국제 마케팅 회의에 참석하려면 입장료를 지불해야 할 수도 있다.

어휘 | admission 허가, 허락, 입장

정답 | (C)

13강 분사

| Check Up Test |

1. ★★

해설 | 빈칸이 부정관사(a)와 명사 사이에 나와 있으며, 선지에는 분사가 제시되어 있으므로 빈칸에는 명사를 수식하는 형용사가 필요하다. 따라서 빈칸에는 현재분사나 과거분사 중 한 가지를 선택해야 하며 이를 위해 분사와 명사와의 수식관계가 능동적 혹은 수동적인지 파악해야 한다. 무엇보다 설계도 자체가 수정되는 것이니 결국 빈칸에는 '수정

된, 개정된'이란 뜻의 과거분사인 revised가 와야 한다. 아울러 명사 앞 분사 어형은 대부분 과거분사 형태가 자주 출제되는 경향이 있음을 함께 숙지하도록 한다.

해석 │ 이전 시청이 있던 곳에 건설될 새로운 컨벤션 센터의 개정된 설계도가 공개되었다.

어휘 │ unveil 공개하다, 발표하다 erect 건립하다, 똑바로 서다

정답 │ (C)

2. ★★★

해설 │ 빈칸이 명사 뒤에 나와 있으며, 선지에는 분사가 등장하고 있으므로 명사를 후치 수식하는 적절한 분사 형태를 선택해야 한다. 빈칸을 전후하여 명사는 labels 하나이므로 빈칸에는 과거분사가 적절하다. 그러므로 정답은 '첨부된, 부착된'이란 뜻을 지닌 과거분사 attached가 적합하다.

해석 │ 부착되어 있는 우리 회사의 독특한 라벨들은 고객들이 우리 제품들과 경쟁사들의 제품을 구분하는 것을 좀 더 용이하게 하고 있다.

어휘 │ distinguish A from B A와 B를 구별하다 competitor 경쟁자

정답 │ (B)

3. ★★

해설 │ 빈칸이 동사 can get과 사람 목적어 shoppers 뒤에 나와 있으며, 선지에는 분사가 제시되어 있다. 결국 '주어 + 동사 + 사람 목적어 + ------' 구조이므로 빈칸에는 감정이나 기분 동사의 과거분사 형태가 적절하다. 그러므로 '흥분된, 신이 난'이란 뜻의 과거분사 excited가 정답이다.

해석 │ 우리 마케팅 전문가들은 쇼핑객들에게 풍부하고 다양한 혜택들을 제공하여 그들이 신나게 쇼핑하도록 할 수 있다.

어휘 │ expert 전문가, 선수 shopper 쇼핑객 benefit 이익, 수익

정답 │ (D)

4. ★★

해설 │ 빈칸이 명사 models 뒤에 나와 있으며, 선지에는 분사가 제시되어 있다. 빈칸 뒤에는 수식어 구인 by로 시작하는 전치사구가 등장하고 있으므로 결국 빈칸을 전후하여 접할 수 있는 명사는 하나 뿐이다. 따라서 빈칸에는 '출시된'이란 뜻을 지닌 과거분사 launched가 정답이다. 아울러 분사어형을 묻는 빈칸 뒤에 'by + 행위자' 전치사구가 등장하면 이 역시 과거분사가 정답임을 알아두도록 한다.

해석 │ BK Electronics 사가 지난주에 출시한 그 새로운 노트북 컴퓨터들은 전 세계적으로 엄청난 인기를 구가하고 있다.

어휘 │ laptop computer 노트북 컴퓨터 popularity 인기

정답 │ (B)

5. ★

해설 │ 빈칸이 사람 주어인 We와 be동사인 are 뒤에 나와 있으며, 선지에는 분사가 제시되어 있으므로 빈칸에는 감정이나 기분 동사의 과거분사 형태가 적절함을 알 수 있다. 따라서 빈칸에는 '기뻐하는, 즐거운'이란 뜻의 과거분사 delighted가 와야 한다.

해석 │ 저희는 귀하의 최근 건축 허가 신청이 마침내 승인되었다는 점을 알려드리게 되어 매우 기쁘게 생각합니다.

어휘 │ application 신청, 허가 construction permit 건축 허가 approve 승인하다, 허가하다

정답 │ (B)

14강 분사구문

| Check Up Test |

1. ★★★

해설 │ 빈칸이 완전한 절과 watching 사이에 나와 있으므로 빈칸에는 전치사를 먼저 떠올리는 것은 당연하지만 전치사인 from을 넣었을 때 적절한 의미가 형성되지 않는다. 그렇다면 이는 전치사구가 아니라 현재분사로 시작하는 분사구문이며 빈칸에는 분사구문과 함께 쓰이는 부사절 접속사가 필요한 자리임을 알 수 있다. 따라서 현재분사와 함께 쓰

이는 부사절 접속사는 시간 부사절 접속사이므로 while이 정답이다.

해석 │ 저희 극장에서 영화를 관람하시는 동안에는 다른 분들을 배려하셔서 휴대전화의 전원을 꺼주시기 바랍니다.

어휘 │ considerate 사려 깊은, 배려하는 turn off 전원을 끄다 theater 극장

정답 │ (B)

2. ★★

해설 │ 빈칸이 부사절에서 수식어구인 전치사구 in the heart of the city 앞에 나와 있으므로 빈칸에는 수식어구와 함께 쓰일 수 있는 과거분사가 와야 한다. 그러므로 '위치하는, 자리잡은'이란 뜻의 과거분사 Located가 정답이다.

해석 │ 도시 중심부에 위치하고 있어서, 우리 사무용 건물은 멋진 야경을 감상할 수 있는 좋은 기회를 제공한다.

어휘 │ in the heart of ~의 한가운데에 magnificent 장엄한, 훌륭한, 감명 깊은

정답 │ (A)

3. ★★

해설 │ 빈칸이 시간 부사절 접속사인 when과 목적어인 bread pans or glass bowls 사이에 나와 있으므로 빈칸에는 주로 시간 부사절 접속사와 쓰이고 목적어를 취할 수 있는 분사 형태인 현재분사가 와야 한다. 따라서 '꺼내는, 제거하는'이란 뜻을 지닌 현재분사 removing이 정답이다.

해석 │ 전자레인지로부터 빵 굽는 팬과 유리그릇을 꺼낼 때는 항상 각별히 주의하십시오.

어휘 │ extra caution 임시 경고, 각별한 주의 glass bowl 유리그릇 microwave oven 전자레인지

정답 │ (D)

4. ★★★

해설 │ 빈칸이 완전한 절 뒤에서 목적어 역할을 하는 명사절 앞에 나와 있으므로 빈칸에는 목적어

를 취하는 것이 가능한 현재분사 형태가 필요하다. 그러므로 '고려하는'이란 뜻을 지닌 현재분사인 considering이 정답이다.

해석 │ 전기와 태양열 에너지로 움직인다는 점을 고려할 때 그 신차는 전통적인 자동차들에 비해 더 효율적이고 경제적이다.

어휘 │ efficient 효과적인 conventional 관습적인, 전통적인 electricity 전기, 전력 solar energy 태양 에너지

정답 │ (B)

5. ★★

해설 │ 빈칸이 완전한 절 뒤에서 수식어구인 전치사구 with 5 percent 앞에 나와 있으므로 빈칸에는 수식어구와 함께 쓰이는 것이 가능한 과거분사 형태가 필요하다. 그러므로 '비교되는'이란 뜻을 지닌 과거분사인 compared가 정답이다.

해석 │ 그 분석가는 Kamon Pharmaceutical Group이 전 세계 매출을 작년 동기 5%와 비교하여 16% 정도 증가시켰다고 밝혔다.

어휘 │ analyst 분석가

정답 │ (B)

15강 접속사

| Check Up Test |

1. ★

해설 │ 빈칸 앞에는 Foreigners라는 사람 명사가 선행사로 나왔고, 빈칸 뒤에는 주어가 빠진 동사로 연결되고 있으므로 빈칸에는 주격 관계대명사의 역할을 하는 who가 와야 한다.

해석 │ 한 달 이상 체류할 외국인들은 방문자용 비자를 소유해야 한다.

어휘 │ foreigner 외국인 more than ~ 이상으로

정답 │ (A)

2. ★★★

해설 │ 빈칸이 가주어인 It, be동사인 is와 과거분사 anticipated, 그리고 진주어인 명사절 the new highway will be able to carry many commuters and will reduce traffic congestion by about 15 percent in our city 사이에 나와 있으므로 빈칸에는 명사절 접속사 that이 와야 함을 알 수 있다.

해석 │ 새로운 고속도로는 많은 통근자들을 이동시키며 우리 도시의 교통 체증을 약 15% 정도 감소시켜줄 것으로 예상되고 있다.

어휘 │ anticipate 예상하다, 기대하다 commuter 통근자 traffic congestion 교통 체증

정답 │ (A)

3. ★★

해설 │ 빈칸이 문두에 나와 있으며, 빈칸 뒤에는 our company will be a leading company라는 절, 그 뒤에는 will depend라는 또 다른 동사가 자리잡고 있으므로 빈칸에는 명사절 접속사가 와야 함을 알 수 있다. 따라서 선지 중에서 명사절 접속사이자 완전한 구조의 절과 함께 쓰일 수 있는 Whether가 정답이다. If는 Whether과 동일한 의미로 쓰일 순 있으나 주어 역할을 하는 명사절 앞에 놓인 명사절 접속사로서 쓰일 수 없음에 주의해야 한다.

해석 │ 우리 회사가 업계 선도 업체가 되는가 여부는 품질 관리 시스템의 효율적인 운영에 달려 있다.

어휘 │ efficient 효율적인

정답 │ (C)

4. ★★

해설 │ 빈칸이 선행사인 사물 명사 return policy와 주어가 빠진 동사 사이에 나와 있으므로 빈칸에는 which가 와야 한다. 아울러 whose는 사람 명사나 사물 명사를 모두 선행사로 취할 수 있지만 빈칸 뒤에 바로 명사가 나와야 하며, what은 선행사를 취할 수 없다는 점을 혼동하지 않도록 주의한다.

해석 │ 고객들께서는 판매용 영수증 하단에 인쇄된 저희 반품 방침에 관한 내용을 읽으셔야 합니다.

어휘 │ return policy 반품 방침 receipt 영수증

정답 │ (C)

5. ★★

해설 │ 빈칸 앞에는 선행사인 사물 명사 the central bank가, 빈칸 뒤에는 명사가 이어지고 있으므로 빈칸에는 whose가 적절하다. 또한 that은 콤마와 함께 쓰일 수 없는 접속사이며, 아울러 whichever는 선행사를 취하지 않는 접속사이므로 오답으로 처리해야 한다.

해석 │ 가격 안정과 최대의 고용이 가장 중요한 목적인 중앙 은행은 거의 70여 년 전에 설립되었다.

어휘 │ priority 우선 사항, 우선권 price stability 가격 안정

정답 │ (B)

16강 등위접속사 & 상관접속사

| Check Up Test |

1. ★★

해설 │ 빈칸이 절과 절 사이에 나와 있으며, 뒤의 절은 not과 함께 쓰여 부정적 내용을 구성하고 있으므로 빈칸에는 but이란 등위접속사가 와야 한다.

해석 │ 저희 새로운 종합 관광 상품에 항공권과 숙박은 포함되지만 식사는 그렇지 않음을 알아주시기 바랍니다.

어휘 │ be aware that ~ ~을 알아차리다 accommodation 숙박

정답 │ (A)

2. ★

해설 │ 빈칸이 weeks와 months란 두 가지 선택 사항에 해당하는 명사 사이에 나와 있으므로 빈칸에는 두 가지 선택 사항을 제시하는 or란 등위접속사가 필요하다.

해석 │ 새로운 분위기를 조성하기 위해, 몇몇 호텔 직원들은 향후 몇 주 혹은 몇 달간 객실을 다시 장식할 것이다.

어휘 │ in order to do ~하기 위하여 atmosphere

분위기, 대기, 공기   redecorate 장식을 새로 하다

3. ★★

해설 | 빈칸을 사이에 두고 showcase their new products와 exchange information이란 긍정 표현이 대등하게 연결되어 있으므로 빈칸에는 등위접속사인 and가 와야 한다.

해석 | 국제 전자 박람회에서, 많은 회사들은 그들의 신제품을 선보이고 정보를 교환한다.

어휘 | electronics 전자 공학, 전자 기술 showcase 선보이다, 홍보하다   exchange 교환하다

정답 | (A)

4. ★

해설 | 빈칸이 both 뒤에 나와 있으므로 빈칸에는 이와 함께 등위 상관접속사를 구성할 수 있는 and가 적절하다.

해석 | Bella Cosmetics 사는 국내외 고객들의 온라인 주문에 대비하기 위해 상하이와 부산에 지사를 보유하고 있다.

어휘 | branch 지점, 지사, 나뭇가지   domestic 국내의, 집안의

정답 | (B)

5. ★

해설 | 빈칸이 두 가지 발송 수단인 e-mailed와 faxed 등 등위접속사인 or 앞에 나와 있으므로 빈칸에는 or와 함께 쓰여 등위 상관접속사를 구성할 수 있는 either가 적합하다.

해석 | 새로운 제품 소개 책자는 이메일을 통해서, 또는 팩스를 통해 우리의 단골 고객이나 잠재 고객들에게 정기적으로 보내질 것이다.

어휘 | potential 잠재적인, 가능성이 있는

정답 | (B)

17강 함께 짝지어 다니는 접속사

| Check Up Test |

1. ★

해설 | 빈칸이 so와 형용사 valuable 뒤에 나와 있으며, 빈칸을 전후하여 완전한 구조의 절들이 서로 이어지고 있다. 따라서 빈칸에는 so valuable과 함께 쓰여 결과의 의미를 나타내는 부사절 접속사를 구성할 수 있는 that이 와야 한다.

해석 | 시장 분석 자료가 아주 훌륭해서 수석 분석가인 Susan Kang 씨는 특별 상여금을 지급받았다.

어휘 | valuable 가치 있는, 귀중한

정답 | (B)

2. ★★

해설 | 빈칸이 to enter, 즉, to부정사 형태 앞에 나와 있으므로 빈칸에는 to부정사구와 함께 쓰일 수 있는 접속사 whether가 와야 함을 알 수 있다.

해석 | 이사진은 미국 시장 진출 문제에 관한 합의에 도달하지 못하고 있다.

어휘 | reach an agreement 합의에 도달하다

정답 | (C)

3. ★★

해설 | 선지에 what과 that이 함께 등장하고 있으므로 둘 중 한 가지가 정답일 가능성이 매우 높다. 빈칸 앞에 선행사인 packaging이 등장하고 있고, 빈칸 뒤에는 목적어가 빠진 불완전한 구조의 절이 제시되고 있으므로 빈칸에는 형용사절 접속사인 that이 와야 한다. 아울러 what은 선행사를 취하지 않으므로 선행사가 보인다면 바로 오답으로 소거해야 한다.

해석 | 대부분 제조업체에서 현재 고객들에게 제품을 배송하기 위해 사용하는 포장재들이 분명히 쓰레기 매립장을 가득 채울 것이다.

어휘 | fill up 가득 채우다   landfill 쓰레기 매립지

정답 | (D)

4. ★

해설 | 빈칸이 절과 절 사이에 나와 있으므로 접속사가 필요하며, 특히 빈칸 이후에 may라는 조동사가 자리잡고 있으므로 빈칸에는 so that이 와야 함을 알 수 있다.

해석 | 중국에서 우리 신제품을 판매하기 위한 영업전략에 관해 논의하고자, 내일 회의를 주선하고자 한다.

어휘 | would like to do ~하고 싶다   strategy 전략

정답 | (A)

5. ★★

해설 | 선지에 that과 if가 함께 제시되어 있으므로 둘 중 한 가지가 정답이 될 가능성이 높다. 빈칸 뒤에 '------ + 주어 + 동사 + ~ + 단수동사'의 구조가 아닌 '------ + 주어 + 동사 + ~' 구조의 절이 나와 있을 뿐만 아니라 빈칸이 부사절 접속사의 자리이므로 빈칸에는 조건 부사절 접속사인 if가 와야 한다.

해석 | 소고기 소비량이 증가한다면, 일부 영농 회사들은 소를 키우기 위한 더 많은 목축지를 필요로 할 것이다.

어휘 | consumption 소비   farmland 목축지   raise 기르다, 양육하다   cow 소

정답 | (A)

[18강] 비교 구문

| Check Up Test |

1. ★★

해설 | 빈칸이 정관사 the와 최상급 형용사인 most important 사이에 나와 있으므로 빈칸에는 최상급 형용사의 의미를 강조해 줄 수 있는 single이 와야 한다.

해석 | 물은 지구상에서 생존하기 위해 인간이 보존해야 하는 정말 가장 중요한 천연자원이다.

어휘 | preserve 지키다, 보존하다, 보호하다

정답 | (C)

2. ★

해설 | 빈칸이 as와 as 사이에 나와 있으며, 그 앞에는 be나 become과 관련이 없는 to travel이 등장하고 있다. 따라서 빈칸에는 to travel을 수식하는 부사인 efficiently가 나와 ~ as 비교 구문을 형성할 수 있도록 해야 한다.

해석 | 몇몇 도시에서는, 사람들이 최대한 효율적으로 이동할 수 있도록 하기 위해 속도 제한을 두지 않는다.

어휘 | allow A to do A로 하여금 ~하게 하다   efficient 효율적인

정답 | (C)

3. ★★

해설 | 빈칸 뒤에 '형용사 + than'이 연결되어 있는 비교급 구문임을 알 수 있다. 비교급은 more로 연결되는 우등 비교와 less로 연결되는 열등 비교가 있는데, 선지에 열등 비교인 less가 눈에 띈다. 따라서 정답은 (D)이다.

해석 | 전력공급 시장의 규제 완화는 예상보다 효과가 미미했다.

어휘 | deregulation 규제 완화   electricity 전기   anticipate 예상하다, 기대하다

정답 | (D)

4. ★★

해설 | 빈칸 앞에 정관사(the)가 나와 있고, 그 뒤에는 화장품을 뜻하는 cosmetics item이라는 명사가 등장하고 있으므로, 빈칸에는 최상급 형용사인 most expensive가 와야 한다. 또한 in the local market라는 전치사구도 빈칸에 최상급 형용사가 나와야 함을 알려주는 단서임을 알 수 있다.

해석 | 그 보고서에 따르면, 'The Snow Princess'가 해당 지역 시장에서 가장 비싼 화장품이다.

어휘 | cosmetics 화장품

정답 | (B)

5. ★★★

해설 | 빈칸이 job opportunities란 복수명사 형태의 복합명사 앞에 나와 있으며, 문미에 as possible이 위치하고 있다. 따라서 빈칸에는 가산 복수명사와 함께 쓰여 as ~ as 비교 구문을 구성할 수 있는 as many가 와야 한다.

해석 | 전 세계적인 경제 불황으로 인해, 많은 지역 기업들은 대학 졸업자들에게 최대한 많은 일자리를 제공하는 것에 실패했다.

어휘 | due to ~ 때문에 economic slowdown 경제 불황 fail to do ~에 실패하다 graduate 졸업생; 졸업하다

정답 | (A)

19강 재귀대명사

| Check Up Test |

1. ★★

해설 | 빈칸이 주어와 동사, 그리고 목적어를 모두 갖춘 완전한 구조의 절 뒤에 나와 있으며, 선지가 대명사 중심으로 구성되어 있기 때문에 빈칸에는 수식어인 부사 역할을 할 수 있는 대명사가 필요하다. 따라서 재귀대명사인 ourselves가 정답이다.

해석 | Fortman 씨가 다음주에 출장을 가기 때문에, 우리가 직접 시장 분석 보고서 작업에 관한 잔업을 마무리해야 한다.

어휘 | market analysis report 시장 분석 보고서

정답 | (C)

2. ★★

해설 | 빈칸이 '보여주다'란 뜻을 지닌 showed란 타동사 뒤에 나와 있으므로 빈칸에는 타동사의 목적어 역할을 할 수 있는 대명사가 필요하다. 다만 Ryan 씨가 대단한 예술가임을 입증한 것은 바로 자기 자신이므로 빈칸에는 재귀대명사인 himself가 와야 한다.

해석 | 그림과 스케치에 있어 대단한 기량을 통해, Ryan 씨는 스스로가 대단한 예술가임을 보여주었다.

어휘 | mastery 숙달, 통달, 지배

정답 | (B)

3. ★★

해설 | 빈칸이 devoted라는 타동사의 과거분사 형태 뒤에 나와 있으므로 빈칸에는 devoted의 목적어 역할을 할 수 있는 대명사가 와야 한다. 아울러 세무사로서의 삶을 영위하고 있는 것은 바로 타인이 아닌 Ferguson 씨 자신이므로 빈칸에는 재귀대명사인 herself가 적절하다.

해석 | Ferguson 씨는 은퇴를 하고 난 후, 세무사로서의 새로운 삶에 전념해오고 있다.

어휘 | devote oneself to ~에 헌신하다, ~에 바치다 tax accountant 세무사

정답 | (B)

4. ★

해설 | 빈칸이 전치사 by 뒤에 나와 있고, 선지가 대명사 중심으로 나열되어 있기 때문에, 빈칸에는 전치사 by의 목적어 역할을 할 적절한 대명사를 선택해야 하며, 전치사 by와 for가 제시되는 경우 재귀대명사를 통한 관용 표현도 염두에 두어야 한다. 아울러 직원들 자신의 문제를 해결하는 것은 직원들 자신인 만큼 전치사의 목적어는 주어와 동일인임을 알 수 있으므로 전치사 by와 함께 결합하여 '홀로, 혼자서'란 의미를 형성할 수 있는 재귀대명사 themselves가 정답이다.

해석 | 일부 직원들은 사적인 문제들을 직장동료들이나 상사들과 논의하기보다는 자신들이 직접 해결하는 편이라고 대답했다.

어휘 | rather 다소, 조금 settle 해결하다, 결정하다 colleague 동료

정답 | (C)

5. ★★

해설 | 빈칸이 전치사 for 뒤에 나와 있고, 선지가 대명사를 중심으로 열거되고 있으므로 빈칸에는 전치사 for의 목적어 역할을 하는 대명사가 필요하며, 전치사 by나 for가 제시되는 경우 재귀대명사를 통한 관용 표현도 염두에 두어야 한다. 또한 우리 삶에 요구되는 것들이 많아지면서, 막상 그것들을 행하는

라 우리 자신을 위해 쓸 시간이 감소하고 있다는 문맥이 적절하므로 빈칸에는 전치사 for와 함께 쓰여 '스스로, 자신을 위해'란 의미를 구성할 수 있는 재귀대명사 ourselves가 와야 한다.

해석 | 우리가 겪는 매일의 삶에 요구되는 것이 증가함에 따라, 막상 우리 스스로를 위한 시간은 감소하고 있다.

어휘 | demand 요구(사항), 요구하다   increase 증가하다   decrease 감소하다

정답 | (D)

20강 가정법

| Check Up Test |

1. ★★

해설 | 주절의 동사 어형이 could have risen으로 조동사 과거 형태와 'have + 과거분사'가 조합된 형태이므로 이를 통해 가정법 과거완료 문장임을 알 수 있다. 그러므로 조건절의 동사가 나와야 하는 빈칸에는 과거완료 형태인 had not traded가 와야 한다.

해석 | 만약 회사가 소유하고 있던 주식을 매각하지 않았더라면, 그 주식들의 가치는 더 상승했을 것이다.

어휘 | trade 거래, 교역; 거래하다, 교역하다 stock 주식

정답 | (B)

2. ★

해설 | 조건절의 동사 어형이 didn't have의 과거 시제 형태이므로 이를 통해 가정법 과거 문장임을 알 수 있다. 따라서 주절의 동사가 나와야 하는 빈칸에는 조동사의 과거 시제 형태와 동사원형이 결합된 wouldn't be가 와야 한다.

해석 | 만약 민간기업이 그들만의 회계 시스템을 보유하고 있지 않다면, 이들은 전문 경영인에 의해 효율적으로 경영될 수 없을 것이다.

어휘 | accounting 회계   efficiently 효과적으로, 효율적으로

정답 | (A)

3. ★

해설 | 조건절의 동사 어형이 had arrived로 동사의 과거완료 시제 형태이므로 이를 통해 가정법 과거완료 문장임을 알 수 있다. 따라서 주절의 동사가 나와야 하는 빈칸에는 조동사 과거 형태와 'have + 과거분사'가 조합된 could have met이 적합하다.

해석 | 만약 건축 자재가 좀 더 일찍 도착했더라면, 우리는 11월 23일에 맞춰 공사를 완공할 수 있었을 것이다.

어휘 | building materials 건축 자재

정답 | (D)

4. ★

해설 | 주절의 동사 어형이 would not have로 조동사 과거 형태와 동사원형이 조합된 형태이므로 이를 통해 가정법 과거 문장임을 알 수 있다. 그러므로 조건절의 동사가 나와야 하는 빈칸에는 동사의 과거 시제 형태인 did not fluctuate가 필요하다.

해석 | 만약 주가가 안정적이기만 하다면, 사람들이 투자를 하여 큰 수익을 낼 수 있는 기회를 갖지 못할 것이다.

어휘 | fluctuate 변동을 거듭하다, 오락가락하다 investment 투자

정답 | (D)

5. ★

해설 | 조건절의 동사 어형이 had completed로 동사의 과거완료 시제 형태이므로 이를 통해 가정법 과거완료 문장임을 알 수 있다. 따라서 주절의 동사가 나와야 하는 빈칸에는 조동사 과거형태와 'have + 과거분사'가 조합된 could have been approved가 적합하다.

해석 | 우리 연구원들이 신약의 임상 실험을 완료했었더라면, 이는 정부의 승인을 받는 것이 가능했었을 것이다.

어휘 | researcher 연구원   clinical test 임상 실험 approve 승인하다, 허락하다

정답 | (D)

3장 PART 5&6 어휘 문제 정답 공식

01강 품사별 단짝 표현

| Check Up Test |

1. ★★

해설 | 선지에는 다양한 명사가 있고 빈칸이 형용사 fierce 뒤에 있으므로 형용사 fierce와 가장 잘 어울리는 명사를 선택해야 한다. competition은 형용사 fierce, stiff, strong 등의 수식을 받아 경쟁의 상태를 설명할 때 쓰인다.

해석 | 치열한 경쟁을 이겨내기 위해 혁신적인 제품을 개발해야 한다.

어휘 | overcome 극복하다 fierce 사나운, 격렬한 innovative 혁신적인 foundation 기초, 토대 attention 관심, 집중, 의도

정답 | (B)

2. ★★

해설 | 선지에는 다양한 명사가 있고 빈칸 앞에 reached라는 동사가 있으므로 이 동사와 어울리는 명사를 선택해야 한다. (A)는 '결론', (B)는 '절차, 과정', (C)는 '권위, 권한', (D)는 '비상 (사태)'의 뜻이다. 따라서 동사 reach와 가장 잘 어울리는 conclusion이 '결론에 도달하다'란 뜻으로 연계될 수 있으므로 정답은 (A)이다.

해석 | 나는 그 논문의 내용 중 일부에 오류가 있다는 결론에 도달했다.

어휘 | procedure 절차 authority 권위, 권한 emergency 비상 (사태)

정답 | (A)

3. ★★★

해설 | 선지에는 다양한 형용사가 있고 빈칸 뒤에 donation이라는 명사가 있으므로 이 명사와 어울리는 형용사를 선택해야 한다. 선지 중에선 generous donation(후한 기부)으로 연계되는 (B)가 가장 자연스럽다.

해석 | 그 회사의 대표는 연말을 맞아 자선 단체에

후한 기부를 했다.

어휘 | generous 관대한 donation 기부 charity 자선 단체 stubborn 고집 센

정답 | (B)

4. ★★★

해설 | 선지에는 다양한 동사가 있고 빈칸 뒤에 contract라는 명사가 있으므로 이 명사와 어울리는 동사를 선택해야 한다. 선지 중에선 renew the contract(계약을 갱신하다)로 연계되는 (A)가 가장 자연스럽다.

해석 | 우리는 이달 말까지 계약을 갱신하여 재무팀에 보고해야 한다.

어휘 | renew 갱신하다 adhere ~을 고수하다 affect ~에 영향을 끼치다

정답 | (A)

5. ★★

해설 | 선지에는 다양한 명사가 있고 빈칸 앞에 prolonged라는 형용사가 있으므로 이 형용사와 어울리는 명사를 선택해야 한다. 선지 중에선 prolonged exposure(장시간의 노출)로 연계되는 (D)가 가장 자연스럽다.

해석 | 자외선에 장시간 노출되면 피부암을 유발할 수 있다는 사실을 명심해라.

어휘 | keep in mind 명심하다 prolonged 장기간의 exposure 노출 UV light 자외선 investment 투자

정답 | (D)

02강 선지만으로 정답의 단서를 파악하는 요령

| Check Up Test |

1. ★★

해설 | 빈칸이 people이란 사람 목적어 앞에 나와 있고, 그 뒤에는 of 전치사구가 이어지고 있으므로 빈칸에는 of 전치사구와 함께 쓰이는 것이 가능한 동사가 필요하다. 따라서 빈칸에는 inform이 와야

한다.

해석 | 사실, 사람들에게 도로 폐쇄 및 우회로 안내에 관한 내용을 전달하고자 하는 시 공무원들의 사전 노력은 부족했다.

어휘 | insufficient 불충분한, 부족한 detour 우회로; 우회하다

정답 | (D)

2. ★★★

해설 | 빈칸에 적절한 동사 어휘를 묻는 문제인 것 같지만 실제로는 local people이라는 간접목적어와 명사절 접속사 that이 이끄는 직접목적어 역할을 하는 명사절을 취할 수 있는 동사를 선택하는 것이 관건이라 할 수 있는 문제이다. 따라서 빈칸에는 4형식 동사로 활용이 가능한 assure가 와야 한다.

해석 | 그 전문가는 지역민들에게 시설 건설에 소요되는 모든 비용은 국제 행사 기간 중에 발생하게 될 관광 호황으로 인해 회수가 가능할 것이라 확신했다.

어휘 | assure 확인하다, 보장하다 facility 시설, 기관 confirm 확인하다, 확정하다

정답 | (D)

3. ★★

해설 | 마치 전반적인 문맥에 적합한 동사 어휘를 묻는 문제로 출제된 것 같지만 사실 관건은 동사 뒤에 등장하는 간접목적어 us와 명사절 접속사 that이 이끄는 직접목적어 역할을 하는 명사절 humans are very vulnerable to the rage of nature을 취할 수 있는 동사를 파악하는 데에 있다. 따라서 빈칸에는 reminds가 와야 한다.

해석 | 어제 있었던 일본에서의 지진은 인간이 자연의 분노 앞에 얼마나 유약한 존재인지를 상기시켜 주고 있다.

어휘 | earthquake 지진 vulnerable 취약한, 연약한

정답 | (A)

4. ★★

해설 | 선지의 목록을 보면 (A) otherwise와 (C) unless는 서로 비슷한 뜻을 지닌 어휘임을 알 수 있

다. 따라서 일단 이 두 선지 중에서 정답을 선택한다. 문맥을 보면 예비 훈련 과정을 수료하지 못했다면 래프팅을 할 수 없다는 의미이므로 '~하지 않으면'의 뜻을 지닌 (C)가 더 적합한 의미임을 알 수 있다.

해석 | 예비 훈련 과정을 수료하지 못했다면 높은 수준에서의 래프팅은 하실 수 없습니다.

어휘 | rafting 래프팅 preliminary 예비의, 준비의 otherwise 그렇지 않으면

정답 | (C)

5. ★★

해설 | 문장의 구조를 보면 '동사 + 목적어 + to부정사'로 연결되는 5형식 구조임을 알 수 있다. 따라서 5형식 구문에 맞는 동사를 찾으면 되는데, 이에 부합되는 동사는 (A) reminded이다. (B)의 assign은 간접목적어와 직접목적어를 모두 요구하는 4형식 동사이며, confirm은 그 뒤에 that절을 목적어로 취한다. 또한 inform은 그 뒤에 '사람 목적어 + that절'이나 '사람 목적어 + of + 명사구'로 연계되어야 한다.

해석 | 그 대행업체로 하여금 설비 작업을 기한 내에 마칠 것을 상기시켰다.

어휘 | remind 상기시키다 facility 설비 confirm 확인시키다 inform 알리다

정답 | (A)

이강 접속부사

| Check Up Test |

문제 131-134번은 다음 이메일을 참조하시오.

수신: David McDonald <dmcdonald@
mimielectronics.com>
발신: Isabella Choi <bellachoi@
zenithtech.com>
일자: 4월 5일
제목: 귀하의 문의에 관해

McDonald 씨께,

Zenith Technologies 사에 대한 관심에 감사를 드립니다. 그렇지만 귀하께서 지난주에 요청하신 정보를 제공해 드릴 수 없을 것 같아 유감으로 생각합니다.

저희는 외부에 제조 공정의 공개를 금지하는 엄격한 방침이 있습니다. 저는 이러한 종류의 정보를 특정 개인에게 제공하는 것이 저희 제휴사 및 소매점들과의 장기적 관계를 위험에 빠뜨리는 결과를 초래할 것이라 생각합니다.

여기에 San Jose Chronicle 신문 3월 1일자를 첨부했습니다. 귀하께서 요청하신 부분에 관한 상세한 내용이 드러나진 않지만 그 기사들에 포함됨 내용은 분명 저희 노트북 컴퓨터가 어떻게 생산되는지에 대한 전반적인 개요를 제공해 드릴 것이라 확신합니다.

관심에 감사합니다.

Isabella Choi
제품 개발 이사
Zenith Technologies

어휘 | interest 관심; 관심을 자아내다 be afraid that ~라는 점이 유감이다 supply A with B A에게 B를 제공하다 request ~을 요청하다 disclose ~을 드러내다, ~을 누설하다, ~을 밝히다, ~을 공개하다 entity 독립체, 단체, 기관 particular 특별한, 구체적인 individual 개인, 개별 jeopardize ~을 위험에 빠뜨리다 long-term 장기 affiliate 계열사, 제휴사 retail shop 소매점 enclose ~을 동봉하다, ~을 에워싸다 reveal ~을 드러내다, ~을 밝히다 general

전반적인, 일반적인 manufacture ~을 제조하다
product development 제품 개발

131. 문법 – 접속부사 ★★

해설 | 빈칸은 두 절의 내용을 논리적으로 적절하게 연결시켜주는 접속부사가 나와야 하는 자리이다. 빈칸에 앞선 내용은 Zenith Technologies 사에 관심을 가져주어 감사한다는 인사가 등장하고 있으나 빈칸 뒤에는 귀하가 지난주에 요청한 정보를 제공해 줄 수 없을 것 같아 유감으로 생각한다는 서로 상반되는 내용이 이어지고 있으므로 빈칸에는 역접 관계를 의미하는 접속부사인 Nevertheless가 와야 한다.

정답 | (B)

132. 문장 삽입 ★★★

(A) 저는 당신에게 품질 관리 부장이란 직책을 제안할 수 있게 되어 기쁘게 생각합니다.
(B) 저희 방침에 따르면, 허가 받지 못한 직원이 기밀 문서를 접하는 것을 금지하고 있습니다.
(C) 사실, 저희가 생산하는 노트북 컴퓨터는 여전히 기술적 발전에 더 많은 시간이 필요하다고 생각합니다.
(D) 저희는 외부에 제조 공정을 공개하는 것을 금하는 엄격한 방침이 있습니다.

해설 | 빈칸에 적절한 내용을 지닌 문장을 선택하는 문제이므로 빈칸 전후에 제시되는 문맥의 흐름을 통해 이들의 내용을 충족시켜줄 수 있는 적절한 연결고리를 파악해야 한다. 빈칸에 앞서 상대가 요청했던 정보를 제공해 줄 수 없을 것 같아 유감이라는 내용이, 빈칸 이후에는 그러한 종류의 정보를 제공하는 것은 제휴사 및 소매점과의 장기 관계를 위험에 빠뜨리게 되는 결과를 초래할 수 있다는 내용이 등장하고 있으므로, 빈칸에는 그러한 정보를 공유하거나 제공을 금하는 방침이 있어 상대에게 이러한 정보를 제공할 수 없다는 근거를 제시하는 내용이 와야 한다.

정답 | (D)

133. 어형 – 시제 ★★

해설 | 빈칸에 적합한 동사의 어형을 묻고 있다. 빈칸 이후에 그 기사에서 상대가 요청하는 부분에 관한 세부 정보가 드러나진 않지만 자사의 노트북 컴퓨터가 어떻게 생산되는지에 대한 전반적인 개요를 제공해줄 순 있을 것이란 내용이 등장하고 있으

므로 화자가 이미 신문 내용을 이메일에 첨부한 상태로 발송했으며, 상대가 해당 이메일을 받아보는 상황에도 여전히 그 신문 내용이 첨부된 상태임을 파악할 수 있다. 따라서 빈칸에는 현재완료 시제인 have enclosed가 와야 한다.

정답 | (B)

134. 문법 – 인칭대명사의 격 ★

해설 | 빈칸에 laptop computers를 수식할 수 있는 적절한 대명사를 묻는 문제임을 가늠할 수 있다. 앞서 내용을 통해 상대가 노트북 컴퓨터의 제조 공정에 문의했지만 이메일을 작성하고 있는 자는 이를 거절하고 있음을 알 수 있다. 따라서 노트북 컴퓨터 생산자는 바로 이 이메일을 작성하고 있는 자가 근무하는 회사임을 파악할 수 있으므로, 빈칸에는 our란 소유격 대명사가 적합하다. 파트 6의 대명사 문제는 문맥상 적합한 대명사를 취하는 것이 우선임을 늘 상기해야 하며 앞선 주어가 they라고 하여 당연히 빈칸에는 their란 소유격 대명사가 와야 한다는 막연한 생각을 하지 않도록 각별히 주의해야 한다.

정답 | (A)

문제 135-138번은 다음 편지를 참조하시오.

Garden Electronics Market
Harder 대로 11800번지
Columbus, IL 61602

Kate Hudson 씨
Della Electronics
Main 가 110번지
San Diego, CA 92110

Hudson 씨께,

저희는 귀하의 1월 10일자 주문을 기쁜 마음으로 받았습니다.

하지만 예상하지 못한 컴퓨터 칩의 공급 부족으로 인해 "Digital Computer Graphic Card"는 현재 재고가 동이 난 상태이며, 그런 이유로 이번에 귀하의 주문에 응할 수 없습니다.

귀하의 주문을 "Ultimate Computer Graphic Card"로 대체하시는 것은 어떨까요?

이는 귀하께서 찾으시는 그래픽 카드를 약간 개량한 제품입니다만 두 제품 사이에 아주 두드러지는 차이점은 없습니다. 저희 제안에 대해 어떻게 생각하시는지 최대한 빨리 알려주시기 바랍니다.

조만간 다시 귀하께 서비스를 제공할 수 있길 고대합니다.

Lisa Kim
영업 이사
Garden Electronics Market

어휘 | acknowledge ~을 인정하다, ~을 승인하다, ~에 대한 감사의 뜻을 전하다, ~을 받았음을 알리다 unexpected 예기치 못한, 예상치 못한 shortage 부족 supply 공급; ~을 제공하다 be out of stock 재고가 동이 나다 unable 불가능한 fill one's order ~의 주문대로 실행하다 at this time 이번에는 substitute ~을 대체하다 product 제품 upgraded 개선된, 개량된 outstanding 우수한, 뛰어난, 두드러진 as soon as possible 최대한 빨리 feel about ~에 대해 생각하다 proposal 제안, 제안서

135. 어휘 – 동사 ★★

해설 | 빈칸 이후에 상대의 주문에 응할 수 없다는 내용이 등장하고 있으므로 빈칸에는 고객이 지난 1월 10일에 주문한 내용을 접수했다는 문맥이 구성될 수 있도록 '~을 수령했음을 알리다'란 뜻을 지닌 동사 acknowledge가 와야 한다.

정답 | (A)

136. 문법 – 접속부사 ★★

해설 | 빈칸은 접속부사가 위치해야 하는 자리이다. 빈칸에 앞서 1월 10일에 주문이 접수되었음을 알리고 있으며, 빈칸 이후에는 예상하지 못한 컴퓨터 칩의 공급 부족으로 인해 고객이 찾는 "Digital Computer Graphic Card"는 현재 재고가 동이 난 상태임을 전달하고 있다. 따라서 빈칸 전후에서 서로 상충되는 내용들이 제시되고 있으므로 빈칸에는 However란 접속부사가 와야 한다.

정답 | (B)

137. 문법 – 인칭대명사의 격 ★

해설 | 빈칸에 proposal과 함께 쓰일 수 있는 적절

한 대명사를 묻는 문제이다. 빈칸 앞에서 답신자가 고객이 찾는 "Digital Computer Graphic Card"와 유사한 성능을 지닌 "Ultimate Computer Graphic Card"를 구매하는 대안을 제시하고 있다. 그러므로 빈칸에는 our란 소유격 대명사가 와야 한다.

정답 | (B)

138. 문장 삽입 ★★★

(A) 저희는 해당 주문에 대해 지불하신 금액을 환불해드릴 것입니다.
(B) 귀하께 서비스를 제공할 수 있는 기회를 주셔서 감사드립니다.
(C) 저희는 조만간 다시 귀하께 서비스를 제공할 수 있길 고대합니다.
(D) 이것은 기다릴 만한 가치가 있었음을 아실 수 있을 것이라 매우 확신합니다.

해설 | 빈칸에 적절한 내용을 지닌 문장을 선택하는 문제이므로 빈칸 전후에 제시되는 문맥의 흐름을 통해 이들의 내용을 충족시켜줄 수 있는 적절한 연결고리를 파악해야 한다. 빈칸에 앞서 고객이 찾는 "Digital Computer Graphic Card"의 재고가 없는 상태이며 이와 유사한 성능을 지닌 "Ultimate Computer Graphic Card"란 제품을 구매하는 대안을 제시하고 있으므로 빈칸에는 고객에게 대안으로 제시한 제품의 구매를 유도하여 지속적으로 비즈니스 관계를 유지하고자 하는 의사를 표현하는 내용이 필요하다. 따라서 빈칸에는 조만간 다시 고객에게 서비스를 제공할 수 있길 바란다는 내용이 적합하다.

정답 | (C)

02강 시제

| Check Up Test |

문제 131-134번은 다음 이메일을 참조하시오.

수신: Charles_Carter@mckinzie.com
발신: Clive_Darson@mimipromarketing.com
일자: 8월 15일
제목: 방문 가능성

Carter 씨께,

지난달에 있었던 California Marketing

Conference에서 당신의 훌륭한 발표가 끝난 후 뵙게 되어 기뻤습니다. 저는 당신의 발표가 매우 유용했다고 생각합니다. 이전에 말씀드렸듯이, 저희 회사에 오셔서 모든 마케팅 신입 직원들에게 발표를 해주셨으면 합니다.

겨울 휴가철이 곧 다가올 것임을 알고 있습니다. 그래서 올해 남은 기간 동안에는 발표 날짜를 정하시기가 어려울 것이라 생각합니다.

아마도 조만간 1월 1일 이후의 적절한 발표 날짜를 정하기 위한 논의를 할 수 있을 것입니다. 다음주에 전화 통화가 가능한지 알려주십시오.

Clive Darson
최고 경영자
Mimi Professional Marketing

어휘 | pleasure 즐거움, 기쁨   presentation 발표   informative 유용한   mention ~을 언급하다   winter holiday season 겨울 휴가철   perhaps 아마도   in the rest of ~의 나머지   sooner or later 조만간   New Year's Day 1월 1일

131. 문법 – 전치사의 자리 ★★

해설 | Carter 씨의 발표는 California Marketing Conference란 회의에서 이뤄진 것이므로, 빈칸에는 하나의 지점, 하나의 위치, 하나의 장소를 언급할 수 있는 전치사가 와야 한다.

정답 | (B)

132. 어형 – 형용사의 자리 ★

해설 | 빈칸이 보어를 취하는 2형식 동사인 be 동사 뒤에 등장하고 있으므로, 빈칸에는 명사 혹은 형용사가 보어로 나와야 한다. 토익에서는 주로 명사 보어에 비해 형용사 보어를 훨씬 더 자주 묻는 경향이 있을 뿐만 아니라 발표 내용이 유용했다는 문맥을 구성할 수 있어야 하므로 빈칸에는 '유용한'이란 뜻을 지닌 형용사인 informative가 와야 한다.

정답 | (B)

133. 어형 – 시제 ★★

해설 | 파트 6에서의 시제 문제는 문맥을 통해 파악해야 하는 경우가 일반적이며, 미래 시제를 묻는 경우가 압도적이란 경향을 상기하도록 한다. 아울러 빈칸 뒤에는 올해 남은 기간 동안에 발표 날짜를 정

하기가 어려울 것으로 생각한다는 내용과 1월 1일
이 지난 후에 발표 날짜를 정하기 위해 서로 논의를
해보자는 내용이 등장하고 있으므로 곧 겨울 휴가
철이 올 것이란 문맥이 적절하다. 따라서 빈칸에는
현재진행 시제인 is coming이 와야 한다.

정답 | (D)

134. 문장 삽입 ★★★

(A) 무척이나 훌륭한 모임에 연설을 하도록 초청받
게 되어 영광입니다.
(B) 가족과 함께 아주 즐거운 겨울 휴가를 보내시길
바랍니다.
(C) 당신은 다른 사람들로부터 좋은 정보를 많이 취
할 수 있을 것이며 다양한 의견과 생각에 대해
들을 수 있을 것입니다.
(D) 아마도 조만간 1월 1일 이후의 적절한 발표 날
짜를 정하기 위한 논의를 할 수 있을 것입니다.

해설 | 빈칸에 적절한 내용을 지닌 문장을 선택하
는 문제이므로 빈칸 전후에 제시되는 문맥의 흐름
을 통해 이들의 내용을 충족시켜줄 수 있는 적절한
연결고리를 파악해야 한다. 빈칸 앞에는 곧 겨울 휴
가철이 올 것이라 올해 남은 기간 동안에 발표 날짜
를 정하기가 어려울 것으로 생각한다는 내용이, 빈
칸 이후에는 다음주에 전화 통화가 가능한지 여부
에 대해 알려달라는 내용이 등장하고 있으므로 빈
칸에는 전화 통화를 통해 언급해야 하는 내용이 와
야 함을 알 수 있다. 그러므로 빈칸에는 조만간 1월
1일 이후의 적절한 발표 날짜를 정하기 위해 연락하
여 논의하자는 내용이 적합하다.

정답 | (D)

문제 135-138번은 다음 편지를 참조하시오.

BK Online Shopping Mall
Mission 가 983번지
San Francisco, CA 94538

6월 25일

David Eastwood 씨
Pine 가 324번지
San Francisco, CA 94538

Eastwood 씨께,

귀하께서 문의하신 자전거는 현재 재고가 없는

상태이며 특별 주문을 통해서만 구매가 가능함
을 알려드리고자 편지를 씁니다. 만약 미리 빠
른 배송 요금을 지불하신다면, 오늘로부터 1주
일 이내에 주문품을 수령하실 수 있습니다.

가급적 빠른 시일 내에 답장을 주시거나 제게
직접 445-4332로 연락주셔서 여전히 이 자전
거 구매를 원하시는지 여부를 알려주시기 바랍
니다. 만약에 그러하시다면, 자전거 제조업체에
최대한 빨리 연락하겠습니다. 그러면 이메일을
통해 귀하께서 꿈꾸시는 자전거를 수령하실 수
있는 날짜를 연락받게 될 것입니다.

답장 기다리겠습니다.

Olivia Moore
고객 서비스 담당자
BK Online Shopping Mall

어휘 | inquire about ~에 관해 문의하다
currently 현재, 지금 out of stock 재고가 없는
special order 특별 주문 express delivery
service 빠른 배송 서비스 in advance 사전에,
앞서, 미리 reply to ~에 대해 답변하다 directly
즉시, 직접, 곧장 at one's earliest convenience
가급적 빠른 시일에 contact ~에게 연락하다
manufacturer 제조업체 as quickly as possible
최대한 빨리 notify ~을 통보하다, ~에게 연락하다
look forward to -ing ~를 기대하다

135. 문법 - 전치사의 자리 ★★

해설 | 빈칸 앞에 주문품을 받을 수 있다는 내용이
등장하고 있으며, 빈칸 이후에는 빠른 배송 요금을
지불하면 오늘로부터 1주일이라는 내용이 제시되
고 있다. 따라서 빈칸에는 오늘로부터 향후 1주일
이내에 상품을 수령할 수 있다는 문맥을 구성할 수
있는 전치사인 within이 와야 한다.

정답 | (C)

136. 문법 - 접속사 ★★

해설 | 빈칸에는 두 개의 절을 연결시켜줄 수 있는
접속사가 필요하다. 빈칸 앞에는 알려달라는 내용
이 등장하고 있으며, 빈칸 이후에는 여전히 그 자전
거의 구매를 원한다는 내용이 제시되고 있다. 따라
서 상대가 아직 자전거를 구매하길 원하는지 여부
를 알 수 없으니 알려달라는 내용이어야 하므로 빈
칸에는 whether라는 접속사가 와야 한다. 아울러
what은 불완전한 절과 함께 쓰여야 하며, since와

even though는 문맥에 적절하지 않은 접속사이므로 모두 오답으로 소거해야 한다.

정답 | (A)

137. 문장 삽입 ★★★

(A) 상당한 수준의 일부 고객 맞춤형 자전거들은 특별히 장거리 여행용으로 설계됩니다.
(B) 그러면, 이메일을 통해 귀하께서 꿈꾸시는 자전거를 수령하실 수 있는 날짜를 연락받게 될 것입니다.
(C) 저희는 몇몇 다른 상품을 포함시키는 사업 확장을 고려하고 있습니다.
(D) 시에서는 시민들의 운동에 도움을 주기 위해 새로운 자전거 도로를 건설할 것입니다.

해설 | 빈칸에 적절한 내용을 지닌 문장을 선택하는 문제이므로 빈칸 전후에 제시되는 문맥의 흐름을 통해 이들의 내용을 충족시켜줄 수 있는 적절한 연결고리를 파악해야 한다. 빈칸 앞에는 그 자전거를 여전히 구매하길 원하는지 알려달라는 내용이 등장하고 있으며, 빈칸 이후에는 만약 그렇다면, 자신이 자전거 제조업체에 최대한 빨리 연락을 취할 것이란 내용이 언급되고 있다. 따라서 빈칸에는 자전거 제조업체에 연락을 취하고 나면 이메일을 통해 원하는 자전거를 수령할 수 있는 날짜에 대한 연락을 받게 될 것이라는 내용이 와야 한다.

정답 | (B)

138. 어형 - 동명사 ★★

해설 | 빈칸이 look forward to 이후에 나와 있으며, 이때 to는 to부정사가 아니라 전치사 to이므로 빈칸에는 동명사인 hearing이란 어형이 와야 한다.

정답 | (B)

03강 **문장 삽입**

| Check Up Test |

문제 131-134번은 다음 이메일을 참조하시오.

> 발신: john_mendez@indigree.net
> 수신: cody_ingram@netbiz.com
> 일자: 7월 12일
> 제목: 환불 정보

Ingram 씨께,

저희 Indigree와 최근에 거래해 주신 점에 감사드립니다. 저희는 "EZ 진공 청소기" 제품에 대한 환불 요청 메시지를 받았습니다. 저희 기록을 보니 귀하께서는 7월 7일 저희 홈페이지를 통해 EZ 진공 청소기와 Electro 전자 레인지를 주문하셨는데 진공 청소기에 대해서만 환불을 요청하고 계시더군요. 저희는 해당 제품에 대한 귀하의 환불 요청을 처리하였습니다. 귀하의 편의를 위해, 귀하께서 인쇄하여 포장 겉면에 부착할 수 있는 반품용 배송 라벨을 첨부했습니다. 제품에 대한 환불 금액은 귀하께서 사용하신 본래 결제수단을 통해 수령하시게 될 것입니다. 환불은 처리되는 데 최소 7일에서 최대 15일까지 소요될 수 있음에 유의해 주시기 바랍니다. 저희가 초래한 불편함에 대해 사과 드립니다. 더 궁금하신 점이 있으시면 언제든 주저하지 마시고 저희에게 연락주십시오.

John Mendez
Indigreen Commerce

어휘 | recent 최근에 regarding ~에 관해 refund request 환불 요청 shipping 배송 label 라벨 print out ~을 출력하다 original 원래의, 본래의 payment method 결제수단 process 과정, 절차; ~을 처리하다 apologize for ~을 사과하다 inconvenience 불편함 cause ~을 초래하다 hesitate ~을 주저하다, ~을 망설이다 additional 추가적인

131. 어휘 - 명사 ★★

해설 | 빈칸에 이어 환불 요청에 대한 메시지를 수신했음을 밝히고 있으며, 이어서 7월 7일에 회사 홈페이지를 통해 진공 청소기와 전자 레인지를 주문했음을 언급하고 있다. 그러므로 빈칸에는 고객이 회사를 통해 두 개의 제품을 구매했다는 문맥을 구성할 수 있는 '거래'란 뜻의 transaction이 와야 한다. 아울러 다른 명사 어휘들은 전치사 with와 쓰이기에 부적절한 의미를 지니므로 모두 오답으로 소거해야 한다.

정답 | (D)

132. 문장 삽입 ★★★

(A) 저희는 귀하의 유용한 의견에 진심으로 감사드립니다.
(B) 저희는 해당 제품에 대한 귀하의 환불 요청을

처리하였습니다.

(C) 귀하의 주문이 이뤄졌으며 1주일 후에 귀하의
주소로 제품이 배송될 것입니다.

(D) 귀하의 요청에 대한 해명을 제공하셔서 저희가
환불이 적절한지 여부를 결정할 수 있도록 해주
시기 바랍니다.

해설 | 빈칸에 적절한 내용을 지닌 문장을 선택하
는 문제이므로 빈칸 전후에 제시되는 문맥의 흐름
을 통해 이들의 내용을 충족시켜줄 수 있는 적절한
연결고리를 파악해야 한다. 빈칸에 앞서 진공 청소
기에 대한 환불 요청이 이뤄졌음을 언급하고 있으
며 빈칸 이후에는 반품용 배송 라벨을 첨부했다는
내용이 등장하고 있다. 반품용 배송 라벨을 첨부했
다는 것은 결과적으로 고객이 요청한 환불 요청이
처리가 되었다는 의미이므로 빈칸에는 해당 제품에
대한 환불 요청이 처리되었음을 뜻하는 내용이 와
야 한다.

정답 | (B)

133. 어형 - 시제 ★★

해설 | 빈칸에 적합한 동사 어형을 요구하고 있다.
환불 요청이 처리된 상태에서 고객이 해당 제품
을 반품할 수 있도록 반품용 배송 라벨을 첨부했다
는 문맥이 논리적으로 적절하므로 빈칸에는 이미
라벨을 첨부했다는 의미를 구성할 수 있는 have
attached가 와야 한다. 아울러 목적어가 등장하고
있으므로 동사의 수동 구조는 불가하다.

정답 | (B)

134. 어휘 - 동사 ★★

해설 | 빈칸에 적합한 동사 어휘를 요구하고 있다.
빈칸에 앞서 환불 금액이 처리되는 데 7일에서 15
일 정도 소요될 것임을 밝히고 있으며 빈칸 이후에
는 본래 사용한 결제수단을 통해 환불 금액을 받게
될 것임을 알리고 있다. 따라서 빈칸에는 환불 금액
이 처리되면 본래 사용된 결제수단을 통해 수령하
게 된다는 과정을 이해하고 알아주길 바라는 문맥
을 구성할 수 있는 동사가 와야 하므로 '유의하다,
인식하다, 주목하다'란 뜻의 note가 적절하다.

정답 | (C)

문제 135-138번은 다음 보도자료를 참조하시오.

지난 10월, Blooming 화장품은 Malaysia의
수도인 Kuala Lumpur 시내에 소매점 Floral
Face를 개점했습니다. 그 지점은 접근성이 좋
도록 Pavilion Shopping Mall에 위치하고 있
으며, 동남아 최초의 화장품 가게라 할 수 있습
니다. 최근 주로 드라마와 오락 프로그램의 형
태로 수출된 한국 문화는 해외에서의 한국 제품
에 대한 수요를 증가시키는 결과를 낳았습니다.
Blooming 화장품의 한 영업 직원은 "말레이시
아 사람들은 한국 화장품의 널리 알려진 독특한
디자인과 효과적인 성분 때문에 아주 매력을 느
끼고 있습니다."라고 말했습니다. "해외 수요는
점차 증가하고 있습니다." Blooming 화장품의
최고 경영자는 그들의 다음 목표는 태국과 싱가
포르가 될 것이라고 발표했습니다.

어휘 | retail shop 소매점 in the heart of
~의 중앙에, ~의 도심에 capital 수도, 자본
conveniently 편리하게 the first of its kind 동종
중에 최초 recent 최근의 export 수출 mainly
주로 form 형태, 서류 양식 entertainment 오락,
예능 lead to ~로 이끌다, ~라는 결과를 낳다
increased 증가한 abroad 해외에서, 외국에서
strongly 매우, 강력하게 appeal 호소하다, 간청
하다, 탄원하다, 흥미를 끌다 well-known 유명한,
널리 알려진 representative 대표 overseas
해외에서, 외국에서 demand 수요; ~을 요구하다
grow ~이 성장하다, ~을 키우다 steadily 꾸준하
게, 완만하게 appropriately 알맞게, 타당하게, 적
당하게 simultaneously 동시에 analyst 분석가
skeptical 회의적인

135. 어휘 - 분사 ★★

해설 | 빈칸 앞에는 부사인 Conveniently가 있으
므로 빈칸에는 부사의 수식을 받는 형용사로 쓰일
수 있는 어형이 위치해야 한다. 따라서 빈칸에는 분
사 어형인 located과 locating 중 한 가지가 와야
하며 빈칸 뒤에 목적어가 등장하지 않고 있음을 고
려할 때 빈칸에는 과거분사 형태인 located가 적절
함을 알 수 있다.

정답 | (C)

136. 어형 - 시제 ★★

해설 | 선지에 lead가 변형된 동사의 어형들이 제시
되었다. 따라서 빈칸을 포함한 문장은 주로 드라마
와 예능 오락 프로그램의 형태로 수입된 한국 문화

가 외국에서의 한국 제품에 대한 수요를 증가시키
는 결과를 낳았다는 문맥이 적절하다. 따라서 빈칸
에는 과거부터 현재까지의 결과를 알려주고 있으므
로 현재완료 시제인 has lead가 적절하다. 빈칸 뒤
에 목적어가 등장하지 않고 있으므로 동사의 수동
구조는 불가하며, 현재 시제나 미래 시제도 문맥상
부적절하다.

정답 | (B)

137. 어휘 - 부사 ★★

해설 | 선지에 appeal의 변형된 어형들이 제시되고
있다. 그런데 appeal 뒤에는 전치사가 와야 하므로
(A)와 (D)는 소거해야 한다. 문맥상 말레이시아 사
람들은 한국 화장품에 아주 매력을 느끼고 있다는
의미가 되어야 하므로 (B)가 적합하다.

정답 | (B)

138. 문장 삽입 ★★★

(A) 말레이시아 젊은이들은 Kuala Lumpur에서
    Floral Face가 개점되는 것에 기뻐하고 있다.
(B) 그 최고 경영자는 그들의 다음 목표는 태국과
    싱가포르가 될 것이라고 발표했습니다.
(C) 업계 분석가들은 한국 화장품이 동남아시아 국
    가들에서 성공할 것인지에 대해 회의적이다.
(D) 한국의 남녀 배우들은 다른 국가에서 명성을 얻
    고 있다.

해설 | 빈칸에 적절한 내용을 지닌 문장을 선택하
는 문제이므로 빈칸 전후에 제시되는 문맥의 흐름
을 통해 이들의 내용을 충족시켜줄 수 있는 연결고
리를 파악해야 한다. 빈칸 앞에는 말레이시아에서
의 화장품 상점 개장이 성공적이며, 그곳의 한국 화
장품은 인기가 높고, 해외에서의 상품 수요가 점차
증가하고 있음을 밝히고 있다. 따라서 빈칸에는 또
다른 한국 화장품 인기에 관한 내용, 한국 화장품의
이후 전망이라든지 또는 말레이시아의 성공을 바탕
으로 할 수 있는 또 다른 계획이나 목표 등이 제시되
는 것이 바람직하다. 그러므로 빈칸에는 최고 경영
자가 성공한 말레이시아에 이어 싱가포르와 태국을
공략할 것이라고 발표했다는 내용이 적절하다.

정답 | (B)

딱 850점이 필요한 당신을 위한 책!

시나공 토익

850 단기완성

김병기, 이관우 지음 | 724쪽 | 19,000원

850점 달성에 필요한 내용만 빈출 순서로 정리한 맞춤형 교재!

 ❶ 부족한 설명을 채워줄 저자 직강 토막 강의!

 ❷ 최신 경향을 반영한 실전 모의고사 3회!

 ❸ 자세하고 이해하기 쉬운 해설집!

 ❹ 오답노트 및 각종 빈출 표현집 PDF!

 ❺ 다양한 상황에 맞춰 듣는 MP3 4종 세트!

- 실전용 MP3
- 고사장용 MP3
- 1.2 배속 MP3
- 영국 | 호주 발음 MP3

권장하는 점수대	400	500	600	700	800	900

이 책의 난이도	쉬움	비슷함	어려움